Welche Sprache ich lernte

Serie Piper
Band 681

Zu diesem Buch

Am 16. Januar 1987 feiert der in Gries bei Bozen geborene Dichter Franz Tumler seinen 75. Geburtstag. Dieser Materialienband soll ein vorläufiges Resümee über die literarische Leistung und die bisherige Rezeption seines Werkes ziehen. Neben unveröffentlichten Gedichten und Texten Tumlers zum eigenen Werk steht eine Fülle von Äußerungen seiner Freunde und Verehrer: U. a. Peter Huchel, Walter Höllerer, Peter Härtling, Wolfgang Koeppen und Jean Améry. Tumler, der in Linz aufgewachsene, in Berlin wohnende Südtiroler hat die Grenzen, die Grenzbezirke der Sprache wie des Lebens schon fast notgedrungen zu seinem Thema gemacht: Alle seine Romane und Erzählungen handeln davon, wie weit einer gehen muß, bis er heimkommt.

Der Herausgeber *Hans Dieter Zimmermann* ist Professor für neuere deutsche Literatur an der Johann-Wolfgang-Goethe-Universität in Frankfurt.

WELCHE SPRACHE ICH LERNTE

Texte von und über
Franz Tumler

Herausgegeben von
Hans Dieter Zimmermann

Piper
München Zürich

Von Franz Tumler liegen in der Serie Piper außerdem vor:
Das Land Südtirol (352)
Der Mantel (622)
Das Land von Lausa und Duron (651)
Ein Schloß in Österreich (652)
Weitere Werke sind in Vorbereitung.

ISBN 3-492-10681-1
Originalausgabe
Dezember 1986

Umschlag: Federico Luci
Umschlagphoto: Renate von Mangold, Berlin
Gesamtherstellung: Clausen & Bosse, Leck
Printed in Germany

Inhalt

Vorwort

Franz Tumler ist einer der bedeutendsten Erzähler der deutschsprachigen Literatur der Gegenwart, bedeutender als viele, von denen derzeit in der literarischen Öffentlichkeit die Rede ist. Tumler ist wenig bekannt, aber unter Kennern ist sein Rang nicht umstritten; die Namen der Schriftsteller, Kritiker und Literaturwissenschaftler, die dieser Band versammelt, bezeugen das. Diese Namen ließen sich ergänzen.

»Er hat ein Recht zu schreiben wie wenige«, sagte Peter Handke über Franz Tumler in einem Gespräch mit mir. Bald danach schrieb er mir in einem Brief: »Einmal bin ich in Trient aus dem Zug ausgestiegen, nur weil mich die Stadt an Tumler erinnert hat; vorher war ich immer nur ›durchgefahren‹. Ich bin sicher, Tumlers Werk wird bald einmal richtig erscheinen, in seiner Bescheidenheit und seltsamen Beharrlichkeit, die zugleich immer ein Zögern und Verzögern ist.«

Zu Tumlers 70. Geburtstag im Januar 1982 war keines seiner Werke im Buchhandel erhältlich bis auf den kleinen Gedichtband *Welche Sprache ich lernte*, den 1970 das Literarische Colloquium in Berlin herausgab. Das wird an seinem 75. Geburtstag anders sein: der Piper-Verlag wird seine wichtigsten Werke in Einzelausgaben nach und nach herausbringen. Dann wird sich die literarische Öffentlichkeit ein Bild von diesem Autor machen können, der zu Lebzeiten schon einmal fast verschollen war.

Erst wenn Tumlers Arbeiten hinlänglich bekannt sind, kann eine fundierte Auseinandersetzung mit diesen Arbeiten geführt werden. Der vorliegende Band will beides anregen: das Werk Tumlers bekannt machen und die Auseinandersetzung, die in der Germanistik bereits begonnen hat, in die Öffentlichkeit tragen.

Tumler ist ein schwieriger Autor, und dies in mehrfacher Hinsicht, was seine Rezeption nicht erleichtert. Schwierig, weil er seit den fünfziger Jahren eine komplizierte Prosa schreibt auf dem Reflexionsniveau unserer Zeit; er biedert sich dem Leser nicht an. Schwierig aber auch wegen des Werdegangs des Autors. Nach dem verheißungsvollen Anfang mit der Erzählung *Das Tal von Lausa und Duron* und dem Roman *Der Ausführende* ergriff Tumler 1938 und 1939 für den sogenannten Anschluß Österreichs an Nazi-Deutschland Partei; das konnten ihm viele nicht vergessen. Andere, die ihm dies sogar zugute rechneten, verziehen ihm nicht, daß er sich danach in eine Art »innerer Emigration« zurückzog; siehe etwa seine Briefe an Paul Alverdes, den Herausgeber des »Inneren Reich«, abgedruckt im »Marbacher Magazin« 26/1983. Nach dem Krieg kam Tumler »zwischen die Stühle«: den einen war er nicht progressiv, den andern war er nicht konservativ genug.

In der Tat ist seine Entwicklung wohl einzigartig unter den Entwicklungen deutschsprachiger Autoren der Vor- und Nachkriegszeit. Daß ein Autor dem faschistischen Irrtum verfiel und sich danach herausarbeitete, schreibend herausarbeitete, und nach dem Krieg ein Werk schuf, das den Vergleich mit der europäischen Moderne nicht zu scheuen braucht, das ist ohne Beispiel; zu Tumlers europäischem Rang siehe das Zeugnis des unbestechlichen Roberto Bazlen in diesem Band.

Der Lebensweg von Gottfried Benn, mit dem Tumler in dessen letzten Jahren befreundet war, ist nur teilweise mit dem Weg Tumlers zu vergleichen; Benn nahm nach seiner kurzen Nazi-Begeisterung den Standpunkt wieder ein, den er zuvor bereits hatte; seine inhumane Geschichtsvorstellung, die ihn in die Nähe der Nazis gebracht hatte, hat er nie revidiert.

Franz Tumler hat seine Selbsterkenntnis und Selbstkritik nie auf plakative Weise vorgetragen, etwa als nachträglich geschenktes Wissen, schon gar nicht aus Opportunismus. Er hat sie zunächst nicht direkt, sondern indirekt vollzogen: in seinem Schreiben, in der Art seines Schreibens. Sie ist an der Zunahme der Reflexion in seinem Werk abzulesen, an der Unsicherheit, am Zögern, am Sich-Vergewissern, an der Redlichkeit; so kann es schon vorkommen, daß ein Kritiker, der dieses Werk nicht genau kennt oder nicht genau gelesen hat, sie gar nicht bemerkt. In dem Aufsatz »Jahrgang 1912« – in diesem Band wieder, leicht gekürzt, abgedruckt – hat Tumler dann sein Jahrgangsproblem thematisiert und es schließlich im Roman *Aufschreibung aus Trient* als Sprachproblem gekennzeichnet. Sein Nicht-Sprechen-Können kommt demnach aus dem Bewußtsein des Versagens, nicht rechtzeitig gesprochen zu haben; es kommt aber auch – und das ist die Wurzel des Problems – aus Tumlers Heimat- und Sprachlosigkeit; das wird in einigen Arbeiten dieses Bandes deutlich herausgestellt.

Das Sprachproblem – für den Erzähler ist es Erkenntnis- und Darstellungsproblem zugleich – ist deshalb für Tumler nichts Angenommenes, nichts Modisches: es ist aus Erfahrung erwachsen. *Welche Sprache ich lernte* heißt der kleine Gedichtband von 1970; er endet mit dem Gedicht »Berührt«:

–Von welcher Sprache, deutsch nicht, italienisch nicht,
aber angepaßt *sprechen zu lernen*
d. i. sich zu verständigen,
was ich beiden Parteien wünsche:
mit Geburtsort Bozen, Italien,
Staatsangehörigkeit Österreich,
Wohnsitz Berlin

– mit Brüdern, deutsch, italienisch

ich höre nicht auf, das zu sagen.

Das ist die Sprache, die ich lernte
in meinem Fall,
für die ich zuständig bin.

Ich sage es deutlich:
Sprache, Sprechen, Verständigung
– unpoetisch, aber der Poet fliegt

weil er spricht.

Hier zieht Tumler die Konsequenz aus seiner Erfahrung: es ist die humane Geste der Verständigung. Tumler ist schwierig auch wegen dieser Geste der Verständigung – und schwierig nicht nur den streitenden Parteien in Südtirol. Der Walther-von-der-Vogelweide-Preis der deutschsprachigen Südtiroler, den er spät, aber dann doch 1985 erhielt, war die offizielle Anerkennung seines die Parteien überragenden Werkes. Die Anerkennung von italienischer Seite steht noch aus. Zwar treten Freunde in Trient für ihn ein und italienische Germanisten vom Range Paolo Chiarinis, der schon früh Tumlers Bedeutung erkannte, doch bislang hat sich noch kein Verlag gefunden, der eines seiner Werke in italienischer Sprache edierte – und dies in einem Lande, das wie kein anderes in Europa deutschsprachige Literatur rezipiert. Roberto Bazlens Vorschlag an den Verlag Adelphi blieb seinerzeit ohne Erfolg; eine italienische Übersetzung der *Aufschreibung aus Trient* wartet immer noch auf einen Verlag.

Tumlers lebenslanges »Unterwegssein« zwischen Bozen und Linz, zwischen Wien und Berlin, zwischen Volterra und Ansedonia, zwischen Stadt und Land, zwischen Gestern und Heute, das er in seinen durchweg autobiographischen Arbeiten der Nachkriegszeit dargestellt hat, kann als Metapher des Lebens in unserem Jahrhundert angesehen werden, nicht nur wegen der Kriege und Vertreibungen und Grenzziehungen, sondern auch wegen des unaufhaltsamen industriellen Fortschritts, dessen verhängnisvolle Züge immer deutlicher werden. Diese »Heimatlosigkeit« muß aber nicht zum Wunsch nach Regression in die Kindheit oder ins »einfache Leben« führen, das können wir beim »späten« Tumler lernen: bewußt aufgenommen und angenommen kann sie zu Grenzüberschreitungen führen und insofern auch zu einem neuen europäischen »Heimatgefühl«.

Frankfurt a. M., Juli 1986 *Hans Dieter Zimmermann*

FRANZ TUMLER

Neue Gedichte

ORTSBESTIMMUNG

kein – wie man so sagt –
fester Boden unter den Füßen
jeder Ort verlassen
jedes Haus verraten

oder umgekehrt:
nur geliehen das Haus
        geborgt der Ort
und fremd auch diese Sprache
        für Freuden Schein

oder:
        den Ort wechseln
        ein Haus nicht haben
        zwei Sprachen sprechen
        zweisprachig reden

VERÄNDERUNG

einmal werde ich die Falten auf dem Leintuch
nicht wegmachen
wie ichs gewohnt bin
einmal die Kissen nicht glatt streichen
nach dem Schlaf
einmal die Brösel auf dem Tischtuch nicht wegwischen
einmal bleiben sie mir liegen

JAHRE

meine Jahre
was habe ich angefangen
mit ihnen
sind nicht meine Jahre
aber
        diese Schrift
        ist meine Schrift

SCHATTENLICHT

still sind die Abende
                        im Sommer
schweren Laubs das vergrünt vergilbt
    dem Ende zuhängt
    bald durchlöchert

    dem flachen Licht
    sich längenden Schatten gibt

grünumsponnen zu Wald
    wird der Gesteine Brust

der hochragende Stein zum Baum
    zur vielstöckigen Treppe
    mit Nistplätzen

der Hügel zum Hain
    aus dem es dicht und viel-
        stimmig schallt

von jemand der die Erdspalte schloß
von jemand der über den Fels stürzt
von jemand der im Laub wohnt und
            spricht

DELOS

Stirnband Stein Boden
sofort stellt der Mensch einen Acker her
Haus und pflanzt sich ein

jeder Fels trägt einen Namen
bloß er nicht
Namen der dauert
bloß er nicht überdauert sein Grab

Namen von Lippen gesprochen
die nicht mehr sprechen
aber geschrieben gilt es
Nachschreiben gilt

DAS ZERTEILEN DER ZEIT

das Zerteilen der Zeit
bis zum sicheren Ende der Zeit

bis zum sicheren Ende die Zeit
        aufgeteilt

erfüllt unerfüllt

aber einmal holt sie dich ein
unaufgeteilt

nicht werde ich erblicken die Stadt
die ihr jetzt seht die gegenwärtige

nicht auch erblicken die zukünftige

außer das ich ihren Namen weiß
der gleich ist oder Erinnerung

aber erkennen werde ich sie
mit ihrem Namen

AUSGEZEHRTE DIMENSION

noch unbegangen ist die Flur Zukunft
unausgemessen ihre Weite
und wie begehbar

Licht und Schatten
Entzücken des Haltestocks Gegenwart
reichen nicht weit

zu Sandfläche geschmolzen
wird die Vergangenheit
        gleich
        einerlei
Sandfläche Vergangenheit

unbegangen die Flur

ÜBERFAHRT

ein Juwelier
aus Palermo
teilte mit mir
die Kabine

spät ging er schlafen

eben sah ich ihn noch
an der Bar mit zwei Mädchen
scherzen
er wolle noch das Bordkino sehn

seine Nachtschuhe
vibrierten indes auf dem
Kabinenboden
dann kam er selber

schlief in den Tag von Palermo

AUGENBLICK DER AUSFAHRT

die zeitferne Mühle
die Erinnerung
            mahlt
    unablässig
im Hirn

das Blöken eines Schiffes
    Sirene von etwas
das abfährt
schreckt den Handlanger auf
von seinem Staub

aber die Mühle geht weiter
während das Schiff ausfährt und
See gewinnt
er wischt sich übers Aug

ROM VILLA GIULIA

feines Gespinst der Pinien
zwischen gröberem Laub
        grün und welk
über grünem Gras

und Tempel unverwelkt
Villa Giulia Rom
das Blatt am Boden
        gelb
auf Kies

MIT DEM BUS

mir bekannte Orte grüß ich
mit dem Bus 52 nach San Silvestro

nicht zu ausgesuchten Fassaden
sondern an gewöhnlichen vorüber
mit Oleanderbüschen davor
Anpflanzung der Stadtverwaltung
gleichmäßig

Banken Hospital
grausilbriges Glas auf Stelzen
und der rote Tropfen Ampel
einer neugotischen Kirche

Straßenschilder auf löchrigem Stein
gemietete Häuser

das immer Ungenügende einer Palme
gelbrispig Blütenwisch
gewöhnlich verblüht
vergrätzt zu Staub

wie zum letzten Mal geh ich diesen Weg
es wird immer derselbe sein Stillstand
Warten bis der Bus um die Ecke biegt
herankommt aufscharrt Stillstand zuklappt
Bewegung und ich in ihm
    ich darin bewegt
nicht mehr eigner Bewegung
Stillstand trotzdem
    Bewegung

bis zum chinesischen Tor
Dschunken Dächer Drachen

Landschaften
    Häuser
    eine sprachlos

OLEVANO ACQUA SANTA
oder
NEBEN DEM WEG

das unbetretene Dickicht
neben dem Weg
mit der heilenden Quelle
neben dem Weg
auf dem die Augen
voranstürmen

OLEVANO FROH MÜHSAM

nußkerngroß Olive
Baumfrüchtling auf altem Stamm
dezembergeerntet
halb wangenrot
hell halb dunkel
froh mühsam
zur rechten Zeit

UMKEHR

kraftlos scheinbar
in Wirklichkeit kraftvoll
blickt die Sonne unvermindert
gleich

Nichthandeln Sprache
öffnet den Weg

Franz Tumler über seine Arbeit

Besuch in der alten Heimat

Die Littorina ist ein Dieseltriebwagen, langgestreckt und gelbbraun; auf ihrem Stirnfenster kleben hingeklatscht die Mücken und Falter und die weißen Häute der Apfelblüten. Darunter auf einer verchromten Leiste blitzt das Wort »Breda«. Die Übergabe von Breda – der Ort liegt in der Vergangenheit. Heute werden in Breda die Littorina-Wagen erzeugt, stumpfbraun schieben sie sich vor zwischen Reisfelder. Aber am Ende paßt die Farbe auch hier, wo sie ins Gebirge hämmern, vor den verkarsteten, mit Wacholder betupften Hängen.

Das Dorf liegt 946 m hoch, der Wein wächst nicht mehr in dieser Lage. Aber es gibt Obstbau. Die Apfelbäume werden dreimal gespritzt im Frühjahr, so daß es zuzeiten wie eine Giftwolke über den Gräsern liegt. Diese Obstwälder sind Fabriken, eine aufgepflügte ›Baumscheide‹ dünstet mit Chemikalien um jeden Stamm. Der Vetter trägt den blauen Schurz, er ist Bauer, er sagt: Jetzt hat unsere Genossenschaft ihr eigenes Kühlhaus, da bleibt die Ware frisch bis zum Frühjahr, wir müssen die Ernte nicht mehr nach dem Pflücken verkaufen! Der Mann, der auf Besuch gekommen ist, hört zu. Er weiß, sein eigener Vater hat, als er noch jung war und noch lebte, vor fünfzig Jahren mit dem Obstbau angefangen in der Gemeinde. So haben es die Verwandten immer erzählt: Diese Bäume hat dein Vater gepflanzt, er ist in den Ferien aus der Stadt gekommen und hat den Leuten zugeredet: Pflanzt Bäume!

Der Mann hat das Wort behalten, und manchmal hat er im Norden erzählt von diesem Land, aus dem sein Vater stammt und in dem er selber geboren ist. Die Leute reden so gerne davon, wo sie herkommen. Der eine hat ein Haus geerbt, der andere einen Namen, es soll immer ein wenig Glanz und Würde dabeisein. Er hatte sagen können: Dieses Land da unten – meine Verwandten – ich besuche sie jedes Jahr – es ist meine Heimat. Ein merkwürdiges, besonderes Land; es kommt etwas vom Süden herein, es sieht aus wie Griechenland ohne Meer. Die winzigen grauen Kirchen aus dem neunten Jahrhundert stehen auf den Hügeln, und der Stamm der Leute ist noch älter. Meine Verwandten sind vom Berg heruntergekommen. Der eine hat ein Haus geerbt, in dem Dorf, es soll eine Urkunde geben. Und das Dorf sogar ist aus Stein gebaut, mit tiefen Kellern wie Höhlen. In den Pappelhainen laufen die Wasserleitungen für die trockenen Äcker, sie sind aus der römischen Zeit. Efeu und Pappelhain, und herunten glänzen die Obstwälder mit ihrem Laub ...

Es klang wie eine Sage, erhob aber Anspruch auf Gegenwart, wenn der Mann auch ein wenig übertrieb. Nicht jedes Jahr kam er, und immer nur zu kurzem Besuch. Aber wer übertreibt nicht, wenn er erzählt: alles Erzählen ist Übertreibung.

Niemand hatte ihn abgeholt, aber soviel kannte er sich aus: den Weg links ab, das Stationsgebäude in italienischer Manier erbaut mit Fensterschlitzen und Andeutungen von Säulen und winzigen Balkonen: dann das Arbeiterheim: Kino und Spielsaal der italienischen Gewerkschaft; dann deutsch das Widum (Pfarrhaus) und das Armenhaus; dann italienisch die Bar Milano mit hellblauen, halb abgeblätterten Riesenbuchstaben über der Tür. Von da an war das Dorf auch die Hauptstraße entlang deutsch. Die Hauptstraße, sagte später der Vetter, überall schon führt sie außen herum, wir sind noch rückständig. Und die guten Grundstücke mit den Obstkulturen will niemand hergeben. Da wollen die Alten nicht mittun. Aber die Jüngeren geben nicht nach!

Wir Jüngeren – das heißt hier: ich, der Sohn. Der Vetter führt jetzt die Zügel auf dem Hof. Dreimal die Woche steht er um zwei Uhr früh auf. Auch das ist wieder ein Stück Sage: nach festen Zeiten, die seit Jahrhunderten so bestimmt sind, gehen die Bauern in den Pappelhain hinauf und setzen in den uralten Graben die Wehre. Abgemessen nach den Himmelszeichen leiten sie das Wasser auf ihre Äcker. »Wenn die Sonne über dem Dreierjoch aufgeht, gehört das Wasser uns; wenn sie auf Planal scheint, gehört es dem Nachbarn« – aber man kann auch auf die Leuchtziffern an der Armbanduhr sehen; in der Wasserrolle auf dem Gemeindeamt sind längst die Uhrzeiten eingetragen. Der Vetter führt auch die zwei prallen Haflinger am Zügel. Die zwei Schwestern helfen mit, auch die Eltern leben noch im Hause.

Es ist Feierabend, alle sind in der Stube. Der alte Tata sitzt auf dem Sofa, den Hut in die Stirn gedrückt. Nun fallen ihm die Augen zu – er ist eingeschlafen. Die alte Tante, die Mutter, sitzt neben ihm. Sie hat die Schuhe ausgezogen und die Beine auf das Sofa gelegt. Nach einer Weile steht sie auf und ruft die Schwestern zur Arbeit: He, geht füttern, Stall machen, das Vieh wartet nicht!

Der Tata schlägt die Augen auf. Er sieht auf dem Sofa, wo vordem die Bäuerin gegessen hat, den leeren Platz; er besinnt sich und geht. Der Vetter legt den Schurz ab, streckt sich auf das frei gewordene Sofa und blickt gegen die Balkendecke. Dann sagt er: Ja, dein Geld; ich habe es dir aufgehoben, ich gebe es dir dann! – Der Mann sagt: Das ist nicht eilig, es ist auch nicht viel! – Der Vetter sagt: Nein, nicht viel!

Der Vetter hat kein leichtes Leben. Abends um neun geht er zu Bett, und er braucht dazu nicht lange. Kaum ist er aus den Kleidern, dreht er das Licht ab, und zwei Minuten später atmet er im Schlaf. Um halb fünf Uhr früh steht er auf, wenn es nicht überhaupt zwei Uhr ist wie an den Tagen, an denen er »wassern« geht – für ihn ist es nicht eine Sage, sondern blinde Arbeit. Um halb fünf also ist er schnell wieder angezogen, und auch später um acht ist er noch nicht fein hergerichtet, sondern kommt vom Pferdestall. Zwischen dem kalten Backofen und dem eisernen Tischherd steht die Wasserbank, er läßt unter dem Hahn die Blechschüssel vollaufen, wäscht sich, schüttet das Wasser in den grauen Eimer, spült die Schüssel aus. Er holt sich vom Herd den Topf mit Brennsuppe und die Schüssel mit dem Sterz. Dann zwängt er sich hinter dem Tisch auf die schmale Bank, schlägt nach den Fliegen, und mit dem Löffel bricht er sich von dem Sterz etwas ab. Er taucht den Löffel dann in die Suppe, so nimmt er ein paarmal und stellt Topf und Pfanne zurück auf den Herd, damit sie warm bleiben für die Schwestern. Die haben noch nicht Suppe gegessen, sie sind mit der Milch in die Sennerei und kommen mit der Buttermilch wieder. Sie holen sich jedes, wie sie gerade Zeit haben, den Topf vom Herd, löffeln im Stehen oder am Fensterbrett. Sich hinzusetzen haben sie nicht Zeit, obwohl die Hauptarbeit nun immer zögernd beginnt, in einer Spannung von Fragen und Unlust. Was man tun wird, hängt von zu vielen Dingen ab, als daß man es voraussehen könnte. Der Vetter will Mist ausfahren, aber der Regen hat den Weg zum Moos hinaus grundlos gemacht. Auch von den Maschinen kommt Unterbrechung. Lena, hilf aufladen, ich muß am Elektromotor die Wicklung flicken, der Tata soll Weizen mahlen heute! – Später mahlt der Tata, er schüttet die braunen Körner in den Mahlkasten. Der Kasten zittert; die Lade, in die sich das feine Mehl siebt, hüpft hin und her, wie der Motor surrt; und der Tata achtet auf die klatschende Transmission, damit sie nicht abspringt; er sieht auf die Spinnweben, die sich mit Staub vollsacken. Draußen geht inzwischen der Vetter neben dem vollgepackten Mistwagen zum drittenmal auf den Acker; die Bauern haben Stroh auf den grundlosen Weg geworfen und ihn fahrbar gemacht.

Mittags steht das Essen auf dem Tisch, aber der Vetter muß noch die Pferde tränken. Als er kommt, wollen die andern nicht länger warten; gleich brechen sie los mit dem Gebet. Er betet mit. Dann taucht er die Hände ins heiße Wasser, nimmt seinen Löffel und setzt sich an die Schüssel. Er bläst über den Löffel hin. Man hat wenig zu reden, man hat auch nach dem Essen wieder zu beten: Vaterunser und Englischen Gruß; und bei der Stelle »Und das Wort ist Fleisch geworden und hat unter uns gewohnt« machen alle eine Kniebeuge. Die Mutter räumt das Geschirr weg, die Schwestern waschen ab. Es dauert nicht lange, geht der Vetter in die Stube. Er nimmt einen Brief, der gekommen ist. Aber er legt ihn wieder hin; jetzt paßt es nicht, ihn zu lesen. Erst am Sonntag kommt er dazu, den Brief zu öffnen. Sonntag ist, weil die Stallarbeit nicht ausfallen darf, Arbeit bis acht Uhr früh. Dann läuten die Glocken zur Kirche. Der Vetter geht, aber plötzlich steht er irgendwo im Dorf auf der Straße. Auch andere junge Leute stehen da. Sie treten zur Seite, weil Autos durchfahren: Omnibusse, Lustfahrer, ausländische Autos.

Die Tante geht gebückt, es zieht sie nach vorn zur Erde. Sie ist eine kleine Gestalt geworden mit den Jahren, und ihre Augen blicken immer fragend, als wüßten sie von dieser Hinfälligkeit, und ihr Mund scheint es mit einem geduldigen Lächeln entschuldigen zu wollen. Morgen fährst du schon, warum? sagt sie zu dem Mann, wann werden wir dich wiedersehen, wann kommst du wieder?

Es ist der letzte Abend für den Mann, und beinahe hätten sie es nun doch vergessen: das Geld, ach ja, aber es sieht nach mehr aus, als es ist, lauter Scheine! Der Vetter bringt es herbei: Geld und Belege – die Postabschnitte der Provinz-Zeitung, an die der Mann seine Berichte geschickt hatte; und die Zeitung hat das Geld dem Vetter überwiesen. Nun liegt es da, ein Wust Papier, und der Vetter sagt: Ich wundere mich, daß die Bezahlung so schlecht ist. Aber könntest du nicht mehr bekommen, wenn du einmal etwas von uns hier schreibst, von deiner Heimat?

Der Mann antwortet: Ja, vielleicht. – Aber er denkt: Pappelhain und alte Wasserleitung, wie soll ich so etwas schreiben?

Der Vetter sagt: Du müßtest eine Zeit hier bei uns bleiben und in der Gegend herumfahren.

Die Tante sagt: Aber laß ihn! Was soll er schreiben von uns hier? Da ist nichts!

Der Vetter sagt: Da ist genug! Wenn einer herumfährt und sich dafür interessiert – da gibt es noch immer Geschichten von den alten Burgen, den alten Geschlechtern!

Der Mann sagt: Das ist nicht so leicht! Er denkt: Genau das kann man nicht schreiben. Aber der Vetter würde es nicht einsehen. Ich lebe nicht wie er; wenn ein Brief kommt, mache ich ihn auf; und abends brauche ich länger als eine Minute, um mich auszuziehen; und ich schlafe nicht sofort ein; und mittags möchte ich Zeit haben, während sie sich hier bloß Zeit zum Beten nehmen und sich nicht begnügen mit kurzen Eßsprüchen, sondern ordentliche festgemachte Gebete hersagen, den ganzen Rosenkranz am Freitag und Samstag. Was weiß ich denn davon, was er nennt: von uns schreiben. Wie soll ich ihm das erklären: das erste ist die Arbeit, und da müßte man mit darin sein! – Er sagt: Ja, ich müßte eine Zeit hier sein, mit euch arbeiten, euch helfen bei jeder Arbeit!

Der Vetter sagt: Arbeiten, nein. Du solltest dir etwas ansehen. Du könntest auf den Berg gehen, wo wir herstammen. Ich war nie droben. Aber da ist doch eine Überlieferung, daß unsere Vorfahren oben auf dem alten Hof Laggár gewohnt haben und wenn du dich ein bißchen um die Urkunden kümmern würdest, da gäbe es doch etwas zu erforschen für dich, und dann hast du schon eine Geschichte.

Ja, sagt der Mann. Aber plötzlich meldet sich die alte Tante: Urkunden? – Das ist alles nur eine Sage! Ich weiß genau, was der Großvater immer erzählt hat. Mit fünfzehn Jahren ist er vom Berg heruntergekommen und hat nichts gehabt als drei Gulden im Taschentuch und seine zwei Hände zum Arbeiten!

Sie sagt es mit laut rasselnder Stimme. Der Mann blickt betroffen auf den Vetter, der sich in seinem redlichen Wohlstand und Arbeitsstand eine Sage gern geleistet hätte. Er will etwas einwenden. Aber die Tante wiederholt hartnäckig: Drei Gulden und seine zwei Hände zum Arbeiten, mehr war nicht!

Dem Mann gehen die Worte nach. Er hat nun gehört, woher er kommt und abstammt. In der rußigen Küche, vor den gelben Augen der alten Frau blieb nichts als dies: Schweigen, Vergessen. Was gilt und womit es beginnt: mit drei Gulden und Arbeit!

Auf der Hauptstraße ist es noch ruhig. Von der Bar Milano singt ein Lautsprecher, Stimmen lärmen aus den hellen offenen Fenstern. Vor der Krämerei steht eine Gruppe Männer. Sie scheinen eben angekommen zu sein. Sie tragen Rucksäcke, dicke Überröcke und bunte Halstücher. Einer spricht und gestikuliert, die andern hören zu. Die Schwester sieht hin. Zu Hause sagt sie: Die Zugvögel sind da! – Der Vetter sagt: Ah, hast du sie gesehn! – Der Mann weiß sofort, daß er diese Gruppe Männer meint. Der Vetter sagt: Zugvögel, Wanderarbeiter; diese kommen aus der Po-Ebene. Sie fahren los in kleinen Trupps, irgendwo steigen sie dann aus und suchen Arbeit. Und ein paar Tage dauert es, da stehen sie so herum. Dann haben sie plötzlich Arbeit gefunden. Und jedes Frühjahr kommen sie; das ist das sicherste Zeichen, daß Frühjahr wird!

Der Mann tritt vor die Tür. Er sieht die kahlen Hauswände, die nüchternen scharfen Giebel, alles Stein und zusammengedrängt. Es ist doch zum Verwundern – das Dorf sieht aus, als gäbe es kein Holz und als läge es tief in Italien; vielleicht kommt da doch etwas heraus: alter Überrest, Pappelhain und Wasserleitung und Wasserleitungen. Die Sage läßt sich nicht so einfach unterdrükken. Vielleicht enthält sie etwas Wahres?

Der Vetter kommt durch den Flur heran. Der Mann sagt: Alles aus Stein, und oft habe ich mich schon gefragt...

Ja, viele Fragen, sagt der Vetter. Dabei ist es ganz einfach der Brand. Dann erzählt er: Um die Jahrhundertwende ist das Dorf abgebrannt. Kein Haus ist geblieben. Die Regierung aber, damals die österreichische, hat sofort wieder aufbauen lassen und dazu einen Militärarchitekten bestellt und der hat sich, weil Italien so nahe gewesen ist, von dort Baumeister und Arbeiter geholt. Die Italiener sind ja immer bekannt gewesen für solche Arbeit, damals schon Wanderarbeiter, gute, schnelle Maurer; in einem Jahr auch haben sie das Dorf wiederaufgebaut, und es hat nur dann ganz so ausgesehen wie eines von ihnen unten, und das ist nun geblieben.

Für den Mann ist die Geschichte neu. Ein Dutzend Mal ist er in der Heimat gewesen, niemals hat er gefragt, sondern sich sein Gebäude aus Sage gemacht. Nun auf einmal bricht es überall ein, und das Gespinst entschleiert sich; und was bleibt, ist nicht mehr Sage.

Zweimal kommt der Roßhändler selber, mehr kann er seinem Ansehen nicht zumuten. Aber dreimal schickt er den »Faschaner« voraus, seinen Gehilfen, Agenten, einen schlauen Zechbruder, den man sonst nur in Wirtshäusern sieht. Er spürt für den Händler die Kaufgelegenheit auf. Er merkt sich die Höfe, in denen Fohlen heranwachsen; er kennt die Leute, weiß Bescheid, wer Geld hat und wer welches braucht; danach stimmt er seine Rede ab. Und wenn in einem Haus Geld nicht nötig gebraucht wird, muß er sich gefallen lassen, vor der leeren Wand zu sprechen. So hier: Die Tante kommt durch den Stall in den Hof. Sie sind da! Sie wollen nicht warten!

Der Vetter begreift sofort. Es paßt ihm, daß eben der Schneefall aufhört. Nun kann er doch auf den Acker fahren. Er kann die Spielregel einhalten, daß er, der verkaufen will, nicht zu Anfang schon da ist.

In der Küche trifft die Gesellschaft zusammen. Der Faschaner springt auf wie ein Clown, klopft mit seinem Stock auf den Boden, läßt die Rede fließen.

Der Händler sitzt götzenhaft stumm auf der Holzkiste. Die Tante antwortet dem Faschaner, als ob alles Scherz wäre – von Verkauf keine Rede. Endlich springt der Händler zornig auf. Er weiß von vornherein, daß der Vetter absichtlich weg ist; jetzt darf er es zeigen. Aber auch das ist nur künstliche Szene: er läuft dunkelrot an, erklärt, daß er sich nicht hinhalten lasse, daß er überhaupt nicht mehr kommen werde, und rennt fort. Der Faschaner, eben noch ein munterer Possenreißer, lehnt schlaff am Türpfosten wie ein Gummimännchen, dem die Luft ausgegangen ist. Dramatischer Abgang und Neinsagen. Aber die Tante sagt: Die kommen wieder!

Es ist noch Zeit bis Mittag, und der Mann geht dem Vetter nach auf den Acker. Er trifft ihn oben auf dem Grundstück über Loretz. Er breitet den Mist aus. Er rückt langsam vor bis ans Ende des Ackers. Dort fängt ein Obstgarten an, und nun macht der Vetter Pause. Er zeigt auf die jungen Bäume und sagt: Die haben wir nachgesetzt im vorigen Jahr, damit kein Ausfall entsteht, die alten nämlich – aber das weißt du doch, sagt er nach seiner Weise, daß die alten Bäume noch von deinem Vater sind?

Da erfährt der Mann, daß sich auch hier etwas geändert hat. Die alten Bäume tragen nicht mehr ordentlich, seit ein paar Jahren geben sie nur noch wenig Ernte. Ihre Kraft ist zu Ende nach fünfzig Jahren Blühens und Tragens, sie gehören weg. Auch die Sorte hat sich erschöpft, die jungen nachgesetzten Bäume sind von einer andern Sorte.

Die Luft ist zu kühl, daß man sich im Freien hinsetzen könnte. Und es gibt keine zweite Gabel. Der Mann steigt durch den Gebüschrand hoch. Zwischen den Felsenklippen, auf dem Punkt über Loretz, bleibt er stehen. Zu seinen Füßen dampft der Acker von dem Mist, wie der Vetter ihn auseinandergabelt. Der Mann sieht hinunter. Er denkt: Hier auf diesem Punkt, aber das Buch hat dann doch »Fortgehen« geheißen; zuerst für den Vater damals, und nun für mich; ich kann nur noch wiederkommen – jemand der auf Besuch kommt.

Heimzu sitzen sie auf dem leeren Leiterwagen. Sie sind kaum im Haus, steckt der Faschaner den Kopf durch den Türspalt.

Wenn der Vetter wolle – der Händler habe sich aus Zufall noch verweilt, sei im Wirtshaus – ob er kommen solle? Und nun geht alles wie längst abgemacht, als habe der Händler keinen Laut von Nichtwiederkommen gesagt. Er besichtigt das Fohlen, auf halbem Weg einigt man sich. Der Händler seufzt, es sei ohnehin ein Verlustgeschäft für ihn. Der Faschaner feixt und läßt sich den Rotwein schmecken, den die Tante nun auf den Tisch bringt. Der Händler bezahlt mit einem Scheck, der in Vicenza ausgestellt ist, aber er kann sich die Suada der Versicherungen ersparen, daß der Scheck gut sei. In dem Vetter hat er einen Mann vor sich, der sich in solchen Dingen auskennt. Der Faschaner beginnt, weil alles so leicht geht, wieder zu tänzeln. Mit euch ist es ein bequemes Geschäft, ihr seid nicht so närrisch wie der Bergler. Wenn wir am Berg zu tun haben – glaubt ihr, die Holzköpfe nähmen einen Scheck?

Die Tante sagt: Die auf dem Berg wollen den Gulden springen sehen!

Der Vetter sagt: Die wissen auch nicht, was ein Scheck ist; die wissen nicht, daß ein Scheck aus Vicenza so gut wie bar Geld ist!

Der Händler sagt: Bravo! – Man sieht ihm an: gern hätte er von dem Viehmarkt in Vicenza geprahlt. Aber ihm steht es zu, mit Worten götzenhaft zu sparen. Er erhebt sich, und der Faschaner trinkt eilig den Wein aus. Dann strecken beide nach Bauernweise die Hand vor, als wollten sie ein Loch in die Luft bohren. Es ist ein Händedruck, Hand rührt einfach gegen Hand. In der Tür dreht sich der Faschaner um: Morgen komm' ich und mach' euch Platz im Stall!

Essen und Gebet; aber schon während des Absatzes »Und das Wort ist Fleisch geworden« steht ein neuer Besuch unter der Tür, der Nachbar. Er bringt die Klauenschere mit. Die Schwestern holen die Kuh Rosa aus dem Stall und binden sie an dem Pfosten des Schuppendaches fest. Der Vetter schneidet, der Nachbar hebt den Kuhfuß hoch, die Schwestern und die Tante pressen sich gegen den Körper der Kuh, die mit Gewalt zurückdrängt. Da kann auch der Mann helfen. Die Kuh, wie sie zerrt, ist kaum zu bändigen, dem Nachbarn treten die Adern an der Stirn vor, und einen Augenblick später springt er zurück. Er hat diesen

Augenblick abgepaßt, in dem die Kuh ausschlägt. Nur ruhig! sagt der Vetter; und die Schwestern vorn kraulen die Kuh zwischen den Hörnern. Dann packen alle wieder zu, und der Vetter schneidet die tiefen Verwachsungen frei, Horn und Schorf fallen zu Boden. Es erleichtert sie, sagt der Nachbar, morgen komme ich wieder, dann packen wir die andere Klaue, dann helfen wir wieder alle zusammen!

Morgen bin ich nicht mehr da, sagt der Mann. Er sieht über die von den Tritten der Kuh aufgewühlte Erde hinweg. Er sieht die Pfirsichblüten vor der grauen Mauer, ein Stück Himmel, aus dem die Sonne scheint. Der Vetter sagt: Ja, morgen, wir können dich brauchen zum Halten!

Er lächelt dünn, er hat diese Worte wie einen Scherz gesagt. Aber auch die Tante fällt nun in diesen Ton ein: Wegen Arbeit bleibt er nicht!

Da muß sich auch der Mann zu dem Scherzton bequemen. Warum nicht, wenn mein Zug nicht ginge. Kuhhalten und Klauenschneiden, mit der Zeit würde ich es lernen bei euch!

Tante und Vetter lächeln. Du willst es lernen – Klauenschneiden!

Plötzlich ist nicht mehr viel Zeit, es schlägt zwei vom Kirchturm, und man hat die letzten Minuten mit nichtigen Reden vertan. Aber es gehört sich so – schnell Abschied!

Bleib gesund! sagt der Mann. Ah, unsere Jahre! erwiderte die Tante. Dabei wendet sie sich zu dem alten Tata, der eben herzukommt, und zupft ihm einen Strohhalm von der Strickjacke. Aus ihrem Gesicht spricht die Frage: Wann kommst du wieder, und werden wir Alten noch leben, wenn du wiederkommst? Allein geht der Mann dann fort. Der Vetter muß ja aufs Feld, der Himmel hat aufgeklart. Der Mann schleppt an seiner Tasche; Brot und Fleisch und Äpfel vom Vorjahr hat ihm die Tante noch zugesteckt. Er geht an den Zugvögeln vorbei, sie stehen an der Tür des Krämers und haben in der warmen Luft die Überröcke aufgeknöpft. Ihre Schar ist zusammengeschmolzen, ein paar haben Arbeit schon gefunden. Er geht am Armenhaus, am Widum und an der Bar Milano vorbei; beim Gewerkschaftshaus biegt er zur Station ein. Da hört er die Littorina schon hämmern. Staubig, braun und schnell, mit Sonnenblitzen an der gläsernen Stirn, fährt sie heran zwischen der knochenweißen Blendung des Marmorlagers. Die Kreuze blicken herüber. Der Mann steigt ein, der Geruch des Dieselöls zieht durch den Wagen, der von den Stößen des Motors zittert; und nun bewegt sich's auch schon draußen: die Station – Blumen und Schilder und der Schlagbaum. Der Mann nimmt Platz, bald hat er das Hämmern zu seinen Füßen. Er denkt an den Vetter, der es hören wird auf dem Acker droben – als Echo zurückgeworfen von den Sagen-Pappelhainen: ach, das alles ist nur eine Sage: das Dorf bleibt zurück.

Jahrgang 1912

Zwischen Angehörigen desselben Jahrgangs gibt es eine Art Brüderschaft und Ähnlichkeit, die nichts mit persönlichen Eigenschaften zu tun hat, oder ihnen doch entfernter ist als das Erbteil von Eltern, Abstammung, Heimat, Erziehung, oder das eigene Erlebnis – trotzdem geht in jedem Menschen etwas mit von dieser Ziffer seines Geburtsjahres, so als hätte auch Chronos ihn mitgezeugt und miterzogen. Es ist etwas von außen, das den einzelnen hier erfaßt; und es scheint mir kein Zufall zu sein, daß sich eben dieses Wort »Erfaßtwerden« dort einstellt, wo uns das Wort »Jahrgang« im gewöhnlichen Leben begegnet. »Erfassung des Geburtsjahrganges 1946 zur Ableistung der allgemeinen Wehrpflicht« lese ich von einem Plakat. Ich las es im Frühjahr 66 bei einem Besuch in meiner österreichischen Heimat, las es in Westdeutschland, las es drüben in Ostberlin, als ich dahin meinen Weg machte von meiner Wohnung im westlichen Teil der Stadt; und ich las es anderthalb Jahre zuvor mit einer anderen Ziffer in meiner Geburtsheimat Südtirol, und dort zweisprachig: italienisch und deutsch. Ich glaube, ich bin hier bei einer ersten wichtigen Sache, durch die das Schicksal des einzelnen von seinem Geburtsjahrgang her in unserem Jahrhundert bestimmt worden ist. Österreich hatte wie Deutschland nach dem Ersten Weltkrieg 17 Jahre lang ein Berufsheer. In beiden Staaten wurde die allgemeine Wehrpflicht ungefähr zur selben Zeit, 1935, eingeführt. Mein Jahrgang 1912 wurde davon nicht mehr betroffen. Es gab die um weniges jüngeren Jahrgänge, die damals, oder in den Jahren darauf, eingezogen wurden, und dann, 1939, entweder sofort aufgerufen wurden oder gar nicht erst nach Hause entlassen wurden; für sie kamen nach den zwei Wehrdienstjahren die viereinhalb Kriegsjahre, und dann vielleicht noch Jahre der Gefangenschaft. Es waren die Jahrgänge mit den höchsten Verlusten. Und auch wer überlebte, für den war es, wenn er dann endlich heimkehrte, das halbe Leben gewesen. Der Jahrgang 1912 war besser dran. Er wurde auch 1939 nicht generell eingezogen. Es gab Möglichkeiten des Aufschubs. Ich selber erhielt meinen Einberufungsbefehl im Juni 1941. Ich kam zur Marine-Artillerie, zuerst zur Ausbildung nach Holland, dann an die Deutsche Bucht, später an die französische Küste. Das Kriegsende erlebte ich in einer Flakstellung am Jadebusen bei Wilhelmshaven. Ich erwähne diese Daten, weil sie mir Gelegenheit geben, über das Persönliche hinaus etwas Allgemeines zu dem Thema »Jahr und Jahrgang« zu sagen, das, wie mir scheint, beachtet werden muß. Es ist folgendes: ich kann von meiner eigenen Kriegsteilnahme behaupten, daß ich glimpflich davongekommen bin. Ich kann – wie ich es vorhin getan habe – weiter sagen: das hängt mit meiner Zugehörigkeit zum Jahrgang 12 zusammen, der nicht unter die Wehrpflicht fiel usw. – Aber wenn ich näher zusehe, kann ich dieses »glimpflich Davonkommen« doch nicht allein dem Jahrgang zuschreiben. Andere Umstände spielten mit, so dieser eine, an dem ich einigermaßen deutlich machen kann, was ich meine. Es gab bei der Kriegsmarine zwei Gruppen Soldaten: die einen hatten vor ihrer Stammrollennummer den Buchstaben »N«, die andern den Buchstaben »O«. »N« hieß »Marinestation Nordsee«, sie hatte ihren Sitz in Wilhelmshaven. »O« war die »Marinestation Ostsee« mit dem Sitz in Kiel. Die »Marinestation Nordsee« schickte ihre Einheiten zu den westlichen Küsten bis zum Golf von Biskaya; die »Marinestation Ostsee« zu den östlichen Küsten (erst in den letzten Kriegsjahren wurde diese Einteilung nicht mehr gehalten) – und wer ein »O« vor seiner Nummer hatte, mußte damit rechnen, ins Baltikum geschickt zu werden, und bis vor Leningrad, nach Finnland und ans Nördliche Eismeer. Er wurde in den russischen Krieg verwickelt. Ein »N« zu haben, war eine Chance mehr. Das stellte sich erst zuletzt heraus bei der Rückflut von Königsberg und Danzig. Ich hatte ein »N«, das war Zufall.

Man sieht an dem Beispiel, wie das Thema »Jahr und Jahrgang«, wenn man genauer überlegt, was sich da Typisches von dem einzelnen Fall ableiten ließe, in Frage gestellt wird. Unendlich viele Dinge: Zufälle, der Platz im Alphabet, in der Liste, in der Reihe, an dem man steht, wenn einem die »Erkennungsmarke« zugeteilt wird, lassen eine allgemeine Bestimmung gar nicht zu. Auch nicht in einer solch äußeren Sache wie der Ausmusterung für den Kriegsdienst, um wieviel weniger in der Verflochtenheit des Persönlichen, das den Weg des Menschen im ganzen bestimmt. Vielleicht ist der Vergleich, der mir dazu einfällt, gewagt, aber ich möchte sagen: der einzelne trägt das Kleid seines Jahrganges kaum anders als das Kleid der Mode, die in diesem Jahr dran ist. Er kann sich ihm allerdings auch kaum entziehen. So ähnlich, scheint mir, ist es mit der Zugehörigkeit eines Mannes zu seinem Jahrgang. Und trotzdem sieht man, wenn man seine Fotos aufschlägt aus diesem oder jenem Lebensalter, zuerst sein Kleid, und dann darin ihn selbst.

Soviel zur Begrenzung des Themas, und zur nur bedingungsweisen Gültigkeit der Ansichten, die aus ihm gezogen werden können. Es ist, glaube ich, wichtig, diese Einschränkung zu machen. Nur dann kann man beim Erzählen persönlicher Erfahrungen abschätzen, wieviel von der eigenen Figur mitgeprägt und mitbestimmt wurde durch den Habit des Jahrgangs.

Ich sagte als erstes bisher, zu meinem Jahrgang 12 gehöre es, daß er im allgemeinen durch den Krieg weniger betroffen wurde als die Jahrgänge nach ihm. Nun komme ich zu einer zweiten Sache, bei der es sich umgekehrt verhält. Von ihr wurde mein Jahrgang ungleich stärker, als ich es mir von älteren oder jüngeren vorstellen kann, in Mitleidenschaft gezogen: das war die Politik. Ich habe den Ausdruck »Mitleidenschaft« gebraucht und will später noch zeigen, warum.

Zunächst aber möchte ich auch für diese Sache der Politik ein anschauliches Beispiel bringen: wir Angehörige des Jahrganges 12 waren die ersten, nach 1918 groß gewordenen Leute, die nicht mehr demokratisch gewählt haben. Wenigstens war das in Österreich so. In Deutschland gingen die Dinge ähnlich, nur mit verschobenen Akzenten, da gab es noch die von Hitler verordneten Plebiszite mit suggestiven Fragestellungen wie nach der Saarabstimmung, die den Charakter einer Wahl nicht mehr hatten. In Österreich fiel auch das weg. Dort wäre im Sommer 1933 eine Nationalratswahl fällig gewesen, bei ihr wäre mein Jahrgang zum erstenmal stimmberechtigt gewesen. Die Wahl fand nicht statt, denn inzwischen hatte, am 4. März 1933, die Regierung Dollfuß mit einer Manipulation der Geschäftsordnung das Parlament lahmgelegt; der Vorgang war so: daß der Parlamentspräsident und seine Stellvertreter (der Sozialdemokrat Dr. Renner, der Christlichsoziale Ramek, der Großdeutsche Straffner) im Zug der Debatte ihren Rücktritt erklärt hatten; nun sei es – so ließ die Regierung verlauten – weder möglich, die Sitzung weiterzuführen, noch sie zu vertagen, noch den Nationalrat neu einzuberufen; theoretisch dauerte die Sitzung noch an, nur war niemand befugt, sie zu leiten; praktisch gingen die Abgeordneten formlos auseinander. Ein paar Jahre später wurden sie mit einer Art Notstandsklausel wieder zusammengerufen, nur zum Schein: denn inzwischen waren die sozialdemokratischen Mandate für ungültig erklärt worden, und die christlichsozialen Mandatare konnten mit ihrer auf diese Weise hergestellten Mehrheit eine ihnen vorgelegte Ständestaats-Verfassung zu einem Gesetz machen. So wurde bei uns der Faschismus eingeführt: auf dem Verfahrensweg sozusagen und auf Verwaltungsebene, und das war für Österreich typisch. Nicht typisch war, daß sich die Österreicher in jenen Jahren nicht mehr bloß verwalten lassen wollten. So kam es im Februar 1934 zum Aufstand der österreichischen Sozialdemokraten, er begann im Linzer »Zentralkino«, einem Haus, das ich genau kannte, denn dort hatte ich von Schulzeit auf alle Filme gesehen, die mich interessierten. In diesem Haus war das Parteiheim der SPÖ. Es sollte in den Morgenstunden des 12. Februar von der als Hilfspolizei deklarierten Starhemberg-Heimwehr und von Polizei besetzt werden. Aber da schoß um 9 Uhr früh aus dem an die Mauer geklebten Beton-Erker, in dem sich der Filmvorführapparat befand, ein Maschinengewehr auf das anrückende Besetzungskommando. Und drei Tage später, am Ende des Februaraufstandes schoß in Wien das Bundesheer mit Artillerie auf die zu Festungen ausgerüsteten Arbeiterwohnungen. 300 Tote. Fünf Monate später, im Juli 34, besetzte eine im Untergrund zusammengezogene Gruppe nationalsozialistisch organisierter Soldaten des Bundesheeres das Kanzleramt auf dem Ballhausplatz, die Regierung wurde überwältigt, der Bundeskanzler Dr. Dollfuß, ein Mann aus der Landwirtschaft, der mehr Intelligenz hatte, als man ihm nachsagte, wurde bei dem nie ganz geklärten Vorgang ermordet. Den Putschisten wurde im Namen des designierten Kanzler-Nachfolgers Dr. Schuschnigg, wegen der prekären Lage auf dem Ballhausplatz, von der Straße zum Balkon hinauf, freier Abzug versprochen. Aber dann wurden sie, als sie das Haus ohne Waffen verließen, unter Berufung auf den Mord an Dollfuß – als einer Grausamkeit, die, jetzt erst bekannt, die Lage völlig verändere – verhaftet, und dann wurde ihnen der Prozeß gemacht, und ihre Anführer wurden gehängt. Andere, die in Wien und auswärts mitgetan hatten: Bauernsöhne und Holzknechte aus der Steiermark und aus Kärnten entkamen mit Hilfe der ein halbes Jahr zuvor zusammengeschlagenen sozialistischen Aufständischen in die Tschechoslowakei; sie wurden z. T. per Faltboot von den Auen unterhalb Wiens nach Preßburg gebracht und von dort nach Deutschland geschleust.

Das war das Ende der Putsche in Österreich, deren Folge zu den Erinnerungen meiner Jugend gehört. Mit diesem Ende hatte sich das autoritäre Regime etabliert. Aber auch die Leute, die gegen dieses Regime waren, etablierten sich in den Jahren danach, bei solch verschobener Perspektive, immer mehr in dem Wunsch nach dem Anschluß an Deutschland. Wenige nahmen sich da aus. Es waren, wie ich es damals bei Aufenthalten in Wien erlebte, vor allem Mitglieder der Aristokratie und strenge Katholiken. Für eine bestimmte Schicht der österreichischen Aristokratie, und für ihr nahestehende Kreise, war Deutschland etwas wie ein »preußisches« fremdes Land; für Katholiken strenger Observanz war es »protestantisch«. Später, nach dem Krieg, lernte ich noch eine dritte Gruppe von Anschlußgegnern kennen: das waren Leute, die mehr gedacht hatten als die andern – und mehr auch, als ich damals gedacht hatte. Aber das Gros wünschte den Anschluß, und es sagte »ja«, als er dann 1938 herbeigeführt wurde – aus Gründen allerdings, die mit den Motiven derer, die sich ihn gewünscht hatten, wenig zu tun hatten. Mir sagte nach Kriegsende einmal jemand, daß nach seiner Ansicht entscheidend für den wirklichen Zugriff, Österreich zu Deutschland zu bringen, nicht der Traum vom »Reich« gewesen sei, sondern die Möglichkeit, nach dem steirischen Erzberg zu greifen, und nach der »Alpinen Montan-A. G.« und ihrer ausbaufähigen Rohstoffgrundlage. Die Generation, die mit einundzwanzig nicht hatte wählen dürfen, und die inzwischen sechsundzwanzig geworden war, konnte, von Ausnahmen abgesehen, auf solche Gedanken nicht kommen. Sie hatte ihre Perspektive von Putsch, Aufstand und Bürgerkrieg, und dann einer Diktatur, die sie bald für unerträglich halten mußte, mit Zwang zu Beitritt, und Drohung etwa von Disziplinarvorgesetzten, wenn man als Dorflehrer am Sonntag wegfuhr, statt den Gottesdienst zu besuchen. Sie hatte dazu ihre Perspektive von Deutschland, mit dem sie etwas von einem früheren, eigenen, im Jahr 1918 verlorengegangenen Reich identifizierte; sie stimmte am 13. April 1938 mit »ja«, und erkannte am 14. April morgens, oder auch später, auf welches Nichtbild von redlich-gedankenlos eingebildeter Vorstellung es nun zuging; da machte sie sich auch Gedanken. Aber wählen konnte sie erst wieder in den Jahren nach 45, und da war sie nicht mehr einundzwanzig, sondern nahe an die Vierzig.

Ich wollte nur dieses Beispiel von »Wahl« bringen: einer Behinderung frei zu wählen, als Kennzeichen für meinen Jahrgang. Aber ich habe schon mehr gebracht: ein Beispiel für das Problem dieses Jahrgangs, der politisch versagt hat. Ich glaube, man muß das aussprechen, mit allen Folgen, die man auf sich nehmen muß nach dem Bild, das man von sich selber hat. Man muß es zugleich einschränken, wie ich es vorhin getan habe bei der Frage »Teilnahme am Krieg« – man darf das Versagen nicht auf den Jahrgang schieben. Bei der ersten Frage, wie weit unserem Jahrgang der Krieg mitgespielt hat, sei, so sagte ich, immer auch der Zufall mit im Spiel gewesen und manches andere. Bei dieser zweiten Frage nach einem Versagen in der Politik, mag ebenfalls der Zufall eine Rolle gespielt haben: persönliche Bedingungen aus Herkunft, Anfälligkeit oder Kraft der Seele. Aber es gab hier immer doch auch einen Spielraum eigener verantwortlicher Entscheidung, der einem durch eine Ausrede auf das vorgeformte Modell des Jahrgangs nicht abgenommen wird. Es war »Versagen« möglich, aber auch »Nichtversagen«; und wenn ich hier nun Bedingungen aufzähle oder »erzähle«, die zu mir als einer Figur des Jahrganges

12 gehören, dann nicht, um mich zu erklären. Es erklärt sich nie etwas ganz durch Erklärung. Es kann ein Hinweis auf mich sein, wie ich geworden bin: so und so. Es kann auch ein Hinweis auf meinen Jahrgang drin sein: bei Abzug meiner Dinge, und Zuzug der Person, die jeder ist, mit seinem Namen, als er selbst.

1912 geboren, in Bozen, Südtirol, das damals zu Österreich gehörte, Sohn eines Vaters, der von dort stammte, und geboren von einer Mutter, die aus Wien stammte; der Vater 1913 gestorben, die Mutter, 23 Jahre alt, zurückgegangen zu ihren Eltern, die sich eben im selben Jahr in Linz an der Donau niederließen, dort aufgewachsen bei ihnen und bei ihr. Meine erste Erinnerung ist der Tod des Kaisers Franz Joseph. Damals, am 21. November 1916, kam der älteste Bruder meiner Mutter zu Besuch und erzählte meinem Großvater, er habe seinem mit mir gleichalterigen Sohn, der seine Suppe nicht habe essen wollen, erzählt, der Kaiser sei gestorben, weil er seine Suppe nicht gegessen habe – das prägte sich mir ein, weil ich wegen einer Krankheit, von der ich nichts mehr weiß, auf dem Sofa in der Ecke lag, unter dem Schmetterlingskasten, und mich schlafend stellte, daher die Erwachsenen unbekümmert erzählten, als höre sie niemand. Meine zweite Erinnerung ist, daß ein Mann in Landsturmuniform mit einem schwarzen Bart vor dem Fensterbrett saß, die Pfeife in der Hand; er kam von Galizien und war auf der Fahrt nach Südtirol, es war der Bauer Johann Muther aus Laas, der Schwager meines verstorbenen Vaters, der Mann seiner Schwester.

Meine nächsten Erinnerungen betreffen den Fortgang des Krieges und dann die Revolution im Jahre 1918 – oder wie man damals bei uns sagte: den »Zusammenbruch«. Vielleicht ist es wichtig, dieses Wort anzuführen, denn es enthält etwas von einer allerersten Perspektive auf ein geschichtliches Ereignis, wie sie sich mir als einem Angehörigen des Jahrganges 12 damals eingeprägt hat.

Ich möchte es zunächst wieder an anschaulichen Bildern deutlich machen. Wir wohnten in Linz in der Nähe der Gasanstalt und ich erinnere mich, daß einmal die Rede aufkam, wir seien in Gefahr, denn neuerdings gebe es Flugzeuge, die Bomben schmissen, und da sei die Gasanstalt für die Versorgung der Stadt gewiß ein bevorzugtes Ziel; und »dann gehn wir alle in die Luft«.

Diese Rede kam auf, als der italienische Dichter Gabriele d'Annunzio mit einem zweisitzigen Flugzeug nach Wien geflogen war und dort Flugblätter abgeworfen hatte – ein Ereignis, über das in der Zeitung berichtet, und das bei uns daheim eifrig besprochen wurde. Ich habe den Satz »und dann gehn wir alle in die Luft« zwischen Apostrophe gesetzt, weil er mir im Wortlaut in Erinnerung ist, und weil ich ihn so auch aufgezeichnet habe in einer Arbeit, in einem längeren Gedicht »Sätze von der Donau«, in dem solche Kindheitsdinge vorkommen...

Mein Großvater hatte auf seinem Schreibtisch eine sonderbare Plastik aus Eisen stehen, Gußeisen, bronziert, ein billiger Artikel, den es vermutlich in vielen Wohnungen damals gab. Sie sah aus wie eine Monstranz und stand auf einem Fuß, der sich oben zu einem Strahlengebilde aus Geschützlafetten, Fahnen, Kronen und anderen Emblemen ausfächerte; es enthielt wie ein flatteriger Rahmen drei Ovale für Bilder und darüber Raum für ein Spruchband; auf dem Spruchband stand: »Unsere Söhne im Krieg«; und in den Ovalen waren die Fotos dreier Leute, die ich gut kannte – es waren drei meiner Onkel, Brüder meiner Mutter. Den jüngsten kannte ich besonders gut, denn er war schon wieder zu Hause, er hatte – auch das ist mir ein fester Ausdruck aus jener Zeit – »Schrapnellkugeln«, die wanderten: im Oberarm und nahe der Lunge, und war nach anfänglichem Lazarettaufenthalt in Prag, wo meine Mutter ihn abgeholt hatte, in ambulatorische Behandlung gestellt.

Den zweiten Onkel hatte ich nicht mehr kennengelernt. Er war der mittlere dieser Brüder und hatte vor dem Krieg Geistlicher werden wollen, zunächst bei den Jesuiten, und das hatte einen Streit in der Familie gegeben, dessen Zusammenhänge mir erst viel später klar wurden, auch in dem, was sie für die politischen Kräfte in Österreich bedeuten. Denn die Familie meines Großvaters war erklärt katholisch; aber den Jesuiten hing im alten Österreich auch dort, wo man gut katholisch war, aus Gründen der Staatsräson und einer Art von »Staatsreligion«, der man huldigte, etwas Anrüchiges, nicht ganz Geheures an – so war dieser Sohn wegen seines Eintritts bei den Jesuiten von seinen Eltern »verstoßen« worden – auch dieses Wort kommt in Briefen von damals vor. Erst als ihn der Orden wegen zu schwacher Gesundheit abgelehnt hatte, mit dem Rat, einen andern Weg zu suchen, und er die Ausbildung für die Laufbahn als Weltgeistlicher begann, fand sich die Familie mit ihm wieder zurecht. Aber er war nach diesem Hin und Her wohl unsicher geworden; 1914, bei Kriegsausbruch, in seinem Stand als Alumnus, meldete er sich als Sanitäter zur Truppe, er verfaßte ein Gedicht, das mein Großvater in der von ihm herausgegebenen Zeitung abdruckte. Dann kam er nach Galizien und schrieb noch eine Zeitlang Briefe; nach dem Durchbruch von Gorlice-Tarnow, am 2. Mai 1916, galt er als vermißt. Ich führe das hier an, weil diese poetisch-idealistische Sache des »Kriegsfreiwilligen von 1914« etwas ist, das später auf mich gewirkt hat, und weil ich glaube, daß eine solche Nachwirkung zu den Erlebnissen meines Jahrgangs gehört, auch wenn sie nicht auf persönlich nahe Erfahrung zurückgeht. Bei mir hing sie mit den Briefen meines Onkels zusammen, ich las sie, als ich zwanzig war. Aber ich muß hinzufügen: ich las sie nicht ohne Zusammenhang mit der »Kriegsliteratur« von damals. Die Bücher, die mich berührten, waren nicht kriegslüstern. Zu ihnen gehörten Carossas »Rumänisches Tagebuch« und »Die Pfeiferstube« von Paul Alverdes. Und nun muß ich genau sein und sagen: diese Bücher riefen in mir etwas auf wie vaterländische Emotion, aber sie wirkten in mir, einem zwanzigjährigen Angehörigen des Jahrganges 12, umgekehrt als Gegengift gegen die hitlerische Ausmünzung solcher Emotionen; und wenn ich von ihr Abstand hielt, und ihn beibehielt, habe ich das auch einigen dieser heute mißverstandenen Bücher zu danken.

Der dritte Onkel, dessen Foto in dem Oval war, der ältere, war noch an der italienischen Front, trotz einer Gasvergiftung, von der er dort, am Isonzo, niedergestreckt und halbwegs wieder geheilt worden war. Er hatte von allen dreien das für mich – als Kind und auch später – eigentümlichste Schicksal. Er hatte vor dem Krieg das Bankfach gelernt, aber war eines Tages – obwohl geschätzt und bei einwandfreier Führung – »durchgebrannt« – so hieß bei ihm das Wort, das ich mir gemerkt habe aus dem Familien-Wortschatz von damals. Überredet dazu hatte ihn ein gleichalteriger Freund. Dieser Freund hatte meinem Onkel Aussichten gemacht, sie könnten zusammen die Geschäftsführung eines Hotels auf der Insel Madeira übernehmen. Aber als sie hinkamen, was das Unternehmen pleite. Mein Onkel stand vor dem Nichts. Nach Hause zurückkehren wollte er nicht, wahrscheinlich war er zu stolz, sich nach diesem Mißlingen seines Sprungs in die Welt schelten zu lassen. Also zog er sich zurück auf das zugehörige Festland und Mutterland, nach Portugal. Das war im Jahre 1910, als dort die Revolution ausbrach, in deren Verlauf der portugiesische König Manuel II. abgesetzt wurde und sich der Staat als Republik konstituierte. Mein Onkel nahm in diesen Kämpfen Partei, aber ungeschickterweise auf Seite der Royalisten, so daß er sich, als diese geschlagen worden waren, abermals zurückziehen mußte. Die Anhänger Manuels flohen nach Brasilien. Auch mein Onkel lebte eine Zeitlang in Rio. Sein nächster Ort war – aus Gründen, die ich nie ganz erforschen konnte – Glasgow in Schottland. Dort heiratete er eine geschiedene Frau, die ein kleines Hotel besaß, und führte diesen Betrieb zwei Jahre lang. Aber als 1914 die Frau starb, und als dann der Krieg auszubrechen drohte, litt es ihn nicht länger in Schottland. Er kam auf einem der letzten Schiffe, mit denen man im Sommer 14 vor Ausbruch der Feindseligkeiten frei ausreisen konnte, nach Deutschland. Er meldete sich in Österreich zum Militär, »zu den Fahnen«, wie man sagte; und gewiß spielte eine Art Patriotismus für ihn dabei mit. Aber trotz vieler Medaillen, mit denen er im Krieg ausgezeichnet wurde, brachte er es (und ich vermute, wegen des verdächtigen vorangegangenen Aufenthalts im Ausland) in den vier Jahren nur bis zum Feldwebel – in dieser Uniform, mit den drei Sternen, und mit den Medaillen auf der Bluse, sah ich sein Bild in dem Oval. Nach dem Krieg ließ er sich in Steyr nieder und wurde nach einem Anfang als Gemeindebeamter Vizebürgermeister der Stadt und Kandidat für den österreichischen Nationalrat. Aber nun war er auf einer anderen Seite als ehemals in Portugal. Die englische und Welt-Erfahrung war an ihm nicht spurlos vorübergegangen – er hatte sich der sozialdemokratischen Partei angeschlossen. Als ich mit ihm Kontakt bekam, Ende der zwanziger Jahre, schrieb er allmonatlich Berichte aus Österreich für die Zeitschrift der Labour Party »Labour Monthly«. Ich sah ihn wieder im April 34, als er, zwei Monate nach dem Februarputsch der österreichischen Sozialisten, in der Wohnung meines Großvaters in Linz erschien; die zwei Monate war er in Haft gewesen. Man ließ ihn in den nächsten Jahren in Ruhe. Ich besuchte ihn in der Zeit, aber sah ihn in Linz erst wieder, als ich im Frühjahr 38 aus Wien zurückkam, da war er zum zweitenmal entlassen worden aus einer Haft, in die ihn, wegen der von 34 her vorgemerkten, die diesmal nun anderen neuen Machthaber gesetzt hatten, beim Anschluß Österreichs im März. Meine Großeltern lebten damals noch: auch das bronzierte Gebilde mit den drei Ovalen und der Inschrift »Unsere Söhne im Krieg« stand noch auf meines Großvaters Schreibtisch. Und meine Großmutter machte jeden ersten Freitag im Monat ihre Wallfahrt auf den Pöstlingberg über Linz, dort sprach sie ein Gebet für den anderen Sohn, der 1916 in Gorlice vermißt war; das war ein Gelübde aus jenem Jahr, das sie hielt; und dazu hatten wir sie schon als Kinder begleitet.

Meine Großmutter war in Ungarn aufgewachsen, Tochter eines k.k. Wachtmeisters, d.h. eines Berufsunteroffiziers, der aus Hollabrunn bei Wien stammte, und dessen Standplatz das Gestüt Ossiach in Kärnten war, daher an diesem Ort meine Großmutter auch geboren war, später aber, nach einem Standortwechsel ihres Vaters, der für das Militär Pferde einzukaufen hatte, an verschiedene Orte in Ungarn gekommen war – sie hat mir davon erzählt. Sie war in die ungarische Schule gegangen und lernte deutsch schreiben erst mit 13 Jahren, als ihr Vater pensioniert wurde und in seine österreichische Heimat gegangen war. Sie heiratete meinen Großvater, der damals als junger Buchdrukker eine Druckerei in der Provinz übernahm, und die Herausgabe und Redaktion einer neu gegründeten Wochenzeitung. Auch er kam aus dem größeren Raum der Monarchie. Vom Vater her stammte er aus Wien, dort hatten seine Voreltern, soweit es sich zurückverfolgen ließ, in den Bezirken Mariahilf und Neubau gelebt und waren Lottokollekteure gewesen. Aber seine Mutter stammte aus Bielitz-Biala in den Karpaten, das heute polnisch ist; von dort war sie, Tochter eines Tuchmachers, nach Wien gegangen, hatte geheiratet und vier Söhne geboren. Ich habe diese Söhne noch kennengelernt; und mir ist auch hier eine altösterreichische, aus dem Ungarischen abgeleitete Spracheigentümlichkeit im Gedächtnis: die Vorziehung des Taufnamens.

Wenn von den Brüdern meines Großvaters die Rede war, wurden sie »der Ferdinand-Onkel«, »der Leopold-Onkel« und »der Franz-Onkel« genannt. Das ist eine Übersetzung des ungarischen »Ferenc-Bácsy«. Auch die Namen selber: Ferdinand, Franz und Leopold, sind traditionelle Namen der Monarchie aus dem 19. Jahrhundert. Der vierte der Brüder, mein Großvater, hieß: Josef Maria Fridrich. Auch hier, das fällt mir heute auf, klingt – vor dem Zunamen »Fridrich« – in dem zweiten Taufnamen »Maria« etwas herüber von der altösterreichischen Welt.

Von meinem Großvater habe ich ein Foto aus Jünglingsjahren. Er ist in Uniform. Das Foto stammt aus der Zeit, als er bei den Deutschmeistern eingezogen war und in Korneuburg bei Wien lag. Damals, so erzählte er, sei in einem Winter die Donau zugefroren gewesen, und so seien sie über den Fluß auf dem Eisstoß von Wien nach Korneuburg in die Kaserne gegangen. Aber er tat dort nicht lange Dienst. Weil er in seinem Beruf als Buchdrucker schon angelernt war, wurde er nach der Grundausbildung für den Rest der Dienstzeit ins Militärgeographische Institut überstellt. Dort wurden in diesen Jahren zwischen 1869 und 1890 die österreichischen Generalstabskarten gedruckt. Zu diesem Unternehmen wurde der junge Wiener damals zur ersatzweisen Erfüllung seiner Dienstpflicht gezogen. Er hat mir als alter Mann seine Sammlung von Probedrucken dieser Karten geschenkt. Ich habe sie bis 1945 besessen: eine schwarze Kiste voller Landkarten, viele hundert Blätter. Im Jahr 45 nahmen sie die Russen mit, als sie in unsere Wohnung in Österreich nördlich der Donau kamen.

Mein Großvater war dann, das habe ich schon erwähnt, in die Provinz gegangen. Es gab damals eine Gelegenheit für ihn, sich selbständig zu machen. In diesem Jahrzehnt, in den achtziger Jahren, als in Österreich das Allgemeine Wahlrecht eingeführt worden war, wurden überall Wochenblätter und Druckereien gegründet, in einem losen Verband halb unabhängiger Firmen, die den Namen des Inhabers trugen. So kam auch mein Großvater zu seiner Druckerei und zu seinem Beruf: Zeitungmachen und Zeitungschreiben, und kam nach Oberösterreich. Der Ort war Ried im Innkreis. Im Jahr 1913 wurden die Betriebe zentralisiert, er übersiedelte nach Linz an der Donau. Im selben Jahr starb mein Vater, und meine Mutter ging zu ihren Eltern zurück. So wurde Linz der Ort, in dem ich aufwuchs.

Ich muß nun auch an dieser Stelle, nach der Erzählung von Erinnerungen an die großösterreichische Welt, durch die ich früh und entscheidend beeinflußt worden bin, dieselbe Einschränkung machen, die mich von Anfang dieses Aufsatzes beschäftigt. Ich hatte sie zuerst bei dem Punkt Kriegsteilnahme gemacht, und dann – in einem moralischen Sinn – bei dem Punkt Politik: inwieweit man dem Jahrgang zuschreiben darf, welchen Weg man gegangen ist. Hier, bei meinem Nachfühlen und Nachleben österreichischer Tradition, liegen die Dinge ähnlich. Dieses frühere Leben hat mich erreicht auf Grund meines Jahrganges 1912. Aber es hätte mich von der mütterlichen, wienerischen und eigentlich »österreichischen« Seite her nicht in dem Maße erreicht, wäre mein Vater am Leben geblieben, und wäre ich, statt in Linz, in Bozen aufgewachsen, und statt bei meinem Großvater bei meinem Vater. Nur weil ich abgetrennt war von der Heimat meines Vaters, konnte mich diese andere, vom Großvater her vorgeformte Seite des alten Österreich so unmittelbar bestimmen. Es lag also auch hier nicht am Jahrgang allein; und es ist nicht so, daß ich sagen könnte: weil ich 1912 geboren bin, hat mich noch etwas mitgeprägt von der Welt aus der Zeit vor dem Ersten Weltkrieg, und von der Erfahrung ihres Zusammenbruchs und ihres geisterhaften Nachlebens, wie es für das Österreich der ersten Republik in den zwanziger Jahren kennzeichnend ist. Ich hätte mit derselben Jahrgangsziffer 12 diese Erfahrungen nicht gemacht, wenn mein Vater am Leben geblieben wäre. Dann wäre ich in Bozen groß geworden und wäre Tiroler geworden, und hätte mich vor anderen Zusammenhängen gesehen als vor dem der Nachfolge der Monarchie. So bin ich in diese diffuse und weitläufige und komplizierte Sache nicht unbedingt durch meinen Jahrgang gebracht worden, sondern durch Umstände der Person. Es lag an den Personen, die mich erzogen haben, und es war auch der Ort, an dem ich lebte. In Linz wuchs ich auf in einem Haus, das nicht weit von der Donau war, dort wehte noch immer etwas herauf von der alten größeren Welt, auch in den Jahren, als es diese Welt nicht mehr gab. Sie hatte im Jahre 18 aufgehört. Aber eben dieses Aufhören in seinem ganzen Zusammenhang hatte sich mir in Linz eingeprägt durch Ereignisse, die ich in Bozen so nicht hätte erfahren können ...

Das ist der Grundsträhn meiner Erfahrung von damals. Er hatte bei mir eine merkwürdige Folge. Um sie klarzumachen, muß ich noch einiges dazu erzählen. Die Dinge, die sich mir damals eingedrückt haben, waren alle auch mit einem Eindruck von Not und Beengung verbunden ... Ich kam im Herbst 1917 zur Schule. Ich war fünfeinhalb Jahre alt. Man schickte mich um ein Pflichtschuljahr früher, weil ich »die Uhr schon kannte« (das war der Ausdruck), und auch die Buchstaben kannte dank meinem Großvater, den ich aus der Druckerei abholen durfte – er führte mich durch die Setzersäle und vor die Maschine im Souterrain, von der die frischfeuchten Zeitungen ausgespien wurden mit einem Geruch von Druckerschwärze, der mich seither fasziniert; und er hatte mir für zu Hause einen Setzkasten gekauft: Buchstaben auf Blättchen, in Fächer nebeneinanderzustecken. Aber wenn wir zur Schule gingen, mußten wir jedes drei Kohlen oder zwei Briketts mitbringen, sonst konnte das Klassenzimmer nicht geheizt werden. Das dauerte über den November 18 hinaus. Anfang 1919 mußten wir dann etwas mitbringen, das – mit einem Ausdruck aus der österreichischen Armeesprache – »Menageschale« heißt: ein Kochgeschirr mit einem Deckel. Damit wanderten wir in geschlossenem Zug mittags um 12 quer durch die Stadt in eine Straße nahe dem Museum, dort hatte sich in einer Pferderemise die amerikanische Kinderhilfsaktion« niedergelassen, dort bekamen wir Milchreis. Manchmal gab es außerdem etwas. Aber diese Extragabe getraute ich mich nicht zu essen, ich brachte sie nach Hause. Wir waren daran gewöhnt worden, daß man nichts verschwenden darf, und nichts über das Nötigste hinaus genießen. Aus dieser Gewöhnung erfanden wir mit dem hartnäckigen Sinn der Kinder, die sich alles, was außen geschieht, zu eigen machen, unsere Spiele. Wie diese Spiele waren, kann ich deutlicher nicht machen als durch ein Zitat aus dem Gedicht »Sätze von der Donau«:

> Welche Spiele wir spielten: das Spiel Verwenden
> dazu saßen wir auf dem Boden

und stellten den Schemel auf
und rissen Papierfetzen auseinander
und schleckten sie ab
Seidenpapier
und klebten es auf den Schemel
da fragten sie uns

»was spielt ihr da«

da sagten wir wir spielen Verwenden
weil man doch alles verwenden muß

nichts liegenlassen nichts wegwerfen nichts
verschwenden

kein Stück Stoff kein angebissenes Brot keinen
Zwirnsfaden keine Schnur keinen Nagel
weil man alles verwenden kann –

Ich führe diese Dinge an, weil mir Leute meines Jahrgangs erzählt haben, daß ähnliche Erlebnisse: das Mitbringen der Kohlen in die Schule, die Ausspeisung durch die Amerikaner, auch zu ihren Erinnerungen gehören. Aber ich fragte mich, ob jedem, der als Kind dergleichen erlebt hat, davon etwas nachgeblieben ist. Auch hier komme ich wieder auf die Beschränkung des Themas. Es hat an der persönlichen Lage oder auch am Weitblick der Älteren gelegen, ob ein Kind aus jenen Jahren von dem Vorurteil, daß man nichts verschwenden dürfe, später loskommen konnte. Und vielleicht lag es zuletzt am eigenen Naturell, ob dieses »Jahrgangserlebnis«, durch das man aufgefordert wurde, zu sparen, vorzusorgen und sich nur das Nötigste zu gönnen, in einem jungen Menschen zu einem Fixpunkt geworden ist. Ich erinnere mich, daß ich mich lange Zeit gesträubt habe, Obst zu kaufen, oder Blumen: statt Obst Gemüse – das ließ sich rechtfertigen. »Und ein Ei ist etwas für Kranke.« Ich hatte noch als erwachsener Mensch mit dieser Hemmung zu tun. Aber ich erinnere mich auch, daß wir einmal, Anfang 1920, eine Sonderzuteilung bekamen. Dazu mußten wir in die »Figuly-Schule«, die so benannt war nach einem früheren liberalen Bürgermeister der Stadt; sie war in der Nähe des Bahnhofs, es war eine verspätete Weihnachtszuteilung, die dort ausgeteilt wurde, wieder von der amerikanischen Aktion. Wir bekamen jeder einen großen, langen Kuchen mit Rosinen, dazu Schokolade und noch mehr. Ich fraß alles auf dem Heimweg auf, mit einer Gier, daß es mir nicht schmeckte, und doch schmeckte; und ich sagte es dann auch zu Hause. Sie fürchteten, mir würde davon schlecht. Aber mir war nicht schlecht.

Das sind Nebenerscheinungen, aber auch in ihnen ist etwas von dem Grundsträhn meiner Jahrgangserfahrung aus dieser Zeit des »Zusammenbruchs«. Ich möchte es sogar zu den Bedingungen meines Jahrganges 1912 rechnen, einen Strähn von Erbitterung gegen eine Welt, die nicht gehalten hatte, was sie sich, ihrem Schein nach, schuldig gewesen war. Skepsis, d.h. Verachtung der überkommenen Welt, oder der Obrigkeit, oder der jeweils auftretenden Autorität. Ich erinnere mich an eine Sache, die zeigen kann, wie ernst ich den »Zusammenbruch« nahm und mich damals stellte: auf – ich möchte sagen – »bloße Füße«. Ich besuchte von Anfang an eine katholische Privatschule, die, verbunden mit einem Lehrerseminar, dem Linzer Bischof unterstand und aus Geldern der Diözese unterhalten wurde. Diese Schule war ein Hort kirchlicher konservativer Erziehung. Aber nun, nach 1918, mußte auch sie sich den neuen Verhältnissen anpassen. So kam es dazu, daß wir im Frühjahr 1919, nach dem Ende der Ferien, zu einer Feier im Turnsaal zusammengerufen wurden, dabei war eine Ansprache des geistlichen Direktors vorgesehen, und eine, sozusagen interne, förmliche Anerkennung der im November des Jahres zuvor ausgerufenen Republik. Ich beschloß, barfuß dahin zu gehen. Ich mußte mich dazu heimlich von zu Hause wegschleichen, meine Mutter hätte das nicht geduldet, sie hätte es auch nicht verstanden. Aber mir kam vor, daß es so richtig war.

Ich war der einzige, der barfuß erschien, und meine Lehrer waren befremdet. Ich mußte ihnen zugute halten, daß sie mich nicht rügten. Vielleicht ahnten sie auch etwas von der Veränderung, der sie hier im Turnsaal beiwohnten, zwischen den zur

Seite geschobenen Recks und den hochgezogenen Stricken des »Rundlaufs«. Wir bekamen als sichtbares Zeichen dieser Veränderung ein Lesebuch, das unser altes, noch nicht außer Kraft gesetztes, ergänzen sollte. Es war broschiert, ein dünnes Heft, und hieß: »Das Neue Buch«. Im Unterricht wurde es dann kaum benutzt, da ging alles seinen früheren Gang weiter. Ich weiß auch nicht, ob ich selber dieses »Neue Buch« besonders beachtete habe. Aber an dem Tag nahm ich es barfuß mit nach Hause.

Ein Jahr später, im Frühjahr 1920, wurde ich als »unterernährtes Kind« in die Schweiz verschickt. Ich kam zu einem Briefträger auf dem Breitenrainplatz in Bern. Während der Fahrt dahin war ich aufmerksam, und mir entging auf der Strecke durch das Aaretal nicht die Ruine der Habsburg; ich wollte mich vergewissern, wie sie aussah. Ich sah einen Vorüberflug vom Turm über einem Buschwald und war ein wenig enttäuscht. Aber in Bern dann mußte ich die Habsburger verteidigen, und bekam zugleich Gewissensbisse wegen ihres Vorgehens gegen die Schweizer, denn dort las ich die schweizerischen Lesebücher, las in ihnen von Rudolf von Habsburg und seinem Sohn Albrecht, von Johann Parricida und Geßler – in diesen Büchern war alles anders dargestellt, als ich es von Hause kannte.

Drei Jahre später, im Sommer 1923, wurde ich, weil ich als ein mit meinem Jahrgang groß gewordenes Kind noch immer erholungsbedürftig war, mit einem Transport an die Ostsee geschickt. Beim Vorüberfahren in Leipzig erkannte ich, als erstes unter der Schar Kinder im Waggon, das Völkerschlachtdenkmal und bekam dafür von der Rotekreuzschwester, die uns betreute, eine Orange – die erste, die ich kennenlernte; diesen Preis hatte sie ausgesetzt. An der Ostsee, auf der Halbinsel Zingst, wollte ich nach langen Gesprächen mit einer anderen, uns dort zur Aufsicht beigegebenen Kinderschwester, die mich am Sonntag gelegentlich mit in den Gottesdienst nahm, evangelisch werden. Auch hier war es gewissermaßen ein »anderes Buch«, das ich las, und es rührte sich etwas in mir gegen die angestammte Erziehung.

So mischt sich mir, wenn ich an diese Zeit zurückdenke, manches als Erlebnis meines Jahrgangs: das »Neue Buch«, das in unserer Schule eingeführt worden war und das eine Umwälzung bedeutete, dann das Bild der Ruine Habsburg und das Lesebuch in der Schweiz, dann wieder diese katholische Schule zu Hause und der evangelische Gottesdienst an der Ostsee. Diese Dinge erzeugten in mir ein Hin und Her an Meinungen, Zweifel am Bestehenden, Unsicherheit, was man ist und wozu man gehört. Heute weiß ich, daß diese Unsicherheit eine Folge des »Zusammenbruchs« war, und weiß auch, daß sie ihren Grund in der Sache selbst hatte: das alte Österreich war ein kompliziertes Gebilde gewesen, halb schon abgelebt und längst überholt, und trotzdem in manchem ein moderner Staat mit fortschrittlicher Sozialfürsorgegesetzgebung und einem liberalen Schulgesetz. Nur die Fähigkeit, fortzuleben, hatte diesem Staat allmählich kaum jemand noch zugetraut. So schwankten nach seinem Zusammenbruch auch die Erwachsenen hin und her zwischen Abweisung und Verklärung des vergangenen Lebens. Dieses Schwanken hat meinen Jahrgang 1912 von Kind auf begleitet. Es hat ihn mitgeformt, wir wuchsen auf mit dem Eindruck, daß es eine verläßliche Welt, zu der man gehörte, nicht gab.

Aber das ist eine Erklärung und Einsicht von heute. Und ich muß mich auch hier wieder fragen, ob ein Mensch durch das Allgemeine eines solchen Eindrucks entscheidend bestimmt werden kann. Es setzt sich aus Gesprächen, Urteilen und gelegentlichem Miterleben fremder Schicksale zusammen. Das braucht nicht sehr tief zu gehen. Ich glaube, daß dieses Gefühl von Unsicherheit und Nichtzugehörigkeit als Folge des »Zusammenbruchs« nur eine mögliche Gesamtfärbung des Erlebnisgrundes ist, der in meinem Jahrgang 12 dann fortgewirkt hat, und daß er in mir nicht virulent geworden wäre ohne ein persönliches Erlebnis, das mich direkt betroffen hat.

Ich kann auch dazu wieder ein anschauliches Beispiel erzählen. Es war 1920, als meine Mutter, stellvertretend für mich, eine Erklärung abgeben mußte, daß sie für Österreich optiere. Diese »Optionserklärung« war notwendig geworden, damit sie vom österreichischen Staat die Pensionsbezüge und Kindererziehungsbeiträge nach dem Tod meines Vaters weiter erhielt. Ohne eine solche Erklärung wären wir, da wir nun, seit dem Jahre

1918, als italienische Staatsbürger zu gelten hatten, dieser Beiträge verlustig geworden – ich gebrauche hier absichtlich den Amtsstil, er steht so in dem Nachsatz zu dieser Erklärung aus dem Jahr 1920; sie ist auf einem Halbbogen, mit Hand geschrieben, von meiner Mutter unterschrieben, vom Amt gestempelt, ich besitze das Papier noch heute. Es ist ziemlich abgebraucht, denn es mußte bei allen möglichen Anlässen vorgelegt werden: außer bei der Anmeldung zum Anrecht auf die Bezüge auch bei der Anmeldung am Wohnsitz und in der Schule, es war eine Art vorläufiges Heimatrechtsdokument, aber es drückte eben darin den Wechsel der »Heimat« aus: Verlust einer alten, ursprünglichen, und Erwerbung einer neuen Heimat; das war auch die Bedeutung des Wortes »Option« und »optiert«. Ich erinnere mich nicht mehr im einzelnen, ob ich als Kind nach der Bedeutung dieser Wörter gefragt habe: wahrscheinlich habe ich es getan, und sie sind mir erklärt worden. Vermutlich habe ich die Sache als etwas Besonderes empfunden, und habe dann auch ihrer Ursache nachgefragt. So mag ich früh erfahren haben, daß der Ort, an dem ich geboren bin, damals zu Österreich gehört hatte, nun zu Italien gehörte, und daß dieser Wechsel im Jahre 18 stattgefunden hatte, und daß die Ursache der verlorene Krieg gewesen war, die Abtretung Südtirols an Italien, der »Zusammenbruch«. Auf diese Weise ging mich der Ausdruck »Zusammenbruch« persönlich etwas an, ich war nicht ein Kind, für das er nur in Reden und Meinungen vorkam.

Natürlich war es nicht nur die Optionsurkunde, wegen der ich mich an dem Vorgang des Zusammenbruchs stärker beteiligt fühlte als meine Altersgenossen, mit denen ich in Linz zur Schule ging. Aber dieses Dokument ist für mich der Merkpunkt jenes Ereignisses, von dem die anderen offenbar weniger betroffen waren als ist. Auch für sie hatte sich der Staat verändert, und sie erfuhren es aus den Reden ihrer Eltern; aber Geburtsort, Heimat und Lebenszusammenhang waren geblieben. Für mich war es ein anderer Staat, eine andere Heimat geworden. Das unterschied mich von ihnen, und ich merkte es zu Anfang jedes Schuljahrs, wenn wir unsere Namen und zugehörigen Daten sagen mußten. Es kamen manche Dinge dazu, die mir die Bedeutung dieses Unterschieds unterstrichen. So hatte sich in Linz ein Verein der dort lebenden Südtiroler konstituiert: meine Mutter hatte Bekannte unter ihnen, der Verein veranstaltete Weihnachtsfeiern, sie ging mit mir hin. Dort wurde in besonderer Weise von der Abtretung Südtirols, und von dem, was der »Zusammenbruch« bedeutete, gesprochen, das prägte sich mir ein. Und manche Leute sprachen bei diesen Zusammenkünften auch von meinem Vater, sie hatten ihn gekannt. So bildete sich in mir ein einstweilen noch verschwommenes Gefühl von einer »Heimat anderswo« aus, und in der Folge von Nichtzugehörigkeit dort, wo ich lebte. Ich erwähne diese persönlichen Dinge auch hier nur, weil sie einen Hinweis enthalten auf Bedingungen, die bei meinem Jahrgang 1912 häufiger vorkommen als bei anderen Jahrgängen. Wer 1912 geboren war, hatte – unmittelbar oder mittelbar – noch etwas mit erfahren von der im Jahre 1918 zugrunde gegangenen Welt; er hatte ihren »Umsturz« erfahren: Ende, Verlust und Unsicherheit. Das gilt nicht nur für den besonderen Fall des Verlustes meiner südtirolischen Heimat und gilt nicht nur für Österreich, das auseinandergefallen war und sich nun als Rest seiner selbst lange Zeit nicht zurechtfinden konnte. Etwas Ähnliches gab es – unter anderen Voraussetzungen – auch in Deutschland: abgetretene Gebiete, neue Wohnsitze: und es mußte nicht immer eine Veränderung auf der Landkarte sein, es konnte auch eine Umformung der Stände gewesen sein oder Veränderung in der herkömmlichen Lebenshaltung der Familien. Ich habe das Wort »Umsturz« gebraucht, es ist mir in Erinnerung als ein Wort von damals, das die Erwachsenen geprägt hatten, ich habe es als Kind oft und oft gehört. Der »Umsturz« von 1918 ging mit seinen Folgen bis ins tägliche Leben. So hat die Entwertung des in Kriegsanleihe gezeichneten Vermögens, später die Geldentwertung und überhaupt der Schwund privaten Vermögens damals weite Kreise, die in der Gesellschaft ihren festen Platz hatten, empfindlich getroffen. Ich glaube, daß sich viele Angehörige meines Jahrganges daran erinnern – entweder aus der eigenen Familie, oder von Verwandten, oder von Nachbarn – wie früher wohlhabende Leute plötzlich arm waren, und auch so lebten: in ihren Häusern und Villen mit dem Zuschnitt vergangener Wohlhabenheit, den sie nun nicht mehr erfüllen konnten. Auch hier, auf der Seite des Geldes, zeigte sich das Nichtbeständige des überlieferten Lebens. Ein anekdotisches Beispiel dafür verdanke ich einem Berliner Bekannten. Er ist, wie ich, 1912 geboren; ich fragte ihn, als ich mir Notizen zu diesem Aufsatz machte, welche Erfahrungen nun ihm als typisch für seinen Jahrgang erschienen. Er, der aus Mecklenburg und vom Lande stammte, sagte: Not gelitten – nein, gehungert haben wir nicht! – Aber plötzlich leuchteten seine Augen auf und er sagte: »Notgeld« – ich habe noch heute mein Album zu Hause! – Da erinnerte auch ich mich an diese Sache von damals: es war eines unserer »Zeitspiele« gewesen, das Notgeld, das jede Gemeinde herausgab, zu sammeln. Und die Erfahrung, daß die Währung nichts Dauerhaftes war (eine Umkehrung des Wortsinnes, der mit »währen«, »dauern« zusammenhängt) – diese Erfahrung, so machte ich mir bewußt, ging für den Jahrgang 12 in eins mit seinen anderen Erfahrungen von der Unbeständigkeit der Grenzen, Staaten und Staatsformen. Trotzdem mache ich auch an diesem Punkt meine Einschränkung: ich glaube nicht, daß das Erlebnis von »Veränderung«, »Umsturz«, »Entwertung« ein Schwanken der Person notwendig hervorrufen mußte.

Entscheidend, ob sich ein solches Gefühl in einem Menschen durchsetzte, waren nicht die Bedingungen seines Jahrganges, sondern die der Person: sein Habitus, seine körperliche Verfassung, seine Anlagen, seine familiären und sozialen Verhältnisse oder auch nur die zufälligen Einflüsse, die ihn großzogen.

Ich komme auf diese Einschränkung immer wieder zurück. Ich kann dem »Jahrgangserlebnis« Richtungen zuschreiben, in die es mich gezogen hat, aber nicht eine Vorschreibung des Weges, den ich wirklich gegangen bin. Um dazu noch ein Beispiel zu geben, zähle ich zu dem Punkt »Nichtzugehörigkeit« einige Dinge auf, die mich in dieser Richtung bestimmt haben, die aber nur zu mir selber gehören. Ich war – das erwähnte ich schon – fünfeinhalb Jahre alt, als ich zur Schule kam, ich war daher körperlich schwächer als meine Mitschüler. Ich sah wegen meiner vom Vater südtirolischen Herkunft anders aus als die Linzer oberösterreichischen Kinder. Ich war begabt, und ich hatte (auch hier wegen des Rufs meines Vaters, den einige meiner Lehrer gekannt hatten) in dieser Schule eine bevorzugte Stellung. Es hing mir daher ein Zug von Fremdheit an, und blieb mir, auch wo ich mich bemühte, wie die andern zu sein. Ich kann mich, wenn ich heute zurückblicke, für dieses mir damals schon deutliche Fremdsein vor mir selber auf meine andere Herkunft berufen und auf mein »Nichtdaheimsein« in dem Land, in dem ich lebte. In Wirklichkeit war ich es allein, der wegen persönlicher Voraussetzungen »fremd« blieb – oder auch »Anschluß« erstrebte, um es wettzumachen. Diese Voraussetzungen waren eine Summe verschiedenartiger Bedingungen – vielleicht gehörte zu ihnen auch die Herkunft aus einem anderen Land und der Verlust dieses Landes und der Verlust des Vaters. Das Allgemeine mischt sich hier mit dem Persönlichen, auch mit dem Jahrgangsmäßigen. Aber wer vermöchte es, die Dinge voneinander zu trennen?

Wenn ich es genau nehme, und auch das Triviale zu erwähnen mich nicht scheue: ich war Linkshänder und hatte daher bei aller Begabung und Leistung jedes Jahr eine schlechte Note in Schönschrift. Vielleicht ist ein solcher Umstand wichtiger als die Jahrgangszugehörigkeit, wenn ich mich frage, warum ich als Kind schon angefangen habe, nach »Anschluß« zu suchen und nach »Vätern« und Zugehörigkeit haben wollte, auch dort, wohin ich nicht gehörte.

Aber ein Teil meines Bedürfnisses nach Ergänzung hängt sicherlich auch mit meinem Jahrgang 12 zusammen und mit seiner Teilhabe an einem Leben, das plötzlich ungültig war, so daß man sich anders umsehen mußte. Ich sage »man« und zeige damit einen Punkt Verallgemeinerung an. Es ist zugleich der Punkt, an dem ich dem Leser dieser Notizen nicht weiterhelfen kann durch Aufzeichnung persönlicher Erfahrungen. Er soll etwas über den Jahrgang 1912 erfahren. Aber die Stationen, die ich zurückgelegt habe, können ihm ein Paradigma nicht geben. Ich könnte sie aufzählen: die wechselnde Vorliebe, Anhängerschaft, Begeisterung: einmal für Chemie, so daß ich mein Taschengeld in Eprouvetten anlegte; dann für Statistik, so daß ich es für das wichtigste hielt, Kurven auf Millimeterpapier zu zeichnen; ein Jahr lang für Geologie, als wir in diesem Fach einen ausgezeichneten Lehrer hatten, der weit über den vorgeschriebenen Unterrichtsstoff hinaus ins Wissenschaftliche ging, der aber dann eigentümlicherweise nicht verstand, daß sich ein 16jähriger Schüler davon mitreißen ließ zu gründlicher Vertiefung in die Sache, so daß er mich nach Ablieferung der Pflicht-Hausarbeit über seinen Gegenstand vor die Konferenz des Lehrkörpers rief und mich beschuldigte, ich hätte sie mir von jemand anderem machen lassen. Er hatte insofern recht, als es immer jemand anderer war, meist ein Lehrer (und fast immer ein Außenseiter, der mir eine Figur vorstellte, die der »ganzen Schule« widersprach), von dem ich etwas aufnahm, annahm, bis zu dem Punkt, daß ich glaubte, es selber zu sein. Aber wollte ich diese Stationen wechselnder Abhängigkeit, Abstoßung, in denen ich als junger Mensch vorankam, im einzelnen aufführen, so wäre das wirkliche »Erzählung« und hieße: eine Geschichte schreiben. Hier soll nur ein Trend von Erzählung gegeben werden, eine Art Drift, in der man, durch den Lehrgang bestimmt, dahingeht, in der man aber auch, unabhängig von ihr, seinen eigenen Kurs halten kann – man schwimmt mit, oder beschleunigt sich in der Richtung, oder kreuzt gegen sie an, oder setzt den eigenen Motor in Gang. Vielleicht darf man den Zug der Drift dabei nicht vernachlässigen, man muß mit ihr rechnen. Zu ihren Bedingungen gehört – so möchte ich es für meinen Jahrgang sagen – der Zug zu Dingen, die außerhalb der Sanktion sind und die Grenzen der Welt, die einen einschulen will, überschreiten; und entsprechend Mißtrauen gegen jede eingeschulte Ordnung und Obrigkeit, d. h. der Wunsch, sie durch eine andere zu ersetzen, und der Protest gegen sie, sobald sie im Sattel ist und Vollständigkeit herbeigeführt zu haben vorgibt. Das heißt unter anderem der Protest gegen den Staat, sobald er glaubt, sich installiert zu haben. Zu diesem Protest gesellt sich das historische Interesse, das ich nun allerdings eine Art »Jahrgangsblindheit« nennen möchte: die Überschätzung des Historischen, die einhergeht mit dem umgekehrten Interesse, der Historie Hinfälligkeit nachzuweisen. Etwa in dem Sinn, daß ich mir ihre Wertskala abschaffe und beispielsweise sage: die Habsburger seien eine Art Raubritter gewesen, die ein blühendes, von einem merkantilen Verstand regiertes Reich zerstört hätten, indem sie sein Haupt, den König Ottokar Przemysl bekriegten und besiegten. Tatsächlich hat Chronos die Geschichte der einfachen Leute, die zwischen Ostsee und Mittelmeer-Ufern und Kaukasus unsere Vorfahren waren, anders geschrieben als die Historie es ihm zuschreibt, indem sie eine Auswahl von Bildern trifft, die sie für gültig erklärt und uns dabei vergessen macht, daß es auch Bilder gibt, die sie unterschlägt.

Ich habe dieses Beispiel gebracht, weil ich mich selber in Frage stellen will, oder besser: eine »Jahrgangseigenschaft« deutlich machen will, die mir für uns, 1912 Geborene, kennzeichnend erscheint. Es ist die Erbitterung gegen die »Lesebuchgeschichte«, der Protest gegen sie. Aber eben dieser Protest zeigt mir auch an, daß ich sie überschätze. Das hängt mit der Erfahrung des Jahrgangs 12 von Geschichte zusammen, mit dem Erlebnis von »Zusammenbruch« und »Umsturz« ...

Ich bin dabei, die Punkte, von denen ich glaube, daß sie für meinen Jahrgang wichtig waren, zusammenzufassen. Aber habe ich sie deutlich genug, und verständlich gesagt? Zwei habe ich mir notiert, von ihnen hätte ich ausführlicher sprechen sollen. Das erste: ich habe, in Zusammenhang mit dem Putsch von 1934, das »Zentralkino« in Linz erwähnt, und den Umstand, daß ich dort in der Zeit vorher viele Filme gesehen habe. Das war für mich, und vielleicht auch für meinen Jahrgang, ein lange nachwirkendes Erlebnis. Von mir glaube ich sogar sagen zu können, daß die Bekanntschaft mit dem Film, und besonders mit dem Stummfilm und seiner notwendig dichten und deutlichen Bilderfolge, die Art meines Schreibens beeinflußt hat. Und ich halte es für möglich, daß auch den Angehörigen meines Jahrgangs, die nicht schreiben, sich von daher eine bestimmte Art des Sehens, Bilder und Gedanken zu verknüpfen, mitgeteilt hat.

Aber ich muß nun auch davon sprechen, welche Gattung von Filmen mich damals bewegt hat, und daß sie mir eben aus diesem Grunde so wichtig waren und ich keinen von ihnen auslassen wollte, weil sich in ihnen etwas in der Kunst und in der Epoche durchaus Neues aussprach. Ich ging in jenen Jahren zwischen 1926 und 1930, als ich das Bischöfliche Lehrerseminar in Linz besuchte, zu manchen Zeiten beinahe jeden Tag ins Kino. Und ich sah vor allem die russischen Filme, die damals zum erstenmal gespielt wurden: den »Panzerkreuzer Potemkin«, und »Bett und Sofa«, und »10 Tage, die die Welt erschütterten«; ich erinnere mich an einen französischen Film »Napoléon«, und an einen

Film, der fast ohne Handlung das Leben der Fischer in Irland zeigte; und an einen amerikanischen Film »It happened one night«, eine Geschichte, die in einem Nachtautobus spielt, der über Land fährt.

Etwas Ähnliches erreichte mich von der Literatur her; es gab an diesem Ausgang der zwanziger Jahre eine Zeitschrift der Wiener Urania »Der Pflug«, die ich mir kaufte: und ich erinnere mich, in ihr erste Abdrucke aus Hermann Brochs Trilogie, aus dem Band »Huguenau« und auch erste Bemerkungen über Musil gelesen zu haben. Ich besitze noch heute die ersten grauen Hefte von Brechts »Versuchen«, die damals erschienen, ich las »Mahagonny« und das »Lesebuch für Städtebewohner«. Das dauerte etwa bis 1930, vielleicht ein wenig länger. Dann verschwanden diese Dinge. Die politischen Verhältnisse hatten sich noch nicht geändert. Aber auf einmal gab es diese Zeitschriften und Bücher nicht mehr; und wir, 18jährig, merkten es nicht einmal, oder wenigstens, der Wandel wurde uns nicht deutlich bewußt. Auch das scheint mir ein Umstand zu sein, der zum »Jahrgang« gehört, sofern man in der Provinz aufwuchs: eine Verengung, kaum fühlbar. Paradoxerweise war das in Deutschland anders. Dort gab es auch nach 1933 in einer gespannteren Luft noch Zugang zu solchen Dingen. Wenigstens unter den Studenten. Ich erinnere mich, daß mich meine spätere Frau, die doch jünger war als ich, aber die an deutschen Universitäten studiert hatte, als ich sie kennenlernte, mit ihren Büchern überraschte; unter ihnen war »Das Schloß« von Kafka. Diese Bücher hatten mich in Österreich, wo das Bedürfnis nach Auseinandersetzung von jeher geringer gewesen war, nicht mehr erreicht.

Ich erwähne das als Beispiel für den Unterschied des »Jahrgangserlebnisses«, je nachdem, in welchem Lande man groß wurde; er muß in diesem Aufsatz, der sich auf österreichische Erfahrungen stützt, immer mitgedacht werden. Ich erwähne ihn auch, weil er als Motiv zu einer zweiten Sache gehört, von der ich in diesen Notizen ein paarmal gesprochen habe: zu unserem Jahrgangsbedürfnis nach »Anschluß«. Es hing, wenigstens zum Teil, mit dem Gefälle der geistigen Auseinandersetzung in Österreich und Deutschland zusammen. Wenn wir zu Deutschland wollten, als junge Leute, so aus Protest gegen eine Art Erstickung, die sich seit der Gegenreformation in unserem Land breitgemacht hatte. In Deutschland versteht man diese Gründe heute kaum, und ich müßte sie genauer erklären, als es hier möglich ist: ihre Voraussetzungen und den wirklichen Vorgang. Ich kann hier nur Hinweise geben.

Es gab bei dieser für jeden jungen Österreicher so gravierenden »Anschlußbewegung« verschiedene Nuancen. Für mich und für die meisten gleichaltrigen Leute, an die ich mich erinnere, ging es tatsächlich um einen solchen, auf Öffnung im Geistigen zielenden »Anschluß«, den übrigens, in Gestalt eines politischen Aktes, alle Parteien bei uns ungeteilt seit 1918 gefordert hatten und der auch in dem ersten Paragraph der damals verkündeten Verfassung postuliert war, er hieß: Österreich ist ein Bestandteil der deutschen Republik. Er mußte 1919 bei der Unterschriftleistung zum Friedensvertrag von St-Germain gestrichen werden. Das war jenes Jahr, als wir im Turnsaal unserer katholischen Schule das »Neue Buch« bekamen. Im Frühjahr 33, als in Deutschland Hitler zur Macht kam, konnten – das habe ich erwähnt – nur verhältnismäßig wenige bei uns unterscheiden, was sich verändert hatte. Allerdings Hitler selber hat mir und den Leuten, mit denen ich mich unterhalten habe, niemals Eindruck gemacht. Er beschäftigte uns nicht, und das war kein Vorzug. Es war die Folge unserer »Anschluß«-Blindheit, daß wir ihn und sein System und seine Ideologie, die für uns eine Spielart von uns nicht ganz unbekannten Nuancen einer bestimmten, in manchen Kreisen Österreichs anzutreffenden Halbbildung war, eben aus diesem Grunde nicht ernst nahmen und nicht in Rechnung stellten.

Diese Blindheit war ein entscheidendes Versagen meiner Generation. Ich kann das aber nur von mir sagen und nicht von allen Angehörigen meines Jahrganges. So können auch diese Notizen über Richtungen, die uns, 1912 Geborene, bestimmt haben, nur ganz allgemein gelten: der einzelne war diesen Richtungen ausgesetzt, aber er mußte ihnen nicht unbedingt folgen. Ich habe mir als Resümee meines Aufsatzes diese Stichwörter aufgeschrieben: vom Krieg wurde der Jahrgang 12 weniger mitgenommen als andere Jahrgänge. Von der Politik wurde er mitgenommen. Auch die äußere Not in der Zeit des Ersten Weltkrieges hat ihn geprägt und ihm eine Neigung zu Kargheit oder zu unausgeglichenem Verhalten den Lebensumständen gegenüber eingebracht. Unausgeglichen ist auch sein Verhältnis zu den von außen konstituierten Ordnungen: er neigt zum Protest und dann, aus Bedürfnis, sich Sicherheit zu verschaffen, wieder zur Hingabe an Ordnungen, die ihm nicht angemessen sind. Dieses Hin und Her kommt – als allgemeine Disposition – aus dem Zusammenbruch, der für diesen Jahrgang ein entscheidendes Erlebnis war; und aus ihm kommt auch sein »Sich-nicht-ganz-Finden«. Ein Jahrgang, der versagt hat? Man kann es so ausgedehnt nicht sagen. Es entscheidet sich von Fall zu Fall.

Ich persönlich habe bis jetzt kein Mittel gefunden, mich der Bevormundung durch die »Jahrgangserlebnisse« zu entziehen. Vielleicht bringt mich diese Arbeit darin ein Stück weiter, wenn ich mir jetzt zuletzt sage, daß es »Fühlweisen« sind, die gewiß ihren Grund in der Wirklichkeit haben, aber nicht so, daß man ganz von ihnen abhängig ist.

Warum ich nicht wie Adalbert Stifter schreibe

Als ich vor dreißig Jahren meine erste Erzählung herausbrachte, schrieb jemand, in dieser Arbeit sei der Einfluß Adalbert Stifters zu spüren, und das dürfe den Leser nicht wundern, denn dieser Erzähler stamme aus Österreich, und dort lebe man noch immer mehr in der Tradition als anderswo, und eben die Erzählweise Adalbert Stifters sei bestimmend in dem Lande und habe hier eine Nachfolge.

Ich frage mich heute, warum mir diese Bemerkung auch dort, wo sie etwas Wahres traf, damals vor allem Unbehagen erzeugte. Es kam nicht nur davon, daß mir ein Wort wie »Nachfolge« wegen eines Tons falscher Feierlichkeit mißfiel. Es war auch nicht nur meine Jugend, die gegen diese Vereinfachung – so schien es mir –, gegen diese Abstempelung revoltierte. Frage ich mich genauer – und das kann ich vielleicht erst jetzt, nach soviel Abstand –, so müßte ich fürs erste sagen: es war etwas in mir selber damals wahr und falsch gemischt; und vor allem: ich hatte in mir das Bestreben, weiterzukommen. Daher wehrte ich mich gegen dieses Urteil, das mir vorkam wie Festlegung.

Heute erkenne ich ein Stück Wahrheit in dem Wort von der Nähe zur Tradition. Damals mußte ich ihm widerstehen, um zu mir selber zu kommen. Ich war dabei wahrscheinlich ungerecht und wurde auch unsicher bei meinen Versuchen, mich zwischen dem, was man »Vorbilder« nennt, zu orientieren. Aber vielleicht ist das nicht so wichtig. Ein Schreiber orientiert sich und kommt zu sich selbst durch Schreiben, und nicht so sehr durch Überlegung, wie seine Verhältnisse dabei sind. Mir fiel als erster der Name »Adalbert Stifter« ein zu diesem Thema. Das hat seinen Grund: dieser Name war mir – ich darf sagen – von Kind auf vertraut, wenn auch zunächst nur durch äußere Umstände. Ich will sie überprüfen. Vielleicht gelingt es mir, herauszufinden, was mir der Name des Dichters – und dann nicht bloß sein Name – damals und später wirklich bedeutet hat.

Ich habe von äußeren Umständen gesprochen. Zu ihnen gehört: ich bin in Linz an der Donau aufgewachsen. Ich werde später sagen, warum das für mich ein äußerer Umstand war, bestimmt durch Zufall, und wie ich dadurch Abstand von ihm habe. Aber in meinen Kinderjahren war er deshalb für mich nicht weniger bestimmend: in den Bildern und Gestalten, die sich mir eingeprägt haben – und eine der ersten Gestalten war Adalbert Stifter. Sein Denkmal steht vorm Landhaus in Linz, dem Sitz der Regierung, dort kam ich täglich vorüber. Und sein Haus – das Haus, in dem er gewohnt hat – steht an der Donaulände, unterhalb der Brücke. Es ist ein Mietshaus aus der Biedermeierzeit, drei Stockwerke; von dem dritten, in dem – wenn ich nicht irre – die Wohnung war, sieht man über die Allee am Kai und über den Fluß hin auf das andere Ufer und auf den Berg von Kirchschlag, auf dem Stifter in seinen letzten Jahren eine Art Winterurlaub verbrachte; und von diesem Berg Kirchschlag, Meereshöhe nahe bei tausend, sieht man nach Norden bis zur böhmischen Grenze: ein blauer Schatten, der Böhmerwald, Dreisessel, Plöckenstein, und ein Stück nach Osten der Sternstein – alles Namen, die in Stifters Erzählungen vorkommen; und hinter dem Schatten etwas von blaß heraufgehendem Himmel: Böhmen, der Rauch der Moldau, dort war er zu Hause.

Dann weiter: ich ging in Linz zur Schule in der »Stifterstraße«, und aus ihr stammte mein Stiefvater, dessen Großvater Bildschnitzer war in der neugotischen Zeit, Mitte des vorigen Jahrhunderts; von ihm ist ein Altar in der Kapuzinerkirche ein Stück dahinter, die unsere Schulmeßkirche gewesen war – und mein Stiefvater erzählte mir, daß sein Großvater den Schulrat Stifter gekannt habe, und nicht nur, weil Stifter an diesen neugotischen Arbeiten interessiert gewesen sei, wie sie ähnlich ein anderer Bildhauer, Johann Rint, gemacht habe, über den hatte er geschrieben, sondern auch von täglicher Begegnung, einem regelmäßigen Weg in dieser damals noch kleinen stillen Stadt.

Ich könnte noch mehr solches Anekdotische anführen: So von dem alljährlichen Gräberbesuch zu Allerseelen auf dem Linzer

Friedhof das Bild, das sich mir von dem Grabstein Stifters eingeprägt hat: ein schwarzer Obelisk, er stand hinter dem Eingangstor, und das war eine bevorzugte Stelle: die erste und bedeutendste auf diesem Friedhof. Oder die Erinnerung an einen eingelegten Barockschrank aus Stifters Besitz – diesen Schrank hatte ein Bekannter von mir in seinem Büro stehen, er war Leiter des Volksbildungsamtes beim Magistrat von Linz und hatte solche Stücke aus Stifters Nachlaß in seinen zwei engen Amtszimmern, weil er ein Liebhaber Stifters war und Nachahmer auch in gelegentlich selbstverfaßten Schriften; und weil es damals, Anfang der dreißiger Jahre, Räume und Mittel für ein eigenes Museum noch nicht gab. Es zeigt sich das Kleine und in Büro-Ähnlichkeit Erstickte österreichischer Verhältnisse darin, daß mir nur solche Erinnerungen auftauchen; bis vor kurzem haftete es an den Gegenständen, zu Lebzeiten Stifters beengte es seine Person.

Aber ich muß hinzufügen, daß mir dieses Anekdotische doch nie sehr viel bedeutet hat – wenn nicht eben in dieser Bedeutung der »Verkleinerung«, der Anschauung des Beschränkten, durch die in mir vielleicht der Grund eines Mißtrauens gelegt wurde: nicht gegen Stifter, aber gegen dieses Beschränkte, Biedere, Nachahmungsbeflissene einer »Tradition«, die sich noch bis in die Jahre damals, dreißig, zweiunddreißig, herauf in den kümmerlich gemieteten Extrazimmern von Cafés erschöpfte – in einem solchen Extrazimmer las ich das erstemal vor, bei einem Verein mit Adalbert Stifters Namen; die Zuhörer, alte Leute, hatten aus der Verdünnung der Kraft seines Namens eine Art Heimatpflege gemacht. Aber draußen, vor der mit grünem Samt ausgeschlagenen Tür hingen die Zeitungen, draußen saßen die Leute, die aus dem Kino nebenan kamen; und draußen war, als ich zweiundzwanzig war damals, bald Bürgerkrieg – er begann in diesem Kino nebenan, Februar vierunddreißig, Schüsse auf den Hof, als die Polizei-Hilfstruppe der Heimwehr das Kino besetzen wollte – es war dieselbe und eine andere Zeit.

Wichtiger erscheint mir eine davon unabhängige Erinnerung. Wir hatten zu Hause zwei Bände von Stifters Werken, es war eine alte, bei Reclam erschienene Ausgabe mit einem an biographischen Details reichen Vorwort; eine ziemlich vollständige Ausgabe noch in früherer Rechtschreibung mit »Thor« »th«; sie enthielt alles mit Ausnahme der Romane »Nachsommer« und »Witiko«. Ich glaube, ich habe diese Ausgabe mit fünfzehn oder sechzehn Jahren gelesen. Einen bewußt in mir fortwirkenden Eindruck hatte ich nicht. Aber als ich später dann Stifter wieder las, das war im Sommer dieses Jahres vierunddreißig, stiegen mir doch Namen und Gestalten auf, als hätte ich von ihnen schon gehört.

Etwas anderes kam bei diesem zweiten Lesen dazu. Nicht nur die Erinnerung an ein halb vergessenes früheres Lesen stellte sich mir ein, sondern auch eine Art »Erinnerung der Gegenwart«, der wirklichen Landschaft, in der die Erzählungen Stifters spielten. Ich hatte sie inzwischen kennengelernt: bei Ausflügen in die Kindheit und auf Wanderungen in der Jugend – die Landschaft nördlich von Linz bis hinauf an den Böhmerwald und umgekehrt nach Süden, hinein ins Gebirge. Ein Beispiel dafür läßt sich aus Adalbert Stifters »Feldblumen« ziehen: in dieser Schilderung einer empfindsamen Reise sind die Sommerfrischenorte des Salzkammerguts als Schauplätze dichterischer Handlung beschrieben; und so war mir, als dem Leser Stifters, fortan die Landschaft, in der ich lebte, stets auch von Gestalten der Erzählung belebt: dem »Erbeermädchen« aus der Novelle »Der Waldsteig« begegnete ich in den Wäldern um Bad Ischl; die beiden Kinder aus dem »Bergkristall«, die am Weihnachtsabend von den Großeltern zu den Eltern gehen, waren im Gosautal bei Hallstatt zu Hause; der Gletscher, auf den sie sich verirrten, war das Carls-Eisfeld am Dachstein.

Das war eine für mich sehr nachhaltige Erfahrung. Ich notierte mir Jahre später ein paar Sätze davon: Eine Landschaft hat »Figur« nicht nur durch das in ihr Sichtbare, sondern ebenso durch die Figuren, die in ihr unsichtbar anwesend sind, ob sie nun aus Büchern, Bildern oder Überlieferung stammen; das Vergangene, Erfundene oder Wirkliche gilt hier gleich viel. – Man kann es an den Werken der Malerei nachprüfen: in den Ansichten, die Gauermann zur Zeit des Biedermeiers vom Salzkammergut gemalt hat, lebt durchaus der in den Augen haftende Blick, mit dem diese Landschaften damals von den ersten Besuchern aus Wien gesehen, von Stifter beschrieben wurden. Seither ist in ihrer Wirklichkeit diese andere Existenz festgemacht: ein Bild mit Namen. Dies eben unterscheidet eine bestimmte Art österreichischer Landschaft von den bäuerlichen Landschaften ringsum. Sie ist eine artikulierte, nicht eine sprachlose Landschaft. Das Vergangene ist gegenwärtig in dieser Sprache; das Gegenwärtige wäre ohne sie schon wie vergangen.

An manchem Herbstabend in Ischl ist das zu spüren. Noch haben die Alleen ihr volles Grün, und die sanften Formen der Berge blicken ohne Zukunft ins Tal, unveränderlich; der Fluß prasselt über den Schotter in dem seichten Bett – durchsichtiges, rasch fließendes Wasser. Denkmäler, Büsten, Inschriften auf Stein: Gestalten von früher, graue Schleier, Worte aus der Zeit vor 1914 gesprochen; in einem Schaufenster eine Ansichtskarte mit dem Bild des Kaisers, als er sich mit Elisabeth verlobte; ein Schild »Meierei«, ein grüner Hügel mit einem Aussichtsturm, der »Siriuskogel«. Häuser mit Balkons, die Quasten sind aus Draht; die Alleen deuten auf die kaiserliche Villa – aber dort ist ein Museum, und es wird Eintritt erhoben; innen der Tisch mit Löschblatt und Tintenfaß, auf ihm wurde 1914 die Kriegserklärung unterzeichnet. Im Café cremiges Weiß und ein dünner Goldstreifen der Boiserie, die Tischplatten aus Marmor, die Füße aus Gußeisen; die verkehrte Schrift, Spiegelschrift, auf der Glasscheibe; ihre plastische Nachzeichnung sieht aus, als läge ein Rand Schnee auf den Buchstaben. Das ist der künstlichste und zugleich wahre Ort: die Umrisse sind genau, aber das Wirkliche ist nur dargestellt; und hier ist es dann möglich, den Schritt aus der bloßen Beschreibung zu tun: die Allee hinab, derselbe Weg – aber er geht immer noch weiter.

Ich habe mit dieser Schilderung und mit dem Wort »Schritt über die bloße Beschreibung hinaus« etwas vorweggenommen, das mir heute bei Stifter wichtig ist und mir wesentlich erscheint in seinen Werken. Damals, vor dreißig Jahren, nach dem ersten und zweiten Lesen, spürte ich das nicht. Da nahm ich im Gegenteil nur die »Beschreibung« wahr, die von Anschauung dicht besetzte Oberfläche der Dinge, von der nichts ausgelassen war: jedes Gras, jede Blume aufgezählt und auf jedem Stein das Moos und die Ader Quarz und das Täfelchen Glimmer. So hatte ich das Bild des »Heideknaben« vor mir, der in seiner Wüste aus Blumen saß, ehe er in die Welt ging. Und wo Stifter ins Große ging – wo er etwa den einzigartigen Blick schilderte, den er in frühen Kinderjahren kennenglernt haben muß: den Blick nämlich von den steinig-kahlen Höhenkuppen des Böhmerwalds auf das Panorama der Alpen –, auch hier war jeder Gipfel aufgezählt: von der »Eistafel« am Dachsteinn wie es bei ihm heißt, bis zum Großen Priel und Pyhrgas und den fern schimmernden Schneeberg, das waren alles wirkliche Namen. Auch ich lernte sie so kennen, eine Kette von Berggipfeln, jeder deutlich in seiner Gestalt, wie sie sich über den grünen Vorbergen erhoben, in denen ich wieder andere Orte wußte – schon »erzählte« Orte: so in einem Einschnitt vom Pyhrnpaß die Ruine Alt-Pernstein, die zweimal in Stifters Erzählungen vorkommt: einmal in einer Geschichte aus seiner Zeit (der Gegenwart damals) – in der »Narrenburg«, da heißt sie »Pernegg«; und dann in einer Geschichte von früher, im »Prokopus«. In ihr gibt es einen Juliusturm und einen Mann, der ihn erbaut hatte und der in diese Burg eine Frau mitgebracht hatte, von Weltreisen, aus Indien; und sie dann, bei Einsperrung in seinem Steingehäuse ums Leben gebracht hatte, aus Stolz und Eifersucht, und weil ihm nichts wichtiger war, als aus seinem Fernrohr auf die Sterne zu sehen.

Ich möchte noch mehr Beispiele anführen, um zu zeigen, wie sich mnir damals Schilderungen von Landschaften in Stifters Erzählungen mit den Bildern der wirklichen Landschaften deckten, wie da von einem ins andere etwas hinüberfloß.

In manchen Fällen hat Stifter die authentischen Namen gebraucht, und es ist merkwürdig, daß er diesen in seinen frühen Arbeiten getan hat und dann wieder in seinen letzten. Eine der frühen Arbeiten habe ich schon erwähnt: es sind die »Feldblumen«; in ihnen wird eine Reise junger Leute aus Wienb geschildert, sie fahren über Grünau an den Almsee und kommen nach einer Überquerung des Toten Gebirges nach Hallstatt im Salzkammergut, später nach Ischl und an den Traunsee.– Zu den letzten Arbeiten Stifters gehört seine großartige Schilderung des Schneefalls im Bayrischen Wald. Sie ist eigenes Erlebnis, als Stifter in Schwarzenberg an der böhmisch-bayrisch-österreichischen Grenze von diesem Schneefall überrascht wurde und an dem kleinen Ort längere Zeit abgeschnitten war.– In anderen Erzählungen wieder – wofür das Beispiel »Pernegg – Pernstein« stehen mag – sind die Ortsnamen leicht verändert, aber der wirkliche Ort ist erkennbar. Schließlich kommen bei Stifter noch Namen vor, deren Entsprechung in der Wirklichkeit sich nicht eindeutig bestimmen läßt. Ein solcher Name steht im »Nachsommer«, er ist der »Rosenhof«, der Hauptschauplatz dieses Romans. Es gibt verschiedene Ansitze, Landgüter im Alpenvorland, bei denen man sich an den »Rosenhof« im »Nachsommer« erinnern möchte, und er mag wohl irgendwo in der Nähe des Klosters Kremsmünster liegen, in dem Stifter als Internatszögling das Gymnasium besucht hat. Aber eine genaue Bestimmung ist unmöglich. Man könnte auch sagen, daß hier, in der Schilderung der Gegend um den »Rosenhof«, etwas Allgemeines der oberösterreichischen Landschaft dargestellt ist, an das man hier und dort durch einzelne Züge erinnert wird, ohne es ganz zu finden. Und man kann zuletzt sagen, daß die meisten dieser Schauplätze, ob direkt genannt oder verstellt angedeutet, dort liegen, wo Stifter gelebt hat: in seiner südböhmischen Heimat und in seiner späteren Lebensheimat Oberösterreich, zwischen dem Böhmerwald und dem Gebirge; und daß sie auf dem vorhin gezeigten weiten Bild des Panoramas der Alpen vom Böhmerwald aus zu sehen sind.

Es gibt einige Ausnahmen. Zu ihnen gehört Wien. Aber auch dort hat Stifter lange gelebt: als junger Mensch, ehe er 1848 nach Linz kam, zum Schulrat ernannt, das heißt zum obersten Amtsträger des Unterrichtswesens, dem die Inspektion sämtlicher Schulen des Landes oblag.

An zwei Orten aber, die Schauplätze seiner Erzählungen sind, ist Stifter niemals gewesen. Bei dem ersten, einem unbestimmbaren Ort in Ungarn, in der Pußta, an dem die Erzählung »Brigitta« spielt, mag man einen vorübergehenden Besuch oder Blick von Wien aus annehmen. Den zweiten Ort hat Stifter mit Sicherheit nie gesehen. Es ist die Landschaft in seiner Geschichte »Zwei Schwestern«. Eine dieser Schwestern heißt Therese Milanollo, beide wohnen mit ihrem Vater unterhalb Riva – und man konnte, wie Stifter es beschreibt, die Stelle nur mit dem Schiff und dann auf einem Saumpfad erreichen – in einem Gebirgsdorf über dem Gardasee. Stifter kannte die Gegend nicht, aber hat ein so genaues Bild von ihr gegeben, als hätte er sie selber erfunden:

mit der stillen Luft des Exils, der Verwitterung und Brüchigkeit des Gesteins – und der Verwitterung und Brüchigkeit auch der Historie auf diesem Abhang zu Italien.

Die Erzählung »Zwei Schwestern« beginnt in Wien mit dem Konzertabend einer gefeierten Künstlerin, eben jener Therese Milanollo, die Geige spielt. Ihr Auftritt macht dem Mann, der die Geschichte erzählt, so starken Eindruck, daß er nach Jahren und nach vielen Umwegen, als er den Aufenthaltsort der Schwestern Milanollo erfährt, nicht zögert, sie aufzusuchen. Er kommt nach Riva, schifft sich dort ein und besteigt dann dieses Plateau über Italien. Das Widersehen, Kennenlernen, aber zuletzt die Verbindung mit der zweiten, unscheinbaren Schwester Milanollo sind, nach dem kurzen Vorspiel in Wien, der Hauptteil der Erzählung. Sie gilt manchen Kennern Stifters nicht als seine stärkste Arbeit. Mir war sie zuzeiten die liebste.

Vielleicht hängt diese Vorliebe damit zusammen, daß ich nicht weit von dieser Gegend geboren bin: in Bozen, in Südtirol, von dort auch herstamme, von Vaters Seite, aus dieser nach Süden geöffneten Landschaft, aber nicht aufgewachsen war dort, sondern – wie ich schon sagte – in Linz an der Donau. Und – nun komme ich darauf zurück – durch Zufall; ich will es hier nur kurz anführen: nach dem frühen Tod meines Vaters ging meine Mutter zu ihren Eltern zurück, sie stammte aus Wien, aber ihr Vater, mein Großvater, war in den achtziger Jahren, als überall in der Provinz Zeitungen gegründet wurden, als Leiter einer Buchdruckerei nach Oberösterreich gegangen und hatte sich zuletzt in Linz zur Ruhe gesetzt, so wurde dies der Ort meiner Kindheit und Jugend. –

Meine Geburtsheimat Südtirol sah ich mit Bewußtsein und Gedanken zum erstenmal wieder im Sommer 1933. Da war ich einundzwanzig. Die Erzählung »Zwei Schwestern« hatte ich noch nicht gelesen. Aber als ich dann, zwei Jahre später, meine erste Geschichte schrieb, hatte ich wohl auch diese Erzählung Stifters gelesen.

Ich frage mich, ob ich durch sie beeinflußt worden bin. Ich glaube nicht, daß dies in Richtung der Charaktere und Personen geschehen ist. Sie haben bei Stifter Ähnlichkeit mit den Figuren des »Nachsommers«, sie sind mit Kunst, mit Verbesserung der

Landwirtschaft, mit Erziehung und Entfaltung der Persönlichkeit beschäftigt. Bei mir, in meinem ersten Versuch einer Erzählung, findet sich von diesem Thema, das bei Stifter immer wieder vorkommt, nichts. Ich hatte für sie ja auch meine eigenen Personen: sie waren enger gezogen, sie waren nicht Charaktere, die sich ins allgemein Menschliche erweiterten, sondern blieben an Milieu und Herkunft geknüpft. Ich hatte die Kenntnis dieser Personen aus Abstammung und Verwandtschaft. Da war das Bild meines Vaters, da waren meine Vettern, die in Südtirol auf dem Lande lebten; da waren überhaupt Charaktere aus dem Leben dieses Landes, aus seiner Geschichte, Vergangenheit, aus der Politik. Sie war in jenen Jahren eine Auseinandersetzung zwischen Österreich und Italien vor dem Hintergrund eines älteren einheimischen Daseins, dessen Spuren ich in den ladinischen Tälern nachging. So entstand diese erste Arbeit, die Erzählung *Das Tal von Lausa und Duron*.

Ich frage mich weiter, ob ich durch die Schilderung südlicher Landschaft in der Erzählung Stifters beeinflußt wurde. Gebe ich mir Rechenschaft, so möchte ich auch diese Frage eher verneinen. Ich hatte von dem Geheimnisvollen der ladinischen Täler und der südlichen Gebirge meine eigene und ursprüngliche Erfahrung. Aber ich glaube, ich bekam für meine Erzählung etwas anderes von dieser Erzählung Adalbert Stifters, der dort nie gewesen war. Es war das Bild solcher oder ähnlicher Landschaften in der Sprache. Das hatte ich mir wohl unbewußt angeeignet aus der Lektüre Stifters: wie man ein persönlich gefühltes und erfahrenes Bild zurücksetzt in eine scheinbar unpersönliche Dimension. Das war (so wie ich es jetzt sehe) keine ganz ungefährliche Wirkung. Mir ist heute klar, daß ich diesen Stand einer auf den ersten Blick vollkommen erscheinenden formalen Vollendung später verlassen mußte; etwas Vorweggenommenes war darin, das mir nicht gehörte; und – wie ich anfangs gesagt habe – ich mußte zu mir selber kommen. Ich fühlte das instinktiv, ohne daß ich mir die Gründe im einzelnen hätte darlegen können. Trotzdem habe ich diesen Schritt dann bewußt gemacht; und den Anstoß dazu bekam ich – so merkwürdig sich das anhört – aus den Urteilen über mein erstes Buch. Sie waren, in ihrer Bemerkung eines Anklangs zu Stifter, nicht absprechend gewesen. Mir wurde nicht Nachahmung nachgesagt. Aber sie waren gerade in ihrem Wohlwollen für mich ein Anlaß zur Provokation, ein Anlaß, mich zu unterscheiden. Ich wollte nicht so sein, wie man da von mir sagte. Und ich glaube, das war ein richtiger Entschluß, wenn er mich auch auf einen Weg brachte, auf dem ich meine ersten Leser enttäuschte und auf manchen Strecken mir selber Verluste zufügte; ich denke, sie waren notwendig.

Heute scheint mir, daß ein Schreiber, wenn er eine Spur eigener Kraft hat, solche Verluste und Umwege übersteht; sie sind eine Probe darauf, ob er diese Kraft wirklich hat; und wenn dies der Fall ist, braucht er nichts zu fürchten; (dann muß er aufs Äußerste gehn, denn anders kann er zu sich selber nicht kommen) – und dann wird er auch durchkommen, vielleicht nicht heil und nicht mit allen Möglichkeiten, die in seinem Anfang waren, aber mit dem unzerstörbaren Kern.

So war der Hinweis auf Adalbert Stifter vor dreißig Jahren für mich eine Aufforderung zu eigener Schreibweise. Worin ich mich da wirklich unterschied, ist die letzte Frage, auf die ich hier zu antworten versuche.

Ich kann ein paar Punkte von Ehrlichkeit festhalten. Zunächst: ich war nicht, wie Adalbert Stifter, auf dem Lande aufgewachsen, sondern in der Stadt. Ich hatte keine, sich von selbst verstehende Anschauung der Natur und ich hatte in dem Sinn auch kein Interesse für sie. Meine »Natur« – wenn ich mir meine ersten Erinnerungen heraufrufe – war die stillgelegte Elektrische im Jahr siebzehn, als ich die Schule anfing und wir jedes eine Einkaufstasche Kohlen mitbringen mußten, damit das Klassenzimmer geheizt werden konnte. Meine Natur war die Wohnung an der Endstation dieser stillgelegten Elektrischen und dahinter die Gasfabrik und weiter unten die Donau. Meine Natur war ein Widerstreben gegen die Zumutung, in ihr Wanderungen zu unternehmen; und kein Gedächtnis für Namen und Blumen außer dem Schachtelhalm und dem Spitzwegerich zwischen den stillgelegten Geleisen, mit Spuren von Teer und blauschimmerndem Öl. Und gewiß war eine erste Erinnerung für mich das Panorama der Alpen. Ich sah es später, als ich achtzehn war, auch vom Dreisesselberg aus.

Aber der Mann, mit dem ich zum erstenmal hinkam – mit ihm, seiner Schwester und seiner Freundin –, hieß Johann Markowetz und stammte aus Ceske Budejovice; sein Vater, den er dort in den Ferien besuchte, war Gärtner. Er war um ein paar Jahre älter als ich, weil er zuvor Metallschlosser gewesen war in den Steyr-Werken – in dem Fach war er tüchtig gewesen, aber hatte Bildungsdrang verspürt und ging als jemand, über den sich die Lehrer wunderten, mit uns in die Schule. Wir kamen mit dem Schülerzug um 7.20 Uhr früh, nach zwei Stunden Fahrt, am Linzer Hauptbahnhof an in der Zeit, als mein Stiefvater nicht mehr in Linz wohnte, sondern auswärts. Dieser Umstand »Bahnschüler« begründete meine Freundschaft mit Markowetz, so daß wir dann auch auf den Dreisesselberg stiegen, von dem ich später im »Witiko« las, in Stifters letztem großen Roman. Da war er ein Ort der Besinnung und Überschau. So lernte ich ihn damals nicht kennen, sondern als einen Berg mit Blick nach Ceske Budejovice, wohin Markowetz zeigte, als könne er es sehen; und dann Abstieg nach Schwarzenberg, das für uns ein Gasthaus war, Übernachtung im Saal, Markowetz, seine Schwester, seine Freundin, und daneben der Schornstein der Brauerei, leichtes obergäriges böhmisches Bier.

Bei Stifter kommt die Aussicht von dem Hochkamm des Böhmerwaldes immer wieder vor: in den »Bunten Steinen«, in der Erzählung »Granit«, als der Großvater den Knaben dahin führt; in der »Mappe des Urgroßvaters«, im »Hochwald«, im »Witiko«. Aber für Stifter war dieser Platz ein Ort, an dem er sich bloß umzudrehen brauchte, um in seine Kindheit und eigene Heimat zu sehen, in das Tal der Moldau, mit den aus weißen Tupfen bestehenden Dörfern, unter denen ein solcher Tupfen sein Vaterhaus in Oberplan war. Für mich war er das nicht. Für mich war auch das Panorama der Alpen etwas anderes als der Horizont der mit zugehörigen Welt, wenn ich mir mein Vaterhaus vorstellen wollte, mußte ich es mir außerhalb denken, hinter dieser Kette von Bergspitzen, auf ihrer anderen Seite.

Damit bin ich bei dem zweiten Punkt von Unterscheidung: ich stammte anderswo her. Was dieser Punkt wirklich bedeutet, läßt sich schwer ausmessen. Es gibt vieles in uns, das nicht von Herkunft bestimmt ist. Andererseits blitzt in jedem, auch wenn er sich noch so weit von ihr entfernt hat, etwas durch von ihr. Hinwieder ist Literatur nicht eine Art Flora, die von der Beschaffenheit des Bodens, aus dem sie kommt, abhängt. Sie hat in erster Linie mit Qualität zu tun, und das ist eine von Stammeseigentümlichkeiten und Kulturboden unabhängige Eigenschaft. Zudem: wenn ich hier meine eigene Lage bedenke – ich stamme aus zwei verschiedenen Landschaften und Lebenskreisen; und ich hatte in meiner väterlichen Heimat Südtirol, auf die ich mich jetzt beziehen will, um mich zu unterscheiden, überhaupt nicht gelebt, ich kannte sie nur besuchsweise –, war nicht gerade diese Nichtkenntnis eine Art Magnet, der eine Anziehung durch diese Welt in mir bewirkte, eine Vergrößerung der ihr zugehörigen Dinge in mir hervorrief? Ich will von diesem merkwürdigen Drang, »das darzustellen, was man nicht ist«, am Schluß dieses Versuches über die Richtung der eigenen Arbeit noch etwas sagen.

Zuvor aber noch zwei Punkte von Unterscheidung, und sie scheinen mir mit dieser Frage »wo man herkommt« zusammenzuhängen. Bei Adalbert Stifter – ich hatte das schon angedeutet in der Inhaltsangabe der Novelle »Zwei Schwestern« – kommen Personen vor, die nach dem allgemein Menschlichen streben, nach allseitiger Entfaltung ihrer Kräfte. Und nicht nur das: es sind Personen, für die der Autor vielleicht hier und da ein Modell vorgefunden hat, aber sie sind dann in ihrer eigenen Welt und haben mit dem, was er selber ist, wenig zu tun. Darin ist Stifter ein Romancier, ein Erzähler. Solche Personen darzustellen war mir, wenn ich es richtig bedenke, nie vergönnt. Ich konnte etwas abschreiben von wirklich gesehenen Personen, in einer Art photographischer Treue, oder auch mit Transposition solcher Eindrücke; und das sah dann manchmal aus wie Erzählung, nämlich so, als würden sich die Personen meiner Geschichte unabhängig bewegen, als von mir getrennte Wesen in der ihnen eigentümlichen Welt. Aber im Grunde konnte ich immer nur etwas von mir selber schreiben, verdeckt, verhüllt, verschlüsselt; ich war in dem Sinn kein Erzähler.

Mit dieser Unterscheidung scheint mir eine andere zu korrespondieren, wie ein geheimer Gegenpol. Von Adalbert Stifter ist bekannt, daß er in seiner Jugend auch Gedichte geschrieben hat. Sie stammen hauptsächlich aus seiner Kremsmünsterer Studienzeit, sie sind konventionell, unbedeutend, ohne Spur poetischer Kraft. Die wahre Kraft seiner Sprache – und Stifter hat spät angefangen zu schreiben – war vom ersten Augenblick an im großen Flug der Erzählung. Ich hatte früh angefangen, und zuerst mit Gedichten, und habe auch in meinen Erzählungen diesen Punkt vielleicht nie ganz verlassen: daß ich sie schrieb wie Gedichte oder mit einem Hintergrund von Beschwörung der Dinge, wie sie sich im Gedicht vollzieht. Sie sichtbar zu machen, hervorzurufen im Augenblick – und nicht, sie zu erzählen.

Ich muß es offenlassen, ob diese Unterscheidungen mit Herkunft und Abstammung zu tun haben oder nur mit einem verschobenen Verhältnis dazu, derart, daß man sich durch eine Herkunft bestimmt fühlt, die nicht zum erfahrenen Leben gehört. Das wäre dann die Welt meines Vaters gewesen, das Leben im Süden, das ich nicht kannte, aber in mir aufzufinden bestrebt war und in Sätze und Figuren bringen wollte mit dem Drang – wie ich vorhin sagte –, »das darzustellen, was man nicht ist«.

Ich habe, einige Absätze zurück, in Zusammenhang mit Stifter ein paar andere Ausdrücke gebraucht, um seine Erzählungen zu charakterisieren: »der künstlichste und zugleich wahre Ort«, »die vollständige Beschreibung«, »das genaue Bild, als hätte er es sich selber erfunden«, »der Schritt über die Beschreibung hinaus«. Und ich meinte, ich hätte dieses Besondere bei Stifter in meiner Jugend nicht begriffen und erst viel später verstanden, daß in seinen so naturgetreuen Beschreibungen die Natur gar nicht wirklich vorhanden, sondern das Wirkliche nur dargestellt sei.

Mir scheint das heute ein Schlüssel für das Verständnis der Stifterschen Erzählungen zu sein, aber – das möchte ich nun zuletzt andeuten – etwas, das nur zum Teil mit seiner Person zu tun hat und aus ihr allein sich nicht erklären läßt. Es ging mir zuerst auf, als ich mir über Stifters Erzählung »Zwei Schwestern« Gedanken machte. Eine Landschaft, die er nie gesehen hatte, so darzustellen, als kenne er sie genau, so daß sie naturgetreu wirkt, aber in Wahrheit ein künstliches Bild ist, das der Natur täuschend ähnlich sieht, weil seine Oberfläche vollständig besetzt ist von Anschauung, Namen und Nuancen – ein erfundenes Bild also –, in dieser Art, eine bloß dargestellte Welt als die eigentlich wirkliche zu präsentieren, scheint mir etwas von der Wirklichkeit nachgebildet zu sein, die »in der Historie« der österreichische Staat war. Er existierte ebensowenig als Natur, sondern behauptete seine Existenz gegen die Natur der Landschaften, der Völker – oder wie man bezeichnenderweise in Österreich sagte: der »Völkerschaften« –, er behauptete sich als reine Erfindung einer allerdings kompletten Welt gegen die dann als Mangel empfundene der angeborenen und wirklichen Sprachen. Er war ein Gebilde, das sich gegen das Disparate und beängstigend Unvollständige der als Natur vorhandenen Bedingungen richtete, indem es sie außer acht ließ und statt ihrer Wirklichkeit von Blut und Streit ihre Einzelheiten zu einem künstlichen Bild zusammensetzte, in dem kein weißer Fleck war, kein Abgang in den unten liegenden, unkontrollierbaren Boden. Dieser Boden war außer Kraft gesetzt in dieser, wie es schien, gefestigten und gegen Zerfall des Stoffes nun gesicherten Welt.

In Wahrheit hat es sie stets nur als Darstellung gegeben: in einem vorsichtig taktierenden Staatswesen, das sich seiner Schwäche bewußt war, zugleich des Anspruchs, den es stellte; nicht immer seiner Schuld. Und es hat diese dargestellte Welt auch im Spiegel der Literatur dieses Landes gegeben, die vielleicht aus dem Grund so merkwürdig geworden ist: daß ihr zu »Literatur« – wie man es sonst versteht – etwas fehlt und sie doch mehr ist. Das ist ihre »Tradition«: bei Stifter und ähnlich, scheint mir bei Kafka und manchen andern. Stifter konnte noch schreiben, als wäre seine vollständige Erfindung der Einzelheiten die wirkliche Welt; aber wer ihn genau liest, merkt, daß seine Erfindung eine bloße Annahme war, auch für ihn, das wußte er wohl selbst. Bei Kafka schießt das Unabsehbare der Wirklichkeit durch bis in die Körper, die er beschreibt. Sie reden, kommt mir vor, alle in einer Sprache, auch Musil; wenn auch nicht im selben Jargon – so Hofmannsthal. Aber jeder mit seiner eigenen Stimme, so weit sie trägt.

Eines Tages war es mit dieser Sicherheit zu Ende, und vielleicht sind Nähe und Abstand zu solcher Tradition eben das Ergebnis dieser Erfahrung; wenn auch die erfundene, überschaubare Welt immer noch einen Schein herüberwirft in diese andere, anstößig-unübersichtliche, die nicht mehr vollständig sein will, sondern nur sie selbst.

Ich wäre am Ende. Aber vielleicht ist dieses Wort zu Stifter, zu der Frage nach der Kraft der Überlieferung und dem Abstand von ihr, doch nur ein Wort von heute – so wie ich es jetzt sehe. Es paßt als Wahrheit jetzt für mich, dreißig Jahre nach meinem ersten Versuch, eine Geschichte zu schreiben. Vielleicht ist von der wirklichen Sache so wenig darin wie in dem, was ich früher dachte. Dann wäre es wieder nur Vereinfachung, brauchbar, um weiterzukommen – auch in den Ansichten über Stifter.

Ich sagte zu Anfang: da gibt es immer Veränderung, und ich möchte es jetzt wiederholen und das hier Gesagte einschränken durch ein paar Notizen am Rande.

»Vereinfachung«: ich machte einmal Auszüge aus Stifter für eine Anthologie, ich hatte meine Gesichtspunkte beim Aussuchen. Aber erst, als ich die Stelle abschrieb, Wort für Wort, lernte ich sie kennen und ahnte, wie weit er geht. So möchte ich sagen: Schreiben, Abschreiben, Schreiben, das geht über Ansichten hinaus, die wir von einem Dichter haben, das sind die wirklichen Einflüsse.

Das zweite: ich habe mit anekdotischer Erinnerung begonnen und will eine letzte, aus späterer Zeit, hier noch anführen.

Bald nach Ende des Zweiten Weltkrieges bekam ich aus einer österreichischen Schloßbibliothek das Taschenbuch »Iris« Jahr 1848. »Iris« war ein literarischer Almanach von dem Grafen Mailath herausgegeben, in Budapest von dem Verleger Heckenast gedruckt, der später der Verleger Stifters wurde. Und Stifters erste Erzählungen sind in der »Iris« erschienen, in den Jahren 1840, 41, 43 und so weiter. Im Band von 1848 steht, neben einer Erzählung Stifters, die Erzählung »Der arme Spielmann« von Grillparzer. Sie ist eine der ersten Großstadtgeschichten in der deutschen Literatur. Die zwei Geschichten stehen nebeneinander. Aber man weiß aus der Biographie Stifters, daß er und Grillparzer zur selben Zeit in Wien gelebt haben – und sicher waren sie miteinander bekannt, aber Verkehr miteinander hatten sie so gut wie nicht. Mir fiel das vor kurzem wieder ein, bei einem Besuch in Wien, vor wenigen Monaten: da erzählte mir jemand von Robert Musil und Hugo von Hofmannsthal und daß es bei ihnen ähnlich gewesen sei.

Das sind Einflüsse unter Zeitgenossen. Aber vielleicht hängen Einfluß, Vorbild und Abstand von ihm mit Umgang oder Kenntnis gar nicht zusammen. Aus meinen eigenen Versuchen, im Schreiben weiterzukommen, weiß ich dafür ein Beispiel. Als mir nach meiner ersten Erzählung die Nähe zu Stifter als etwas mir Zugehöriges erklärt worden war, brauchte ich lange Zeit, um eine zweite Sache fertigzubringen; sie wurde eine Art Roman, hieß *Der Ausführende* und hatte dasselbe Thema, dieselbe Landschaft in den südlichen Alpen zwischen deutsch und italienisch wie zuvor die kleine Erzählung *Das Tal von Lausa und Duron*. Aber sie fand bei den Freunden dieser Erzählung, die sich an Stifter erinnert hatten, keinen Anklang. Sie galt ihnen als unlesbar, ohne Konnex, ein Abfall, eine Enttäuschung. Jemand, der den *Ausführenden* gelesen hatte, fragte mich, ob ich Kafka gelesen hätte; ich müsse ihn kennen, sonst könne ich das nicht geschrieben haben. Aber ich hatte nichts von Kafka gelesen.

So viel zu diesem Verhältnis: was man ist und was man wird.

Bausteine zu einer Stilbetrachtung

Bei den Tabakblättern

Ich breche das erste Blatt unten an der Tabakpflanze und gehe rund um den Stengel nach oben: ich erhalte eine Folge immer kleinerer Blätter, in deren jedem sich die gleiche Blattgestalt und das gleichgerichtete Gerippe wiederholen. Das Bündel Blätter lege ich auf die Erde. Ich trete zur nächsten Pflanze und pflücke auch von ihr das Bündel und so gehe ich das ganze Beet entlang. Es wiederholt sich mir dabei, daß immer das kleinere Blatt auf dem nächst größeren liegt wie auf einem Grunde, der es einrahmt.

Dann fädele ich die Blätter auf, dabei beginne ich jedesmal mit dem kleinsten Blatt einer Pflanze und höre mit ihrem jeweils größten auf; wenn so endlich alle Bündel hängen, schwillt der Kranz an der Schnur von dem kleinsten Blatt nieder zu dem größten und bricht von ihm ab zu dem nächsten kleinsten. Der Umriß geht wie ein wiederkehrender Wellenschlag unter der Schnur hin.

Nun bleibt mir etwas Drittes zu tun: die winzigen Blätter, die dicht um die Blüte wachsen, kann ich nicht auffädeln – ich lege sie, damit ich sie nicht verliere, auf einem Bogen Papier aus, eins nahe ans andere. Weil jedes Blatt annähernd die gleiche Gestalt hat, bildet sich mir diese einfache Blattgestalt selber immer wieder ab, und da sie so als Umriß wiederkehrt, sich als etwas Ähnliches stets neu zeichnet, gliedert und ordnet sie mir die Fläche.

Ich versuche dieses Beispiel einer Ordnung – sie ist einfache Wiederholung – auf Beständigkeit zu prüfen: ich zeichne die Blätter, wie sie auf dem Bogen nebeneinander liegen, auf einem anderen Bogen auf. Da erfahre ich, daß der nachgeahmte Umriß nicht so viel hergibt wie die Natur; der nachahmenden Zeichnung fehlt etwas, und will ich, daß sie trotzdem gleichviel bedeutet, muß ich ihr Bedeutungen hinzufügen: ich muß die einzelnen Bestandteile verknüpfen nach Einfällen, die ich mir selbst mache, muß die Blätter an Strahlen aufhängen, sie um Gelenke versammeln, die ich mir ausdenke. Ich erkenne: das Gerüst, das ich für meine Nachbildung brauche, ist nicht in der abgelegten Natur enthalten, vielmehr muß ich mit ihr der Natur etwas hinzusetzen; in dem Augenblick, in dem ich einen Eindruck auch nur erfassen, ein Bild bloß spiegeln, ein Ereignis schlechthin nacherzählen will, bin ich schon auf eine Welt eigensinniger Gesetze angewiesen, für die ich in der Natur kein Vorbild habe, und die mir das nachgeahmte Bild der Welt verschlingen. Ich überlege, was mir dieser Widerspruch bedeuten soll; ich möchte antworten: er zeigt mir, daß die sichtbare Welt nur die Hälfte eines Ganzen ist, zu dem eine zweite unsichtbare Hälfte gehört. Hier habe ich das Bild vor mir, zu dem mir die Augen Zugang verschaffen; aber dort – wenn es mich ergreift, und ich es nachbilden will, mache ich etwas, zu dem ich die Augen niemals hätte zu öffnen brauchen. Ich erfinde mir noch einmal die Welt. Zum Beispiel erzähle ich eine Geschichte, aber ich erzähle nicht nach, was geschehen ist, niemand würde das verstehen, denn: was in der Welt geschieht, hängt in sich nicht zusammen. Im Gegenteil geht niemals eine Handlung aus einer andern so hervor, wie jemand den Arm vors Gesicht hebt, um sich vor einem Schlag zu schützen. Wer hätte das nicht schon erlebt: unter Leuten, die beieinander stehen, ist immer einer, der ein Ding, das vor aller Augen geschieht, ausspricht; von dem ausgesprochenen Ding erst erkennen die andern an, daß es geschehen ist. Ich weiß deshalb: wenn ist etwas ausspreche, mache ich es erst, so als ob ich es anerkennte; und nun gilt es.

Ich möchte mir nun aber Menschen vorstellen, die auf das Wort verzichten und nur leben, indem sie Tatsachen schaffen. Da überrascht mich die Historie: sie zeigte mir solche Menschen, und ich erkenne, sie sind es, die eine veränderte Welt heraufführen.

Das Wort ›unschuldig‹ will mir einschlüpfen; nicht ohne Grauen teile ich es diesem andern, sprachlosen Leben zu.

Inmitten einer Baumkrone, die sich in dem luftigen Raum vor der Terrasse emporstreckte, sah ich auf einem kahlen Ast ein seltsames Gebilde: grau, weißlich, groß; es war ähnlich wie eine Vase mit flach gewölbtem Deckel und sich verjüngendem Fuß. Ich hatte ein solches Gebilde hier noch nicht gesehen. Mir war, als ob der fremde Körper auf mich starrte. Ich wußte: es lag Gerümpel an dem verwüsteten Ort; einen entstellten Scherben, ein Geschirr, einen Kanister mochte jemand auf den Baum gesteckt haben. Oder hatte etwa der Baum aus friedlichem Gezweig dieses Ding entsandt, einen Pilz, der plötzlich auf seiner Rinde gewachsen war? Oder hatten die Wespen ein Nest angeklebt auf dem Ast?

Ich sah das Bild, ich hatte keinen Namen. Endlich bot sich mir eine Kette von Gedanken an: Ein Baum, sprachen die Gedanken, auf einem Baum sitzt ein Vogel, kein Vogel, der dem Tag gehört – einer, aus dem Walde zugeflogen. Eine Eule, sagte ich mir. Und nun sah ich sofort nicht mehr das Allgemeine: grau, weißlich, groß; sondern sah den rundlichen Kopf, die glatte Verjüngung des befiederten Körpers. Das Unheimliche war mir weggenommen. Nur ein Rest hing mir davon noch nach, weil sich der Nachtvogel unvermutet am Tage zeigte. Aber das Nichtgeheure war nun bestimmt und einem Namen zugeteilt.

Ich stieg die Treppe hinab, unten trat ich auf die Terrasse. Nun war ich dem Vogel ganz nahe, sah seinen Kopf, er war groß wie ein Kinderkopf, sah das Gesicht, eingesunken in dem Gefieder, es blickte wie ein Katzengesicht. Mich befremdete die Ähnlichkeit: das Gesicht eines vierbeinigen Tieres auf einem Vogelkopf; – die Sage durfte solche Geschöpfe erfinden!

Ich schaute in dieselben schmalen, schräg gestellten Augen, auf die runde, beinahe menschlich kluge Stirn. Ich sah die grauweißlichen Flügeldecken und die dicht hingekrallten gefiederten Füße. Die Eule regte sich nicht. Nur ihre Augenschlitze zuckten kurz auf. Aber auf einmal erhob sie sich: ihre Flügel entfalteten sich, braun spreizten sich die Schwungfedern, in kräftigen Stößen sah ich sie abstreichen, von dem Baum fort, in das Dickicht.

Der Baum starrte leer in dem hellen Licht, als ob niemals der

Gast aus dem Dunkeln auf ihm gesessen habe. Ich stieg die Treppe in die Höhe. Nun erst gestand ich mir ein, daß mich zuvor, während ich dem unbekannten Wesen mit versuchsweisen Namen begegnet war, sogar der Einfall angeflogen hatte, es könne jemand eine Bombe auf den Ast hingepflanzt haben – zugleich erinnerte ich mich deutlich, daß ich aber schon vor dieser mit einem Namen versehenen Einbildung weniger Furcht empfunden hatte als anfangs vor der ganz unbenannten Erscheinung.

Ich sagte mir: mit dem Namen, mit der Sprache, streift der Mensch die Furcht ab und bemächtigt sich der Welt.

Ein gewöhnlicher Ort

Das Haus, in dem ich wohne, liegt auf dem Sporn einer Halbinsel weit vorne im See, die Bucht trennt es von der Ortschaft, das Wasser trägt die Geräusche. Manchmal am Vormittag läuten mir beim Fenster die Glocken herein. Es klingt anders als das Frühläuten, das im Sommer um sechs, im Winter um halb sieben kommt, und dazu der Pfarrer über seinem Bett im Pfarrhof einen elektrischen Schalter für fünf Minuten andreht, der Schalter setzt den Motor im Kirchturm in Gang, der Motor schwingt die Betglocke; es klingt auch anders als das Mittagläuten, das auf dieselbe mechanische Weise erzeugt wird, nur mit einer tiefer abgestimmten Glocke, und in das sich vertraut und dünn die Sirenentöne hereinmischen: vom Sägewerk am Bahnhof, von der Glühlampenfabrik und vom Kalkwerk am andern Seeufer – dieses Läuten am Vormittag, das vielstimmig kommt und zu dem die Glocken noch mit der Hand gezogen werden, dauert oft lange, es hört auf, setzt neu wieder ein, und es klingt anders allein schon deshalb, weil es die Menschen bei der Arbeit unterbricht. Manchmal mischt sich das schüttere Blasen einer Musik herein; auch wenn keine Musik es erhöht, weiß ich, daß es zu einem Begräbnis gehört. Während die Töne hereindringen, geht drüben in der Ortschaft der Zug vom Trauerhaus zum Friedhof. Gegen Mittag, wenn ich zum Essen fahre, sehe ich hie und da noch etwas von dem Akt, der nachher kommt: ich begegne dem aufgelösten Zug, dem Pfarrer und den Ministranten, die im Spitzenrock eilig wie von einem zu Ende gebrachten Geschäft wegstreben; den Musikern, die zum Marsch ins Wirtshaus Tritt fassen; den einzelnen Leuten, die langsamer folgen, wie sie vom Friedhof zurückkehren. Sie gehen in Gruppen auf der Straße, schwarz gekleidet, in Gesprächen; die letzten stehen noch am Friedhofseingang vor der kalkweißen Mauer und unter dem Schatten der kugelig geschnittenen Akazien, die links und rechts neben dem Tor gepflanzt sind. Das ergibt dann ein Bild wie auf einer Bühne, seine Teile sehen nicht wie Natur aus, sondern wie nachgemacht aus künstlichem Stoff: das kahle Weiß der Mauer schiebt sich als Kulisse quer herein, vor ihr stehen die zwei Bäume mit dem flatterigen, dünn gepinselten Grün der zu einer geometrischen Form gestutzten Kronen, eindringlich wie das Weiß der Mauer ist auch das Schwarz der Anzüge und Trauerkleider, es verändert die bäurischen Gesichter, unterdrückt ihre Besonderheiten, verleiht ihnen das einerlei sonnverbrannte Gelbbraun, das sie von der Arbeit im Freien haben. Die Leute wirken, als seien sie kostümiert, sie sind es auch, sie kommen von einer Szene, zu der sie sich versammelt hatten. Hinter der Mauer, schräg ansteigend, wie eine Bühne auch, ist der Schauplatz, unser Friedhof, sein aus Wiese und Acker ausgeschnittenes Viereck liegt übersichtlich da, und in ihm häufen sich die künstlichen Formen, er ist voll besetzt von ihnen: den abgemessenen kleinen Vierecken der Gräber, dem Raster der Wege zwischen den Grabzeilen, den mannigfaltigen Formen von Würfeln, Säulen, Kreuzen, stufig gekerbten Steinen. Es ist ein Friedhof, wie es ihn überall gibt, niemand würde ihn schön finden, er enthält nichts, was im einzelnen Wert hätte als Kunstwerk, und doch enthält er etwas, das ihn zum Kunstwerk macht: er stellt sich vor als Bild einer von der Natur unabhängigen Welt. Ein gewöhnlicher und ungewöhnlicher Ort, er unterscheidet sich von Obdach und Werkstatt; immer wenn die Menschen mehr aus sich machen, als daß sie hinter ihrer Arbeit verschwinden, errichten sie sich einen solchen, von der Natur abgesetzten Ort, der Kunst ist: das ist in der Ordnung der Häuser und Plätze, in dem ringsum kleingesponnenen Netz der Wege; am deutlichsten spricht dieses von Bedingungen und Nötigung abgeschiedene und ganz und frei vom Menschen geschaffene Wesen seiner nur ihm eigentümlichen Welt aus den Friedhöfen. In ihnen erst wohnt er, und ist an den Stätten, an denen er seine Tage hinbringt, zu Hause nur, weil er sich diese Nachbarschaft hergestellt hat. Auf sie muß er sich beziehen können, sonst wäre ihm sein Leben bald fremd und ohne Erinnerung wie die Natur. Das war bei den alten Völkern so, dort erkennen wir den Zusammenhang: immer war die Gräberstadt dicht neben der Stadt der Lebenden und war die wahre Stadt und hat der andern zu Gedächtnis erst verholfen mit der Kraft ihres Bildes, in dem alles Namenlose als Kunst noch einmal und wirklicher geschah – mit Namen. Als ich es dachte, sah ich es auch: hier, dasselbe; ich brauchte es nur herüberzunehmen in den Umriß von heute, an unsern Ort; um es an ihm zu sehen: den einfachen Friedhof, wie die Leute von ihm weggehen, aber nicht so weit, daß ihnen über die Mauer nicht noch die weißen Blicke nachkämen aus dem Reich der Formen und Bilder, mit denen sich der Mensch die Welt zur Heimat gemacht hat.

Franz Tumlers Orte

PETER DEMETZ

Werkstattgespräch mit Franz Tumler

Demetz: Ich habe einmal versucht, eine kleine Literaturgeschichte zu schreiben, und ich sagte dort, daß deine Anfänge als Schriftsteller traditionell waren ... und daß du dann die Tradition immer radikaler in Frage gestellt hast und in den späteren Werken eigentlich viel mehr mit ... mit dem Sprachexperiment oder mit dem Erzählexperiment beschäftigt warst als in deinen frühen Arbeiten. Du sagst in *Volterra*: »Schreiben ist, dem Leben Ordnung verleihen, Annahmen konstruieren, Rollen ausarbeiten.« Hast du das Gefühl, daß eine solche Diagnose etwas in deinem Werk trifft, oder siehst du deine Arbeit anders?

Tumler: Die Änderung ist – wenn ich genau nachdenke, sind es zwei Dinge gewesen, die diese Änderung haben zustandekommen lassen ... Eine war meine Übersiedlung nach Berlin und die Bekanntschaft mit Gottfried Benn, ihr vorhergegangen und gleichzeitig oder auch gleichzeitig gewesen ist, daß ich mich damals mit moderner Literatur, vor allem mit amerikanischer und englischer Literatur, befaßt habe.

Demetz: Du würdest also die Änderung deiner Schreibweise mit der Übersiedlung nach Berlin eher als mit den großen politischen Umwälzungen des Kriegs und Nachkriegs begründen? Ich frage mich natürlich, wie dich diese Ereignisse als Schriftsteller betroffen haben und wie das sichtbar wird, und da komme ich auf Romane wie *Das Schloß in Österreich*, *Der Schritt hinüber* ... Dort beginnen diese Änderungen spürbar zu werden, aber doch viele Jahre nach den politischen Umwälzungen.

Tumler: Die erste Änderung, die mir von der politischen Umwälzung geschehen ist, war dieses Schreiben von »Beispielen von Verwechslungen«. *Chinesische Briefzensur* ist das erste oder das zweite, was ich nach dem Krieg geschrieben habe. Und diese kurzen »Beispiele von Verwechslungen«, die habe ich liegen lassen und hab' mir im *Schloß in Österreich* den ganzen Stoff der Umwälzung rein stofflich aufgearbeitet.

Demetz: Wenn ich mich an meine eigene Lektüre erinnere, dann glaube ich im *Schloß in Österreich* eher Tradition zu sehen, einen Roman mit komplizierter Erzählhandlung, realistisch gezeichneten Figuren, oft mit ironischen Nebentönen, mit dem Versuch, Umwelt zu zeichnen, aber auch den Mangel an Informationen, an dem alle diese Figuren leiden, aber im *Schritt hinüber* etwas ganz Neues, das im *Schloß in Österreich* noch nicht so sichtbar wird – eine andere Schreibweise.

Tumler: Ja, das stimmt insofern; man kann es an diesem Beispiel nachweisen. Denn im Grunde ist es derselbe Stoff. *Das Schloß in Österreich* ist ein Anfang oder Vorkapitel, wenn man das so sagen will, *Der Schritt hinüber* ist eine Fortsetzung dieses Stoffes, aber mit ganz anderen Mitteln. Zu diesem »ganz andern« bin ich, neben manchen Einwirkungen, durch den Einfluß der Schriftstellerin und Redakteurin Ilse Leitenberger gekommen.

Demetz: In welcher Weise war denn die Änderung deiner Erzählweise durch die Lektüre englischer und amerikanischer Prosa bestimmt. Welche Autoren der angelsächsischen Literatur sind dir damals vertraut geworden – Faulkner, oder waren es auch andere?

Tumler: Faulkner an erster Stelle. Es waren auch andere, es war auch Hemingway. Es war vor allem Faulkner, der mich sehr beschäftigt hat, dann Henry James und von den amerikanischen Erzählern wieder ein Buch, auf das mich merkwürdigerweise Gottfried Benn aufmerksam gemacht hat, als ich es schon kannte. Das war das Buch »Unter dem Vulkan«, das ist in Deutschland kein Erfolg gewesen, der Autor hat Malcolm Lowry geheißen. Dieses Buch hat mich sehr beeindruckt. Da hab' ich ein sehr merkwürdiges Erlebnis gehabt: ich war damals in Altmünster und bin in die amerikanische Bibliothek gegangen, wo ich Bücher ausleihen konnte. Da sind mir zwanzig Bände aufgefallen, die alle dunkelbraun gebunden waren, und ich dachte, das ist eine Fortsetzungsreihe eines voluminösen Schriftstellers. Das war alles »Unter dem Vulkan« von Lowry, es war nämlich nicht ausleihbar, es ist nicht ausgeliehen worden. Und dieses Buch hab' ich oft ... oft ist zuviel gesagt ... das hab' ich ein paarmal gelesen ... das hat mir großen Eindruck gemacht, und dann hat mich Benn gefragt: »Kennen Sie das eigentlich?« Und ich sagte ja.

Demetz: Ich möchte noch einmal zu einzelnen Schriftstellern zurückkehren, die du da genannt hast, also von den Amerikanern Faulkner und James und dann »Unter dem Vulkan«, das ist ja ... im Grunde ein mexikanischer Roman, nicht wahr ... ein Mann, der von den Ereignissen nach Mexiko getrieben wird und dort zugrunde geht. Was hat dich an Faulkner so interessiert, war es die Zeitkomposition, die komplizierte, oder waren es andere Dinge?

Tumler: Es war das Komplizierte überhaupt ... Das Komplizierte der Komposition, die vom Detail ausgeht, und die einen dann ganz gefangennimmt, und ... ja und von Henry James, das wollte ich noch sagen, »The Turn of the Screw«.

Demetz: Ja, das ist diese Geschichte, im Grunde eine Geistergeschichte. Nun weiß man aber nicht genau, ob die Geister wirklich oder ob sie nur in der Imagination der handelnden Figuren existieren. War das das Problem, das dich daran angezogen hat?

Tumler: Ja, das hat mich beschäftigt, z. B. im *Schritt hinüber*, der ja solche Passagen hat, die in das Geisterhafte, kann man sagen, hinüberführen.

Demetz: Du hast ... du hast Gottfried Benn genannt, und das ist mir eigentlich ganz neu, daß Benn für dich eine wichtige Rolle spielt als einer, der dir bestimmte Bücher empfohlen, mit dem du über deine Probleme gesprochen hast. Wie kamst du denn zu Gottfried Benn? War das die Berliner Nachbarschaft, oder hast du Benn vorher gelesen und hast ihn dann aufgesucht?

Tumler: Es war ein Punkt der Berliner Nachbarschaft. Das ist über meine geschiedene Frau gegangen, die jetzt in Berlin lebt, sie ist damals auch schon nach Berlin gegangen, und über einen Schweizer Journalisten, Erhard Hürsch, Mitbesitzer der Winterthurer Zeitung.

Demetz: Warst du mit Benn oft in Berlin zusammen, oder war das eine flüchtige, aber intensive Begegnung?

Tumler: Ich bin oft mit ihm beisammen gewesen, in diesem Restaurant Dramburg, an einem bestimmten Wochentag. Ich erinnere mich genau, daß ich den Weg immer zu Fuß zurückgelegt hab', daß ich mit ihm sehr gut sprechen konnte, obwohl wir ganz verschieden waren. Er hat mir übrigens auch damals eine Zeitschrift gegeben, ich kannte das alles von Österreich nicht, »Texte und Zeichen« und ... da war gedruckt: Arno Schmidt, »Seelandschaft mit Pocahontas«. Das hat mir auch großen Eindruck gemacht.

Demetz: Hast du dann auch Schmidts Arbeiten weiter verfolgt, oder war das nur ein punktueller Anstoß?

Tumler: Ich hab' diese umfangreichen Arbeiten von Arno Schmidt nicht weiter verfolgt.

Demetz: Und hast du dann auch Benns frühe Prosa gelesen, oder war das etwas, was nicht ganz in deinem Interessenkreis lag?

Tumler: Ich hab' das alles gelesen. Ja ...

Demetz: Auch die Lyrik: hat dich die ...

Tumler: Ja, auch die Lyrik, besonders auch die Lyrik, weil bei mir ja immer so eine lyrische Strähne in der Prosa mitläuft, was zuweilen ja ausgesprochen worden ist in Gedichten, zuweilen nicht ausgesprochen wird.

Demetz: Ich habe deinen Aufsatz *Jahrgang 1912* gelesen, da hat mich besonders auch das Politische interessiert, die politischen Formulierungen ... Ich bin zwar nicht Jahrgang 1912, sondern 1922, aber durch bestimmte Umstände habe ich die politische Zeit, sagen wir 1933/34/36/38, schon ziemlich bewußt erlebt und hab' dann schon über politische Parteien Bescheid gewußt, und da hab' ich mir Gedanken über deine Formulierungen gemacht. Eine Formulierung, die auftaucht, die klingt fast wie Benn. Es war eine Generation, »die in Mitleidenschaft gezogen ist« – da ist mir dieses Passive aufgefallen. Eine Generation, die sich gleichsam der eigenen Aktivität begibt und von den politischen Ereignissen mitgezogen ... überrascht wird. War das damals dein Gefühl, daß eine ganze Generation in Österreich ... von diesen Ereignissen elementar mitgezogen wurde, ohne sich *vorher* darüber Gedanken gemacht zu haben?

Tumler: Es war zum Teil eine Sache der ganzen Generation,

obwohl ich einschränken muß, daß bei mir die Bedingungen besonders »günstig« waren durch den Verlust des Vaters und ... diese Nichtzugehörigkeit ... hier und Nichtzugehörigkeit ... zu einem anderen Teil, der unerreichbar war, und nicht vostellbar, aber wie ich das Gefühl für ein jeweiliges Mitgezogensein mitgebracht habe.

Demetz: Ich hab' mich gefragt, ob gerade nicht dieses ... die-Heimat-Anderswo-suchen, also von ... von Linz nach Südtirol, ob dich das ... nicht besonders empfindsam gemacht hat für Probleme des Nationalen ... das man damals mit dem ... mit dem Stichwort »Grenzlandproblematik« bezeichnet hat.

Tumler: Das spielt sicher auch mit. Ich habe gewissermaßen für mein Anschlußbedürfnis einen reellen Faktor entdeckt, das war eben das Grenzlandgefühl.

Demetz: Nun ... ist mir folgendes aufgefallen, da ... hier werde ich natürlich ganz persönlich ... Im Grunde bist du doch in Linz aufgewachsen, d.h. eigentlich in einem ... in einem österreichischen Zentralland, in Oberösterreich, aber wenn man deinen Biographen Glauben schenken will, sind sie immer versucht, dich als Südtiroler Autor ... einzuordnen und unter dem Stichwort Südtirol ... darzustellen. Meine Frage ist, ob du nicht auf dieser Suche ... nach der Heimat Anderswo etwas entwickelt hast, das ich einen ganz intimen und sehr privaten Südtirolmythos nennen möchte, der dieses Linzer und Oberösterreichische beiseite geschoben hat.

Tumler: Ich habe zuerst Gedichte geschrieben, und in diesen Gedichten war von Südtirol natürlich nicht die Rede. Ich bin zum Prosaschreiben gekommen durch die plötzliche Virulenz dieses ... Südtirol-Erlebnisses. Meine erste Geschichte hieß auch einfach *Geschichte aus Südtirol,* die ist später in einer Zeitschrift gedruckt worden, die war also von daher.

Demetz: Ja, wie bist du denn eigentlich zum Schreiben gekommen? War das ein Schulerlebnis, hast du deine Schulhefte vollgekritzelt mit frühen Dramen, oder hast du Gedichte geschrieben? War es das Vorbild des Vaters, der ja ein Gelehrter und Lehrer war, oder war das der Onkel in der Druckerei, der Korrespondent einer englischen Labour-Zeitschrift war – war das ein Schlüsselerlebnis?

Tumler: Ja, geschrieben haben alle, sowohl die Verwandten mütterlicherseits als auch mein Vater, von dem nur ein kleines Buch gedruckt worden ist, aber geschrieben haben auch die Onkel. Sie haben Gedichte geschrieben, und geschrieben hat der Großvater. Der hat seine ganze Zeitung, die eine Wochenzeitung war, vollkommen selber geschrieben. Also Schreiben war ein Element, das nicht fremd war, das ich aber dann ganz zu meinem Eigenen gemacht habe, indem ich weder in der Schule noch zu Hause etwas vorgezeigt habe, und das »Verschlossene« ... glaub ich, war für mich sehr wichtig, denn ohne das wäre ich in ein allgemein gefördertes Klima hineingekommen, das bin ich aber nicht, weil ich alles für mich behalten habe.

Demetz: Aber wie lange hast du das alles für dich behalten, war das ein ... ein geheimes Laster in der Schule, das du privatim betrieben hast, um nicht in gleicher Ordnung mit anderen Familienmitgliedern zu erscheinen, die auch geschrieben haben? Wann hast du dich entschlossen, mit deinen eigenen Arbeiten hervorzutreten?

Tumler: Das war bei einem Sommerfest der Innviertler Künstler in Kammer am Attersee. Da hatte ein Komponist, ich sag's jetzt im einzelnen, von mir Texte vertont, die Texte wurden aufgeführt, demnach auch im Programm gedruckt, es waren ungefähr drei Gedichte, und ich habe damals die Bekanntschaft des Grafen Thun-Hohenstein gemacht und bin mit ihm später in brieflichem und persönlichem Kontakt gewesen, er war damals noch in Oberösterreich und hat mir immer abgeraten vom Einschicken der Sachen aus der verständlichen Sorge, daß man auf ein unfruchtbares Feld geführt wird und seinen bürgerlichen Beruf an den Nagel hängt, was ich tatsächlich dann getan habe; und der Einfluß von Thun-Hohenstein war aber doch so, daß ich nichts eingeschickt habe, lange nicht, bis ich dann endlich doch einmal was eingeschickt habe. Das war schon, als ich die erste Prosa-Sache geschrieben habe.

Demetz: Nun, dein bürgerlicher Beruf, wenn man das so nennen darf, war, wenn ich nicht irre, Volksschullehrer, an oberösterreichischen Schulen. Hast du damals weitergeschrieben, oder hat dich das so in Anspruch genommen, daß du ausgesetzt hast? Oder hast du einfach für dich selbst geschrieben, ohne die

Ergebnisse einem Verleger oder einer Zeitschrift vorlegen zu wollen?

Tumler: Ich hab' einfach für mich selber weitergeschrieben, ich hab' mit dem Thun-Hohenstein korrespondiert, und dann war ... diese merkwürdige Sache, daß im Jahr 33 oder 34 in einer Buchhandlung in Wels ein Prospekt zu sehen war, in dem sich eine Zeitschrift »Das Innere Reich« annonciert hat. Dahin hab ich dann etwas geschickt, und zwar zuerst nur Gedichte und Bruchstücke. Ich hatte die Erzählung *Das Tal von Lausa und Duron* schon fertig, ich hab dann die nachgeschickt. Dadurch bin ich in ... als sehr junger Mensch in diesen Kreis von Autoren gekommen.

Demetz: War dir damals klar ... was für eine Richtung das »Innere Reich« vertritt, ich meine, was ... heute würde man sagen, welche Lesererwartungen diese Zeitschrift erfüllte, das »Innere Reich« nahm doch eine gewisse Sonderstellung ein. Es war getrennt von Parteiinteressen, aber doch nicht ganz getrennt, und versuchte in einem engen Aktionsraum etwas wie eine Literatur zu publizieren, die das Ästhetische nicht ganz dem Politischen opferte. Die also das Ästhetische noch immer zu retten versuchte. Oder war das eine Zeitschrift, in der damals eben jene Autoren publizierten, die du gerne gelesen hast und die ... bei denen du mitmachen wolltest?

Tumler: Nein, das war nicht, aber es war die Richtung der Zeitschrift, die ja in ihrem Namen ausdrückt das »Innere Reich«, man hat die Vorstellung, daß sich ... abseits ... ausgespart vom äußeren Reich ein »Inneres Reich« etablieren kann. Ich hab' auch nur dorthin etwas geschickt und nirgendwo andershin.

Demetz: In einem deiner autobiographischen Artikel erwähnst du auch Paul Alverdes, und ich glaube, der hat damals auch oft im »Inneren Reich« publiziert ... deshalb meine Frage.

Tumler: Paul Alverdes hat die Zeitschrift mehr und mehr bestimmt, und in eben der Richtung ... die ich ... erwähnt habe, er hat nach Möglichkeit das direkt Politische herausgehalten.

Demetz: Ja, war das wirklich möglich, das Politische wirklich herauszuhalten, oder hat er den irdischen Mächten einen gewissen Tribut zahlen müssen, um das tun zu können?

Tumler: Das mußte er. Er hat ... einmal ... einen Aufsatz

über Friedrich den Großen veröffentlicht, und da wurde die Zeitschrift sogar vom »Schwarzen Korps« angegriffen und wurde verboten, und mit einer Erklärung, die sehr ... genau durchdacht war, ist dann diese Zeitschrift wieder flottgekommen. Die Redaktion hat mich auch gebeten ... einen Gruß an Hanns Johst zu seinem 50. Geburtstag zu schreiben. In einem Brief, wo die Redaktion gewissermaßen geschrieben hat, sie muß irgend etwas machen, und am besten, am delikatesten, kann man das noch von außen. Ich war damals willig und hab's gemacht. Ich hab' damals zwei Seiten geschrieben, ich hab' irgend etwas ... Unverfängliches geschrieben, von dem ich auch überzeugt sein konnte, und hab' die Tragweite eines solchen Beitrages überhaupt nicht übersehen. Ich habe damals aus dieser Enge heraus geschrieben, was ich heute entschieden ablehne.

Demetz: Danach warst du der Meinung, daß es wichtig ist, daß diese Zeitschrift in dieser Art weiter erscheint ... hast auch mit der Redaktion korrespondiert und geglaubt, daß das möglich ist, eine Zeitschrift im Dritten Reich zu machen? Wann hast du denn aufgehört, für das »Innere Reich« zu arbeiten? Waren das die Ereignisse im Krieg oder ...

Tumler: Es war sukzessive ... durch meine Kriegsteilnahme, da hat sich das sowieso verengt. Ich kann das nicht genau sagen, wann ich aufgehört habe. Ich hab' immer Gedichte hingeschickt.

Demetz: Ich möchte eigentlich noch nicht über den Krieg sprechen, sondern eher über die Jahre 34/38 in Österreich, und ich bin mir da bewußt, daß auch die Österreicher selbst ... nicht viel darüber wissen, oder wissen wollen, zumindest nicht eine jüngere Generation. Es war mir auffallend, was du in dem ... in diesem autobiographischen Bericht über Dollfuß geschrieben hast, du sagtest, er war intelligenter, als man annahm, und das schien mir auch ganz richtig zu sein. Ich frage mich nur ... wie du damals politisch zu diesem Urteil gekommen bist. – In dieser Konstellation Sozialdemokraten, Nationale, Dollfuß und Schuschnigg – es ist ja von heute gesehen ... ist es eine sehr unübersichtliche Periode.

Tumler: ... Zunächst war ... das Regime in Österreich autoritär, und es waren alle Bewegungen, mit Ausnahme der regimetreuen Bewegung, verboten. Bei Dollfuß hatte man doch das Gefühl einer ... weiteren Welt, obwohl er immer lächerlich gemacht worden ist; aber dann wurde es doch sehr kraß mit dem Verbotensein eines offenen ... Wortes. Ich hab' das aber in Österreich doch nicht so empfunden, weil ich in Österreich mit Ausnahme einer Feuilletonkorrespondenz, an die ich Arbeiten geschickt habe ... kaum gearbeitet habe.

Demetz: Warst du damals schon in Deutschland ... oder wo hast du gelebt?

Tumler: Ich hab' in Österreich gelebt, ich bin nach Deutschland zum ersten Mal ... im Jahr 34 gekommen. Und das war, das hat genau den gegenteiligen Erfolg gehabt, den es ... haben ... hätte können ... ich war plötzlich in diesem gelobten Land und bin mit ziemlichem Entsetzen davon zurückgekommen. Dieses Entsetzen ist für mich revidiert worden durch ... das, was ich in Österreich immer erlebt habe.

Demetz: Aber dann ... du gehörst doch zu einer Generation, die *nach* dem Anschluß ihre Ansichten bald korrigierte, oder irre ich mich? Durch die Realität des Anschlusses, oder war das ein Problem, das dich erst später im Krieg beschäftigt hat?

Tumler: Das hat mich zunächst ... nicht beschäftigt, der Anschluß war ja 38, und ich bin 41 eingerückt ... es waren so viele Dinge zu bewältigen. Erst dann ...

Demetz: Ja, du sagst, erst dann ... wie würdest du denn die ersten Signale dieser Enttäuschung oder dieser Erschütterung definieren? Hast du das noch in Erinnerung? Es muß doch auch im Alltag geschehen sein. Es mußte etwas geschehen, das einen aus der politischen Bahn zu werfen beginnt, oder man beginnt Zweifel zu haben. Gibt es etwas, das dir in der Erinnerung geblieben ist?

Tumler: Ja, aus einer politischen Bahn war ich ... insofern nicht zu werfen, als ich nur meine persönlichen Meinungen und meine Bekanntschaften hatte. Mir ist eines klargeworden, daß man den Krieg als redlicher Mensch nur überstehen kann, wenn man ... Soldat ist, wenn man eingerückt ist. Ich sagte ausdrücklich: ... ich – ich war der Meinung. Ich kann mir vorstellen, daß es damals auch andere Möglichkeiten gegeben hat. Die konnte ich mir aber damals nicht vorstellen.

Demetz: Kannst du mir sagen, warum du dir sie nicht vorstellen konntest? Haben dir die Informationen gefehlt, oder war das etwas jenseits des Horizonts, etwas, das wie ausgelassen war aus der Realitätsauffassung. Ich meine das, was man heute Underground nennt, illegale Tätigkeit, ob nun bei Katholiken oder bei Sozialisten, oder die Emigration.

Tumler: Ja, das war der Fall. Es war eigentlich ausgelassen. Es ist nicht vorgekommen ... es ist *mir* nicht vorgekommen in meinen Erlebnissen.

Demetz: Das schien mir eben in dem *Schloß in Österreich* so zeittypisch zu sein, daß die Figuren alle ihr privates Dasein leben, sehr intensiv, aber doch merkwürdig abgeschlossen von etwas, was man die ... nicht die weite Welt nennen kann, sondern die Welt jenseits dieses unmittelbaren Erlebnishorizontes. Da ist zwar dieses Ehepaar, der alte Gelehrte und im Hintergrund der General, der bei der Opposition ist, es gibt auch diesen SD-Mann, der wie ein Schutzengel auftaucht, aber im ganzen und großen hat man das Gefühl, es ist eine im Grunde unpolitische Welt, die ganz abgeschlossen ist, jeder ist dazu fast *verdammt,* von meinem Standpunkt aus, ein ganz privates Leben zu leben, ohne jede Durchlässigkeit von Nachrichten und Informationen der Weltpolitik.

Tumler: So war das für mich. Ich hab' die Personen ja auch so beschrieben ... Das, was jenseits noch war, ist – für das bin ich blind gewesen, oder es ist mir nicht zur Kenntnis gekommen.

Demetz: Ich erinnere mich vor allem an diese Gestalt der Postbeamtin in Linz, die nun ... die nun wie ein griechischer Chor funktioniert und bei der diese Abgeschlossenheit ganz deutlich wird. Ich habe mir immer Gedanken über Linz gemacht, denn diese Stadt hat in deinen Arbeiten eine bestimmte Rolle gespielt, die meines Erachtens nach in der Kritik nicht so betont wird, wie es zu Recht sein sollte, glaube ich, denn wenn ich an *Schritt hinüber* denke oder *Schloß in Österreich* oder an *Pia Faller,* die ich als Buch ganz besonders liebe, da scheint mir diese Linzer Welt, die ja sehr ambivalent ist, eine geradezu dominierende Rolle zu spielen.

Tumler: Diese Welt war ambivalent, aber das ist mir auch nicht so ... ins Bewußtsein gekommen, denn sie war im ganzen Provinz – und ich habe über die Mauer der Provinz nicht hinausgesehen. In Linz selber waren ... waren zwei alte Richtungen ... das waren das Linzer Gymnasium und die Linzer Realschule. Auf der Linzer Realschule sind die Großdeutschen, wie man sagt, erzogen worden, am Linzer Gymnasium sind die Österreicher erzogen worden. Und es hat immer eine Ambivalenz zwischen den beiden Schulen gegeben, die beinahe in die Typen ... bis in die Typen der ... Leute, die da hervorgegangen sind, gereicht hat.

Demetz: Ich war unlängst in Linz, bin spazierengegangen beim Stifter-Haus und hab' auch einige Arbeiten Stifters gelesen; z. B. sein Programm für die Realschule, und es ist auffällig, eben was ich ambivalent nenne, etwa die Tatsache, daß Stifter ein Lehrprogramm für eine Schule entwirft, die dann ... die dann Eichmann zu ihren Schülern zählt, nicht wahr? Das sind geradezu gespentische Kontraste in der Provinz.

Tumler: Die Provinz war sich vor allem einig in ihrem Widerstand gegen Wien, und das ist eine Sache, die ich wohl überwunden habe, denn es konnte einem sehr leicht passieren, daß man ... in diesem Provinzgeist ... weiter großgeworden und aufgewachsen und weitergewachsen ist und den Sprung in die Hauptstadt, in die Proportionen der Hauptstadt, nicht gemacht hat.

Demetz: Aber den Sprung, den hast du ja getan, wenn ich nicht irre, denn du hast ja in Wien gelebt.

Tumler: Ich hab' das getan, auf Grund persönlicher Verhältnisse hab' ich in Wien gelebt, und hier muß ich nochmal den Grafen Thun-Hohenstein erwähnen. Der ist dann nach Wien gekommen und hat mich doch ein bißchen von dieser Welt sehen lassen.

Demetz: Hast du dabei Gelegenheit gehabt, auch mit anderen österreichischen Autoren der damaligen Epoche zu sprechen, ich denke etwa an Heimito von Doderer und andere, oder war das erst später möglich?

Tumler: Ja, ich hab' ein ziemlich von der Literatur abwesendes Leben geführt, eine Erinnerung ist mir ... eine Begegnung mit Friedrich Schreyvogl ... der damals in Wien eine Buchhandlung am Graben gehabt hat und den ich damals aufgesucht habe, aber es war im Grunde auch mehr eine punktuelle Begegnung.

Demetz: Und von Wien aus ... bist du dann gleich eingerückt, oder hast du dann wieder in Linz gewohnt? Ich kann mich jetzt nicht genau an biographische Details erinnern.

Tumler: Ich bin nicht gleich eingerückt, ich war in Wien, hab' mich dann verlobt und hab' geheiratet und wollte auf dem Land ein Zuhause finden. Damit war eigentlich in dieser schon schwierigen Zeit, denn da ist ja sofort der Krieg dagewesen, meine Zeit aufgefüllt.

Demetz: Ich kann mir das natürlich von heute aus nicht ganz vorstellen. Du warst damals nicht mehr in einem »bürgerlichen Beruf« ... Du warst freier Schriftsteller, wie man so sagt, aber wie konnte man das tun? Ich kann mir nicht gut vorstellen, daß du durch die Publikation vereinzelter Prosaarbeiten im »Inneren Reich« eine Existenzgrundlage haben konntest, um zu heiraten. Hast du auch sonst für Zeitungen gearbeitet oder für den Rundfunk, oder hast du einen Nebenberuf ausgeübt?

Tumler: Keinen Nebenberuf. Ich hab' durch dieses *Tal von Lausa und Duron* verhältnismäßig sehr viel Erfolg gehabt. Das hat ... einen Nebenerfolg mit sich gebracht, auch bei Rundfunkanstalten, und das war fürs nächste genug.

Demetz: Nun, wenn ich an dieses Buch zurückdenke, ich kann mich sehr gut erinnern, ich glaube, es war bei Langen-Müller ... ich hab' auch einmal im Krieg in einer Buchhandlung gearbeitet, es wurde immer wieder danach gefragt. Ich möchte aber von *heute* aus wissen, heute spricht man von Rezeption oder von Lesererwartungen, wer hat denn das Buch gelesen – damals? Und welche Lesererwartungen hast du damit erfüllt?

Tumler: Es haben alle Leute dieses Buch gelesen und sehr geschätzt, die sonst andere Bücher geschätzt hätten ... die von verbotenen Autoren waren in Deutschland. Ich bin also so in ein Loch hineingefallen. Plötzlich hat man gesagt: Ach, und der kommt noch aus Österreich, ja, und das ist ja etwas, das in unserer Richtung liegt.

Demetz: Ja, wenn du hier von Richtungen sprichst, kannst du das noch genauer definieren, d.h. war das eine ... eine Richtung, die dich abgegrenzt hat vom Nazi-Rowdytum oder vom NS-Schrifttum, was war das für eine Richtung?

Tumler: Es war die Richtung der großen Masse von Lesern, die eben diese Abgrenzung gewünscht haben, und die eben daran geglaubt haben, daß es ein »Inneres Reich« gebe neben dem äußeren.

Demetz: Da bin ich wieder beim Problem Stifter ... Ich kann mich daran erinnern, daß damals dieses *Tal von Lausa und Duron* immer wieder in seiner Erzählweise mit Stifter zusammengestellt wurde. Ich weiß, daß du dich später dagegen gewehrt hast, trotzdem scheint es mir, daß eine gewisse Identität der Leserschaft existiert hat, daß diejenigen, die damals Stifter lasen, zum Teil als Oppositionsakt, also Stifter als »reines Dasein« ... daß das auch zum Teil deine Leser waren.

Tumler: Diese Gleichsetzung stimmt ungefähr. Es war etwa dieser Kreis von Lesern, die Stifter gelesen haben, die auch meine Leser waren.

Demetz: War das damals für dich bedeutend, oder ist deine Opposition gegen diese Identifikation erst später gewachsen?

Tumler: Es war damals für mich insofern *nicht* bedeutend, als ich immer eigentlich mit Schreiben und dem Weiterkommen im Schreiben befaßt war. Also – immer das Nächste im Auge gehabt habe und nicht so sehr über die Wirkungen ... nachgedacht habe.

Demetz: Du bist gerade im Augenblick dabei, dein Tagebuch aus dem Kriege zu revidieren, und ich glaube, alle deine Leser sind sehr neugierig auf dieses nächste Buch, das ja ein ... auch ein Dokument sein wird. Nachdem du diesen Text durchgearbeitet hast – was schien dir so wichtig zu sein ... was hat dich zur Revision dieses Tagebuchtextes angezogen oder zur Vorbereitung für den Druck?

Tumler: Ja, es hat mich ein ganzer äußerer ... Zufall zunächst dazu gebracht, das war, daß ich diese Niederschrift eines Tagebuches nur in einem einzigen Exemplar besessen habe. Es war damals in der russischen Zone nicht möglich, ein Farbband zu bekommen, und ich hab' die Sache gewissermaßen blind geschrieben, d. h. ... es war ... wohl Kopierpapier zu bekommen, ich hab' sie also geschrieben auf Papier ... auf Kopierpapier und dann auf ein leeres Blatt, und ich konnte erst am Schluß der Seite eigentlich übersehen, was ich geschrieben hab'. Diese Merkwürdigkeit hat es mit sich gebracht ... daß man die Sache doch ... Leuten zugänglich machen wollte, sie vervielfältigt hat, und dann habe ich aus dem Ganzen einen Auszug gemacht ... mehr als einen Auszug, ich habe eigentlich nichts weggelassen und nichts hinzugefügt. Ich habe nur gewisse Sachen gekürzt, die sich ständig wiederholt haben.

Demetz: Ist dir bei der Arbeit an diesem Tagebuch ein Gottfried Bennscher Gedanke über das Exil in der Wehrmacht ... oder in der Marineartillerie ... aufgetaucht, oder liegt dir dieser Bennsche Gedanke ganz fern? Siehst du das eher als ein ganz privates Problem, das noch vom Politischen abgetrennt werden kann?

Tumler: Dieser Gedanke ist mir schon aufgetaucht, er war sogar ziemlich deutlich. Ich sagte mir, was einem in der Wehrmacht begegnet, das begegnet jedem einzelnen, und es war nur natürlich im Verlauf der Sache nicht ganz leicht, dabei auszuhalten, denn man hat den ganzen Mist im Täglichen genauso mitgekriegt wie eben jeder einzelne. Trotzdem hab' ich mir gesagt, das ist noch eine Art Zuflucht, die entzieht dich allen diesen Forderungen, die scheinbar aus der Zeit an dich gestellt werden, z. B. daß ich dann eingezogen wurde und sollte zur Propagandakompanie, und hab' dann ein eigenes Gesuch machen müssen, in dem ich dargelegt habe, daß ich eigentlich nicht zur Propagandakompanie will, sondern als gewöhnlicher Soldat einrücken will. Das ist dann auch durchgegangen, und dann war es auch sehr schnell.

Demetz: Warum warst du in Gefahr, zur Propagandakompanie eingezogen zu werden? Wegen deiner Publikationen? Oder wegen deines Berufs?

Tumler: Als Schriftsteller, man hat sofort diese Leute beschlagnahmt für die Progagandakompanie. Ich mußte zweimal ein Gesuch machen ... und klarlegen, daß ich also das nicht will.

Demetz: Hattest du noch Gelegenheit, im Kriege auch zu lesen oder zu schreiben ... oder war das Tagebuch der einzige Text, in dem du deine Zuflucht gesucht hast?

Tumler: Ich hab' wenig gelesen und naturgemäß nur die Sachen gelesen, die einem gegen die drückenden Ereignisse der Zeit einen Halt gegeben haben. Ich habe z. B. Carossa gelesen, und, ja, von Tolstoi »Krieg und Frieden«.

Demetz: Ja, ich kann mich genau an die Zeit erinnern. Es hat eine Art von Literatur gegeben, eine Art von Zufluchtsliteratur, und Carossa, ich glaube »Führung und Geleit« war Nr. 1, nicht wahr, das wurde immer wieder, besonders von Studierenden und von jungen Leuten, gelesen, die etwas gesucht haben wie Reinheit inmitten dieser politischen Unreinheit. Alverdes hat auch noch dazugehört, oft auch Biographisches, Preußisches, ganz merkwürdige Leseerlebnisse. Und Tolstoi – hat er auf dich eine Wirkung ausgeübt, oder war auch das eine Zuflucht eher als ein Arbeitsimpuls?

Tumler: Ja, Tolstoi hab' ich damals gelesen, ich habe früher schon Dostojewski gelesen, und nach dem Krieg hab' ich das alles noch einmal gelesen, und es hat mich stark beeindruckt. Ich bin, glaube ich, durch diese starken Eindrücke ... den näherliegenden Eindrücken entgangen, wie sie z. B. von Ernst Jünger ausgegangen sind, die zu eng waren und die eine bestimmte Machart verraten haben und die einen leicht in eine etwas sterile Handhabung der Wirklichkeit geführt haben. Ich hab' die »Marmorklippen« gelesen, aber ohne direkt beeinflußt zu werden, weil mir das eine stilistisch zu enge Beeinflussung gewesen ist.

Demetz: Ist dir aus dieser Zeit ein Autor ganz besonders in Erinnerung geblieben, zu dem du immer wieder gegriffen hast? Damals haben viele Leser Rilke gelesen, und dann ... haben sie sich zum Teil auch daran betäubt, oder war das etwas, was dir ferngelegen ist, diese Art von ... von Lyrik?

Tumler: Das ist mir ferngelegen, also es waren die nahen Ansprüche, und ich hab' mit meinem Tagebuch tatsächlich »Tag für Tag« konkrete Erlebnisse geschrieben, und gerade diese erweisen sich als »Abschreibungen« – erweisen sich als beständig. Da ist die Wirklichkeit drinnen, ich hab' mit meinem Tagebuch keine allgemeinen Wahrheiten verfolgt ... da war ich schon zuviel Schriftsteller. Oder war es von Anfang an.

Demetz: Du sprichst hier von Wirklichkeit, und wir ... bewegen uns auf ein sehr kompliziertes Thema zu. Aber Wirklichkeit beschäftigt dich ja immer mehr. Das ist eben die Frage, von der ich eigentlich ausgegangen bin. Ich glaube, in deinen früheren Arbeiten setzt du Wirklichkeit als erzählbar voraus. Du fragst eigentlich nicht: Was ist Wirklichkeit? Da ist eine Wirklichkeit, die du nacherzählst, während dann dieser Unglaube immer stärker wird, diese Skepsis. Ich würde fast an Nietzsche denken ... die Wirklichkeit als etwas vom Menschen Konstituiertes, durch seinen Erkenntnisprozeß Beschränktes und Konstituiertes, das Sinn setzt. Hast du dich je mit Nietzsche, mit diesen Gedanken, beschäftigt, oder war das eine Entwicklung, die vom Schriftstellerischen selbst herkam?

Tumler: Ich hab' mich schon mit Nietzsche beschäftigt, aber diese Ideen, die sind mir vom Schriftstellerischen gekommen, von dem Bemühen, die Wirklichkeit zu finden, die in ... hinter den Dingen ist – und was natürlich nicht geht.

Demetz: Du sagst, es geht *nicht,* aber du schreibst *doch,* d. h. du vertraust der Möglichkeit doch, daß du im Schreiben *eine* Art von Wirklichkeit konstituierst ... eine mögliche.

Tumler: Ja, ich glaube sogar, es ist die *einzige* Möglichkeit, um Wirklichkeit zu konstituieren. Ich wüßte keine andere.

Demetz: Das heißt, du sprichst von einer Wirklichkeit, die durch Geschichten konstituiert ist, von Wirklichkeit als einer Folge von ... Artikulationsprozessen, nicht als etwas, das ... ich will nicht »objektiv« sagen – sondern etwas, das außer unserem Bewußtsein existiert und von vielen einzelnen ... aufgenommen werden kann. Du glaubst eher an eine Wirklichkeit, die erst im Augenblick des epischen Prozesses gebildet wird.

Tumler: Ich sage: durch Erzählen von Geschichten, die gleichsam die Wirklichkeit zum Vorbild haben, geschieht das *nicht,* denn diese Art Geschichten ... haben mit dem, was wirklich geschieht, nichts zu tun.

Demetz: Das hat auch eine Bedeutung für deine Auffassung von Charakteren, nicht wahr, in der Erzählung. Es ist mir auffällig, daß in deinen frühen Arbeiten ... daß die großen Frauengestalten Anita oder Susanne Namen haben, und es ist mir auch auffällig, daß dann später, wo dein Zweifel an Wirklichkeit beginnt, immer die »Frau« auftaucht, der Name fehlt, und das scheint mir ein Signal zu sein, daß der Warhnehmungsprozeß und der, wenn du so willst, der Nennprozeß eigentlich viel skeptischer und viel komplizierter geworden ist.

Tumler: Ja, ich mußte, glaube ich, den Punkt erreichen, wo dieser Prozeß des Nennens unmöglich war. Erst wenn ich an diesem Punkt bin, kann vielleicht etwas ... von dem, was geschieht, aufgefaßt werden, festgemacht werden.

Demetz: Wenn du deine Arbeiten überblickst ... könntest du mir etwas über deine eigene Einstellung zu deinen Arbeiten sagen? Als Leser hat man immer das Gefühl … ja, hier ist ein Buch, in dem sich die Intention eines Schriftstellers rein verwirklicht, und hier ist ein Buch, in dem er sich von seiner Intention vielleicht entfernt. Hast du auch derartige … eine derartige Einstellung gewissen Büchern gegenüber?

Tumler: Ich hab' zu etwas früher Geschriebenem, wie das *Tal von Lausa und Duron,* eine, wenn ich so die Skala nehme, gute Einstellung, und von den neuen Arbeiten erscheint mir am gelungensten die *Nachprüfung eines Abschieds.*

Demetz: Ja … aber wie steht es etwa mit deinen kleinen Arbeiten und mit den Gedichten … oder mit der *Pia Faller,* ist das etwas, was du eher an der Peripherie siehst, oder sind da Verbindungen zum Zentrum deiner Arbeit?

Tumler: Bei *Pia Faller* ist es schwierig, für mich natürlich ganz leicht einzusehen, wie die Wiederholung stattfindet, wie ein Faktum »wiederholt« wird, zuerst durch Erinnerung an die Kindheit, dann durch direkte Mitteilung, dann durch den direkten Eindruck, und zuletzt nur in »Wörtern«. Und diese *Wiederholung in Wörtern* … die scheint mir dem am nächsten zu kommen.

Demetz: Ich möchte gerne hören, wie du deinen Ort in der Literatur selbst lokalisierst, nicht in der Literatur während des Krieges oder unmittelbar nach dem Kriege, aber in der Literatur der 60er und 70er Jahre; deine Bücher sind ja die ganze Zeit über erschienen, immer neue Arbeiten. Heute kann man ja bemerken, daß … oft aus gesellschaftlichen Gründen … ein Teil der Autoren im Grunde den alten Realismus bevorzugt, ein anderer … eine andere Gruppe von Autoren beschäftigt sich mit dem Sprachexperiment, in dem eigentlich auf semantische Funktionen verzichtet wird, d. h. auf Bedeutungen. Ich glaube, daß du eher einen Mittelweg gehst, du suchst Wirklichkeit, du verzichtest nicht auf Wirklichkeit, du willst sie nur ganz genau erzählen, indem du neue Erzählmethoden entwirfst.

Tumler: Die Möglichkeit des Realismus … Es führt schriftstellerisch nur weiter, wenn es in der Sache selbst, in diesem, was wir Erfassung der Wirklichkeit genannt haben, weiterführt. Und das kann aber auf ganz verschiedenen Wegen geschehen und mit verschiedenen Mitteln. Ich hab' das versucht in der *Aufschreibung aus Trient,* indem ich die Stimmen gegeneinander gesetzt habe, wobei dann merkwürdigerweise Beschreibungen vorkommen können. Aber es wär mir unmöglich, die Sache zu beschreiben, so wie jemand, der ein Bild malt und sagt, hier steht der und so ... Das geht nicht.

Demetz: Wenn du sagst ... Stimme, ja was ist denn ihre Wirklichkeit? Ist das deine Überzeugung, daß diese Stimme so spricht, wie sie sprechen muß, was ist ihre Wirklichkeit für dich als Schriftsteller?

Tumler: In *Volterra* sind es Stimmen verschiedener Art, die Stimme der Erinnerung, die Stimme der genaueren vertieften Erinnerung, die antwortet oder ergänzt, es muß eine solche ... Wirklichkeit in diesen Stimmen sein, daß sie da ist.

Demetz: Da möchte ich aber gleich wissen, ehe ich dich mißzuverstehen beginne, wem gehören oder gehört diese Stimme an? Ist das die Stimme des Sprechers oder Schreibers, oder ist ... sind das die Stimmen von Figuren, die in der Subjektivität des Sprechers wohnen und sich ihm aussprechen?

Tumler: Es sind Stimmen, die verschiedene Rollen ausdrükken. Die Rolle eben, wie ich vorhin gesagt hatte, »Erinnerung«, die Rolle der vertieften Erinnerung, die Rolle einer plötzlichen Eröffnung, und da ist mir auch das Gedicht innerhalb dieser Prosa nicht fremd.

Demetz: Aber ... wie hängt das Gedicht zusammen mit der authentischen Stimmhaftigkeit?

Tumler: Das wäre vielleicht mit dem Wort Epiphanie zu sagen. Ein Gedicht ist keine Erzählung, es ist eine Epiphanie eines Wesens, und eine Erzählung, wie ich sie verstehe, ist dasselbe ... Epiphanie.

Demetz: Ist dir dabei der Ausdruck Epiphanie von James Joyce her geläufig, oder ist das ein Ausdruck, den du im Verlauf deiner Arbeit selbst gewählt hast?

Tumler: Den hab' ich mir eigentlich selber so zusammengesetzt.

Demetz: Darf ich jetzt noch zum Schluß fragen, was du für die Zukunft bereithältst? Ob dich im Augenblick eine besondere Arbeit beschäftigt, ob du schon einer dieser ... einer dieser Epiphanien nahe bist oder dich mit einer neuen Arbeit beschäftigst?

Tumler: Ja, ich hab' doch einige Gegenstände, von denen ich aber nicht weiß, ob sie standhalten, ob sie tragfähig genug sind, also ein »Thema« – ob das wirklich ein Thema ist für ein Kapitel oder für etwas Größeres. Ich bin nicht auf dem Punkt, daß ich sagen könnte: Ja – das ist es jetzt. Ich hab' mich viel mit Gedichten beschäftigt.

Demetz: Und willst du auch in Zukunft diese Gedichtarbeit fortsetzen zugleich mit der Prosaarbeit – oder siehst du eigentlich keine Gattungstrennung, die rein schulmäßig sein mag?

Tumler: In dem Sinne sehe ich keine Trennung; ich will die Gedichtarbeit fortsetzen, aber nicht in diesem abgetrennten Sinn von der Prosa.

(Nachschrift einer Tonbandaufzeichnung)

PETER DEMETZ

Linzer Collage

es war widersinnig, das Werkstattgespräch mit Franz Tumler in seiner Berliner Wohnung zu arrangieren, Karlsruher Straße, ein paar Häuser vom Ku-Damm-Eck entfernt, Blick auf eine langgestreckte Garage, Blechtore, VW-Reklamen über das Dach hingestreckt, ich wäre lieber in Linz mit ihm spazierengegangen, der »Kürschner« notiert ja, wie anders, seine Adresse, Stiftergasse 23, er hätte mir vielleicht gezeigt, wo die Faller Pia gewohnt hat und wo, archaisch, der heiße Schotter an den Donauufern liegt, wir sind viel durch Berlin spaziert, an der Spree entlang, im Park an der Akademie, im Tegeler Forst, er ist noch ein wirklich k. u. k. »Spazierer«, dem nichts verlorengeht, kein Atemzug frischer Luft, kein Schneefleck an der Böschung, keine verwitterte Inschrift an einem alten S-Bahn-Bogen, er ist findig in der Konstruktion von Grenzerlebnissen, er braucht eine Mauer, an die er seinen Schatten mit genauen Konturen zeichnet, noch nicht lange her, da fuhr er mit seinem Wagen über die Westtangente, das österreichische Rot-Weiß-Rot an der Stoßstange, Linz wäre aber doch besser gewesen, weil in Linz

> Hauptstadt von Ober-Österreich (Österreich ob der Enns), mit 55000 Einw. und einer 3500 Mann starken Garnison, liegt malerisch am r. Ufer der *Donau*, über die eine 280 m lange eiserne Brücke (hübsche Aussicht) nach der Stadt *Urfahr* (13000 Einw.) führt (Straßenbahn s. oben).
> Auf dem von der Donau ansteigenden *Franz-Josef-Platz (Pl. D 2, 3; 220 m lang, 60 m breit) eine 26 m h. Dreifaltigkeitssäule* (1723). S. führt von hier die Schmiedthorstraße auf die Landstraße, die Hauptstraße der Stadt. L. in der Domgasse die *alte Domkirche* (Pl. 6: D 3), als Jesuitenkirche 1669/82 im Barockstil erbaut (reichgeschnitztes Chor-

gestühl). – Weiter, am Pfarrplatz, die *Stadtpfarrkirche* (Pl. 7); an der Außenseite des Chors ein Marmorstandbild des h. Joh. von Nepomuk, von *R. Donner.* Im Innern am Seitenaltar l. vom Chor ein Abendmahl von *Sandrart;* r. vom Hochaltar eine Marmorgrabplatte für Kaiser Friedrich III. (S. 110), dessen Eingeweide hier beigesetzt sind. Die Eisenbahnbrücke liegt unterhalb der Stadt.

über diese Eisenbahnbrücke bin ich zum ersten Mal im Mai 1946 gefahren, mit dem Schnellzug von Zürich nach Prag, die Brücke war die Grenze der Besatzungszonen, in Zürich war ich in ein Abteil geraten, da saß einer, blaß und eifrig, am Fenster und haderte mit seiner Begleiterin über Proust und Majakowski, *Pan Jiří Listopad,* Lyriker, blutjunger Kulturattaché der erneuerten Tschechoslowakischen Republik in Paris, ich dachte mir, *schon wieder ein Offizieller, der auf Diplomatenpaß reist, und ich mußte dem Beamten auf der Polizeidirektion zwei Packungen Lucky Strike hinlegen,* aber der Jiří, der wußte was, das war schon hinter Feldkirch klar, über die französischen Surrealisten, und als er gerade bei Breton und Teige angelangt war, da sagte er, *Ježiš Maria Kristapána* (denn er entstammte einer prominenten jüdischen Verlegerfamilie und hatte den Krieg als »U-Boot« versteckt bei südböhmischen Bauern, in einer Scheune, überlebt), *jetzt sind wir gleich an der Zonengrenze, die Genossen Rotarmisten kontrollieren, ich muß meine Pariser Bücher ein wenig verstauen* (Klo), ging aber ganz glatt damals, auf der Brücke nach Urfahr, und später hat er sich »abgesetzt«, der ersten einer, arbeitet heute im sozialistischen Fernsehen in Portugal und schickt mir immer noch seine surrealistischen Gedichte

Vormals *Urfarschab, Urfarschar,* dann im Kurialstyl *Urfahr* oder im gemeinen Leben *Ufer* genannt, ein Markt und Pfarrort am linken Ufer des Donaustroms im Kommissariate Wildberg im Mühlviertel mit einem eigenen Marktgerichte, hängt durch die über die Donau geschlagene Brücke mit der Stadt Linz zusammen und steht in polizeilicher Hinsicht unter der k. k. Polizeidirektion der Hauptstadt des Landes ob der Enns. Vor Alters war *Urfahr* ein unbedeutender Ort von Fischern und Schiffern bewohnt, welche Reisende nach dem jenseitigen Ufer übersetzten und dadurch Veranlassung gaben, daß der ganze Ort den Namen *Ueberfahrt* oder *Urfahr* erhielt. In der Folge wurde es ein Dorf, welches Einige miteinander bestanden. Am 17. Mai 1485 verboth K. *Friedrich* den Bewohnern des Dorfes Urfahr, Linz gegenüber, noch das Weinschenken, dann die Gasthäuser und allen Handel. Im Jahre 1492 befahl der nämliche Monarch, daß jeder Inhaber für sich allein bestehen soll, und i. J. 1494 verlieh Kaiser *Maximilian* der Margaretha *Galländerin* das Urfahr allein um 200 fl.

ich bin ein Leser, der Tumler versteht, ehe er ihn noch gelesen, da spielt die Familien-Mythologie mit, der Familien-Mief, Linz war eine Station auf der Wanderung meines Großvaters Franziskus D., der nach 1850 mit Sack, Pack und Familie aus Südtirol nach dem Norden der Monarchie zog, weil er auf besseren Absatz seines handgeschnitzten Spielzeugs hoffte (ging dann um die Jahrhundertwende bankrott, weil das mechanische Spielzeug aufkam), meine Tante Anna, die war in Linz geboren, wo Franziskus D. einige Jahre Station machte, und lebte dann in Prag nicht weit von der Teinkirche und dem Textiliengeschäft Hermann Kafka; der Kafka-Franzl, der stand immer an der Ecke Altstädter Ring; in der Familie wurde sie nur das *Kerzenweibl* genannt, meine jüdische Großmutter seufzte, *ach diese Tiroler Goyims*, oder auch die *blinde Tant'*, weil sie den Star hatte, ernährte sich vom Stricken und von den aufgewärmten Suppen der Pfarrei, und später nannten wir sie auch die *an'brannte Tant'*, weil sie immer zu Weihnachten mit selbstgestrickten Geschenken auftauchte, den Kerzen des Weihnachtsbaumes zu nahe kam und Feuer fing, eine geborene Linzerin, verschrumpeltes Gesicht, lange dunkle Röcke, hat die Republik, die Nazis überlebt, kein Mensch hat je gewußt, was sie dachte, fühlte, sagte, sie war ein ganz und gar unbekannter Mensch

die Frauenzimmer in Linz sind mit Geschmack gekleidet, freundlich und artig mit Anstand. Der Frauen, welche Lektüre, Musik, Zeichnen und Sprachkunde etc. üben und lieben, trifft man sehr viele, besonders in höheren Ständen; nicht minder solche, denen Häuslichkeit, Regelmäßigkeit und Ordnung im Hauswesen das größte Vergnügen gewährt und die ein vorleuchtendes Beispiel in Sittsamkeit und in jeglicher weiblicher Tugend sind. Gebrauchte man früher und braucht man noch jetzt öfter den Ausdruck: *Die schönen Linzerinnen;* so wollte und will man durchaus nicht bloß die Eingebornen bezeichnen, sondern auch aussprechen, daß hier der größte Zusammenfluß vom schönen Geschlechte aus Oberösterreich zu treffen sey

einmal ging ich, es war in den frühen sechziger Jahren, über die Brücke nach Urfahr, der Wind war heftig und stieß mir Sandkörner ins Gesicht, und plötzlich hatte ich das Gefühl, ganz und gar glücklich zu sein, ich wußte nicht warum: die Landschaft lag offen da, der Pöstlingberg, die Vorhügel des Mühlviertels, die Kapuzinerkirche, schon auf der Urfahrer Seite, sah ich eine Frau und einen Mann, nicht mehr jung, durchs Fenster, er stand an der Wasserleitung, aber es war nicht das, eher der plötzliche Schlag des Windes gegen meine Wangen, eine physiologische Entzückung, die ich nie vergessen habe, ich dachte damals, jetzt lebst du wirklich, das kommt nie wieder, stimmte aber nicht

Gute Menschen sind die Einwohner von Linz. Sie wischen gern die Thränen weg vom Angesichte des Weinenden und freuen sich dann, wenn der gedrückte Bruder lächelt.

Dieses schöne Lob verdienen sie wirklich; denn schon von den ältesten Zeiten her waren sie thätigst bemüht, das menschliche Elend nach ihren Kräften zu vermindern und gleich dem barmherzigen Samaritan Balsam in die Wunden der Leidenden zu gießen. Daher die vielen milden Stiftungen von Linz, welche einst die Vorvorderen machten, wozu auch allerhöchste Monarchen, dann die Herren Stände des Landes ob der Enns wohlthätigst beitrugen, und die noch heutiges Tages entweder auf gleiche Art oder unter anderen Modifikationen unter der Aufsicht des Staates fortbestehen. Dergleichen sind:

1. das einstige Bürgerspital;
2. die 2 Siechenhäuser;
3. das Lazareth;
4. das Bruderhaus;
5. die Thonmüller'sche Stiftung;
6. die Prunner'sche, Keller'sche und Theresianische Waisenhausstiftungen;

7. die ständische Pfründer-Stiftung;
8. die Stiftung auf Ausstattung zweier Bürgers-Mädchen;
9. das männliche allgemeine Krankenhaus der Barmherzigen;
10. das weibliche allgemeine Krankenhaus der Elisabethinerinnen;
11. die k. k. milde Versorgungs-Anstalt mit dem dazu gehörigen Siechenhaus zu Münzbach;
12. das k. k. militärische Krankenhaus;
13. der Pflegsbeamten- und Advokaten-Wittwenfond;
14. das Armen-Institut;
15. die Rumford'sche Suppenanstalt;
16. die Operations-Anstalt für arme, verunglückte Staarblinde;
17. das Pensions-Institut für die Wittwen und Waisen der sämmtlichen Schullehrer in der Linzer Diöcese;
18. das k. k. Strafhaus.

Gedenktafeln an den alten Häusern, und solche, die fehlen: Stifter hat seine, der junge Rilke, Richard Tauber, *immer nur lächeln* (wie hat sie die Jahre des Gaues Oberdonau überdauert?), Enrica Handel-Mazetti. Im »Doktor Faustus« hat Thomas Mann die mitteldeutsche Stadt Kaisersaschern entworfen, Geschichte, Winkliges, Musik, Verhängnisse, Verrückte, das glücklichere Österreich bedarf solcher Fiktionen gar nicht, Linz ist das österreichische Kaisersaschern, Anmut, Enge, Geschichte, Gift alles *durchanand'*, ich stelle mir vor, wie am 26. Mai 1627 Achaz Willinger, Herr von Au und Hinterdobl, der adelige Anführer der revoltierenden Bauern »nebst sieben der vornehmsten Rädelsführer« hingerichtet wurde (die Köpfe auf die Spieße gesteckt), ich stelle mir vor, wie Adolf Hitler, am 9. April 1938, seinem alten Spezi G. K. in der Halle des Hotels W. seine neuen Pläne für Linzer Bauten und Brücken entwarf, ich stelle mir vor, wie der sterbenskranke Stifter gegen Kirchschlag blickte, kühle, reinere Luft, und, in Urfahr, Dr. Eduard Bloch die Krebsläsionen der Frau Klara Hitler mit Jodoform behandelte (A. H. kochte für seine Mutter), ich stelle mir vor, ich stelle mir vor, ja, Tumler-Franzl, das neue Buch, das du noch nicht geschrieben hast, *das Buch*, in dem du meinen Fragen nicht mehr ausweichst, ich freu mich darauf, eine Aufschreibung aus Linz, *der moderne Roman will nicht diese Umsetzung des Gegenstandes, sondern ihn selber, er will in die Sprache bringen, wie ein Ereignis wirklich geschieht, wie es in Zeit und Raum zustande kommt*

Da sich die Zahl der *Hunde* in und um Linz ganz ungewöhnlich zu vermehren anfieng, so wurden sie gehörig beschrieben und von den 998 vorhandenen im Jahre 1822 zweihundert als überflüssig getödtet.

Collage-Texte aus dem Baedeker *Österreich-Ungarn* (1903) und Benedikt Pillwein, *Geschichte der Stadt Linz* 1822).

HANS DIETER ZIMMERMANN

Auf der Suche nach dem Vater und dem Vater-Land

Laudatio zur Verleihung des Walther-von-der-Vogelweide-Preises in Bozen 1985

Es sind jetzt genau 50 Jahre, daß Franz Tumler mit der Erzählung *Das Tal von Lausa und Duron* seine schriftstellerische Laufbahn begann. Er war damals 23 Jahre alt. 1912 in Gries bei Bozen geboren, mußte er schon mit anderthalb Jahren den Geburtsort verlassen. Nach dem Tod des Vaters ging die Mutter mit den beiden kleinen Kindern zu ihren Eltern nach Linz zurück. Durch diesen Lebensweg in den ersten beiden Jahren werden Tumler die beiden wichtigsten Schauplätze seines literarischen Werkes gegeben: Südtirol und Oberösterreich. In den fünfziger Jahren kam er nach West-Berlin; das ist der dritte Schauplatz: Berlin. Ein vierter kommt hinzu durch die Nachbarschaft zu Österreich und Tirol: Italien.

In dem schönen Sonderheft der Zeitschrift »Arunda« zu Franz Tumlers 70. Geburtstag sind zwei Fotos abgebildet, die kurz vor dem Tode des Vaters 1913 auf der Terrasse des Hauses in Gries aufgenommen wurden. Eines zeigt die kleine Familie: links die Mutter mit dem Mädchen auf dem Arm, dem Säugling, in der Mitte auf dem Tisch sitzt der anderthalbjährige Junge, rechts der Vater, der den rechten Arm schützend hinter dem Jungen hält. Das zweite Foto zeigt den kleinen Jungen allein auf dem Tische sitzend; von links ragt aber noch eine Hand ins Bild, versehentlich, so scheint es: die Hand des Vaters, der bald darauf starb.

Der französische Schriftsteller Jean Paul Sartre berichtet in der Autobiographie seiner Kindheit »Les mots« (Die Wörter) von einer ähnlichen Situation, die Beginn und Anstoß seiner literarischen Laufbahn war: sein Vater starb, als er noch sehr klein war, die Mutter zog zu ihren Eltern, der Großvater wurde für ihn zur wichtigen Figur. Sartre erinnert an die Geschichte des Äneas, des sagenhaften Gründers von Rom, die Vergil uns erzählt: Äneas trägt auf den Schultern seinen alten Vater Anchises aus dem brennenden Troja heraus. So tragen alle Söhne, sagt Sartre, ihre Väter ihr Leben lang auf den Schultern; er aber sei frei davon. »J'ai laissé derrière moi un jeune mort qui n'eut pas le temps d'être mon père et qui pourrait être, aujourd'hui, mon fils. Fut-ce un mal ou un bien? Je ne sais.« (Ich ließ einen jungen Toten hinter mir zurück, der nicht die Zeit gehabt hatte, mein Vater zu sein, und der heute mein Sohn sein könnte. War das ein Glück oder ein Unglück? Ich weiß es nicht.) Sartre läßt dann aber durchblicken, daß er es eher für ein Glück denn für ein Unglück hält: es hat ihn, meint er, frei gemacht. Die Bücher, die er von seinem Vater erbte, waren ihm so banal, daß er sie später verkaufte.

Franz Tumler hat alle Notizen seines Vaters aufbewahrt, seine Sprachstudien fortgesetzt – gewissermaßen auch mit seinem literarischen Werk fortgesetzt. Franz Tumler hat seinen Vater angenommen, und damit das Land seines Vaters, Südtirol, als seine Heimat, nicht ganz freiwillig, wie er in einem späteren Nachwort zur frühen Erzählung *Das Tal von Lausa und Duron* berichtet:

> »Wenn ich als Kind in der Schule zu meinem Namen hatte sagen müssen ›geboren in Bozen‹, so war das nicht der einzige Ortsnamen von dort, den ich so früh schon gehört hatte. Mit diesem Geburtsort Bozen war ich aufgefallen in dieser oberösterreichischen Schule in Linz an der Donau, wohin meine Mutter nach dem Tode des Vaters gegangen war; wir wohnten bei ihren Eltern, meinen Großeltern; die stammten aus Wien ... Dort wuchs ich auf, und dort waren auch noch die Brüder meiner Mutter zu Hause; das heißt, sie kamen heim aus dem Krieg in Urlaub; und da eben hörte ich von ihnen in diesem selben Jahr 1917 den Namen Bozen wieder, und dann noch andere Namen: Folgaria, Val Sugana, Monte Pasubio, Monte Grappa. Es waren Namen von Orten der Etappe und der Front, mit dieser Bedeutung prägten sie sich mir ein als etwas, das in dem Land war, aus dem ich stammte. Und damals hörte ich auch zum erstenmal den Namen: Cesare Battisti. Mit etwas Vagem an Bedeutung: das war ein Mann von dort, der ›übergelaufen‹

> war, zu den Italienern, mit ihnen kämpfte, gefangengenommen worden war, und den die Österreicher dann gehenkt hatten.«

Dem heranwachsenden Jungen wird seine Herkunft bewußt: er ist nicht da zu Hause, wo er wohnt. Seine Heimat aber kennt er nicht, er muß sie erst kennen lernen, sie sich erst aneignen. Heimat also nicht als etwas Gewachsenes, sondern als ein bewußt Aufgenommenes. Das gibt Tumlers Darstellungen von Südtirol diesen nachdenklichen Ton; diese im Nachdenken sich vergewissernde Anstrengung. Dies wird noch verstärkt dadurch, daß diese Heimat sich selbst nicht ganz sicher sein kann, weil sie in die Kämpfe zwischen Österreich und Italien hineingezogen wird und 1918 als deutschsprachiges Land durch »diese ungerecht gezogene Grenze« zu Italien kommt.

Im Prozeß der Aneignung wird Franz Tumler sich freilich bewußt, daß da auch noch älteres Unrecht ist, von der anderen Seite, der Name Cesare Battisti steht dafür. Und dies ist nun die große Leistung Tumlers, daß er nicht nur seinen Vater aufnimmt und dadurch sein Vater-Land, sondern auch gewissermaßen den Vater der italienischen Seite: Cesare Battisti eben. In seinem großen Roman *Aufschreibung aus Trient* hat er diese beiden Väter nebeneinandergestellt, sie sind sogar befreundet als zwei Männer, die aufs Reelle, aufs Nüchterne gestellt sind, also auch für Verständigung einstehen. Verständigung setzt aber voraus, daß wir an unserem Eigenen festhalten *und* beim anderen dessen Eigenes akzeptieren.

1965 erschien dieser Roman, ein Datum, das die Leistung des Werkes erst deutlich macht: die Prozesse gegen die Carabinieri in Trient und gegen die südtiroler Rebellen in Mailand dauerten an, während Tumler schrieb. Tumler stellt die aktuelle Situation offen und fair dar, aber er gibt ihr die historische Dimension, indem er die Toten zum Reden bringt. Und das führt zum Versuch der Verständigung über die Gräben und Gräber hinweg. Der tote Cesare Battisti, der Freund seines toten Vaters, spricht:

> »Wir nahmen das öffentliche ›Nichtmehrsprechenkönnen miteinander‹ auch nicht so ernst, weil wir in Austausch und

Verkehr immerfort auf Gespräch angewiesen waren, und es deutsch und italienisch führten – dabei nicht vergaßen, was wir waren.«

Die Geschichte wird beredt; der Mann, der in Trient durch einen Autounfall festgehalten wird, der Ich-Erzähler des Romans, wird durch die Frau, mit der er reist, zum Reden gebracht:

»Eine Sprache der Freiheit, die sie ihm beibringt, und die er nie gelernt hat, weil er keinen Vater hatte, dem er sie hätte abhorchen können, und auch *gegen* den er sie hätte lernen können – sondern immer sagt: Vater, Mutter; und muß sich an Fotos halten, an das Aufgeschriebene, das sie ihm aufbewahrt haben von seinem Vater.«

Wir sehen hier, wie die Sprache mit der Herkunft verknüpft ist, wie Mutter-Sprache und Vater-Land zusammenhängen, wie der fehlende Vater die fehlende Sprechfähigkeit begründet.

Schriftsteller sind Menschen, denen das Schreiben schwerfällt, ist ein Satz Thomas Manns. Franz Tumler ist ein Schriftsteller, dem das Schreiben *und* das Sprechen schwerfällt. Die Rückkehr in die angenommene Heimat: das hieß ja, die Worte, die Namen, die er gehört hatte, in der Wirklichkeit aufsuchen und dann die Wirklichkeit, die er anders als beschrieben fand, neu benennen. Und dann wieder Weggehen und sie im Namen mit sich nehmen.

Gehen wir noch einmal zu *Das Tal von Lausa und Duron* zurück. 1926 kam der 14jährige zum erstenmal auf Besuch in den Vintschgau, woher der Vater stammte; 1932 kam er wieder und fand den Stoff für seine erste Erzählung, in der er – erstaunlich genug – nun die neben der deutschen und der italienischen dritte Sprach- und Volksgruppe darstellte, die kleinste und deshalb am meisten bedrohte: die ladinische. Und dies angestoßen durch die ladinischen Sprachstudien des Vaters.

Wie ist diese Erzählung entstanden? Das ist aufschlußreich für Tumlers ganzes weiteres Werk. In einer ersten Fassung berichtete der Erzähler von seinem tatsächlichen Besuch im Eggental und der tatsächlichen Begegnung mit einem Ehepaar, der Mann mit einer Beinprothese, der seiner Frau die Stellungen des ersten

Weltkriegs zeigt, dann erst kam der erfundene Teil: Rückblick auf ein ladinisches Dorf zwischen den Fronten. Dieser Rückblick blieb in der zweiten, endgültigen Fassung stehen, das Erfundene also, das ist jetzt die Erzählung, sie rückt das historische Geschehen ins Sagenhafte. Auch im späteren Roman *Der Ausführende* dominiert noch die Erfindung, auch dieses Werk handelt wie *Das Tal von Lausa und Duron* nicht vom Besitz, sondern vom Verlust der Heimat. Selbst *Der Soldateneid,* nach dem sogenannten Anschluß Österreichs an Nazi-Deutschland geschrieben, handelt noch vom Verlust der Heimat, diesmal Österreichs, das in Deutschland untergeht. Der Erzähler stellt das Problem deutlich dar als Konflikt österreichischer Soldaten, deren Eid sie verpflichtet hätte, gegen Deutschland zu kämpfen, doch der Erzähler ist parteiisch: führt er auch beide Seiten vor, so plädiert er doch für eine, für den Anschluß, als sei damit endlich die Heimat gefunden, als sei damit die Zerreißprobe der Geschichte endlich im Mythos zum Stillstand gekommen. Es war eine Täuschung, der viele verfielen. Eine Täuschung, für die viele bitter bezahlen mußten, nicht zuletzt die, die ihr nicht anhingen. Dem Autor wurde die Täuschung bald bewußt. Wie er sich zur Erkenntnis durcharbeitete und welche Konsequenzen er daraus zog, läßt sich an seinen Werken von da an ablesen. Tumlers Skepsis, sein zögerndes Schreiben hat hier seine zweite Ursache: im zeitweisen Irrtum des Autors.

Für den Erzähler hatte das noch eine andere Konsequenz: das Erzählen erfundener Geschichten, das im *Tal von Lausa und Duron* seinen Anfang und Höhepunkt fand, endete damit. Der Erzähler war mißtrauisch gegen das Erfundene geworden. Die Beschreibung des Selbstgesehenen, Selbsterlebten, in der frühen Fassung von *Das Tal von Lausa und Duron* getilgt, nimmt er wieder auf, zunächst durch ein Tagebuch während des Krieges, das noch nicht veröffentlicht ist, nur ein kleiner Ausschnitt war zu lesen; es ist die nüchterne Beschreibung des Soldatenalltags. Danach kam *Die Heimfahrt* am Ende des Krieges von Norddeutschland nach Österreich und *Das Schloß in Österreich,* ein Ort für die durch den Krieg Vertriebenen, und so geht es weiter bis zu *Aufschreibung aus Trient* und *Pia Faller:* Selbstgesehenes wird zum Stoff seiner Werke.

Was Tumler in seinem Aufsatz *Warum ich nicht wie Adalbert Stifter schreibe* als Unterschiede zwischen seiner Arbeit und der des bewunderten Adalbert Stifter hervorhebt, sind Merkmale seines Schreibens von da an, also vom Ende des zweiten Weltkrieges an. Tumler schreibt dort:

> »... zwei Punkte von Unterscheidung, und sie scheinen mir mit dieser Frage ›wo man herkommt‹ zusammenzuhängen. Bei Adalbert Stifter ... kommen Personen vor, die nach dem allgemein Menschlichen streben, nach allseitiger Entfaltung ihrer Kräfte. Und nicht nur das: es sind Personen, für die der Autor vielleicht hier und da ein Modell vorgefunden hat, aber sie sind dann in ihrer eigenen Welt und haben mit dem, was er selber ist, wenig zu tun. Darin ist Stifter ein Romancier, ein Erzähler. Solche Personen darzustellen war mir, wenn ich es richtig bedenke, nie vergönnt. Ich konnte etwas abschreiben von wirklich gesehenen Personen, in einer Art photographischer Treue, oder auch mit Transposition solcher Eindrücke; und das sah dann manchmal aus wie Erzählung, nämlich so, als würden sich die Personen meiner Geschichte unabhängig bewegen, als von mir getrennte Wesen in der ihnen eigentümlichen Welt. Aber im Grunde konnte ich immer nur etwas von mir selber schreiben, verdeckt, verhüllt, verschlüsselt; ich war in dem Sinn kein Erzähler.
>
> Mit dieser Unterscheidung scheint mir eine andere zu korrespondieren ... Von Adalbert Stifter ist bekannt, daß er in seiner Jugend auch Gedichte geschrieben hat. Sie stammen hauptsächlich aus seiner Kremsmünsterer Studienzeit, sie sind konventionell, unbedeutend, ohne Spur poetischer Kraft. Die wahre Kraft seiner Sprache ... war vom ersten Augenblick an im großen Flug der Erzählung. Ich hatte früh angefangen, und zuerst mit Gedichten, und habe auch in meinen Erzählungen diesen Punkt vielleicht nie ganz verlassen: daß ich sie schrieb wie Gedichte oder mit einem Hintergrund von Beschwörung der Dinge, wie sie sich im Gedicht vollzieht. Sie sichtbar zu machen, hervorzurufen im Augenblick – und nicht, sie zu erzählen.«

Er erzählt nicht, d. h. er erzählt keine erfundenen Geschichten, sondern er berichtet mehr oder weniger verdeckt von sich selbst, aber nicht so sehr von sich als Person, sondern vielmehr von dem, was er sieht, wahrnimmt, denkt; deshalb das zweite Merkmal: dieses Wahrgenommene hält er im Wort fest, ein Lyriker auch in der Prosa; er gibt den Dingen ihren Namen und dadurch gibt es die Dinge überhaupt erst für uns, weil wir sie erst im Namen besitzen. Diese beiden Merkmale seines Schreibens führen auch zu den beiden Polen seines Werkes, wie mir scheint: der Geschichte und der Sage, oder gewichtiger gesagt: dem Mythos. Mit seinem eigenen merkwürdigen Satz zu sprechen: »Je nüchterner man ist, umso eher stellt sich die Sage ein.«

Ich verstehe das so: das Selbsterlebte ist das Historische, das Geschehene, die magische Beschwörung durch das lyrische Wort geht ins Sagenhafte, ins Mythische. Franz Tumler mythologisiert und entmythologisiert gleichermaßen, er arbeitet in beide Richtungen. Hinter der ins Mythische gewachsenen Figur des Andreas Hofer macht Tumler durch eingehende Untersuchung in seinem großen Buch *Das Land Südtirol* die historische Person wieder sichtbar: den Menschen in seiner Menschlichkeit. Dies als Beispiel der Entmythologisierung. Die historische Person seines eigenen Vaters dagegen, der Mensch also, von dem er nur Informationen aus zweiter Hand hat, wird gerade durch die Versuche, ihn zu benennen, ihn zu beschwören in dem Roman *Aufschreibung aus Trient* ins Überdimensionale, ins Mythische gehoben. Cesare Battisti, der von seinem Denkmalssockel in Trient spricht, eben in *Aufschreibung in Trient,* wird durch seine Rede vom Monument zum Menschen, also entmythologisiert.

Tumlers Unsicherheit im Denken und Sprechen führt zur Skrupelhaftigkeit in der Darstellung, führt zur Genauigkeit. Die Genauigkeit wiederum kommt aus Ehrlichkeit sich selbst *und* dem Leser gegenüber. Das spürt der Leser auch da, wo er anderer Ansicht als der Autor ist. Diese Ehrlichkeit und diese Genauigkeit machen seine moralische *und* literarische Qualität aus. Lassen Sie es mich mit den Worten des verstorbenen triestiner Kritikers Roberto Bazlen sagen; was Bazlen über Tumlers Erzählung *Der Mantel* schrieb, gilt für alle späteren Arbeiten Tumlers:

»Er ist der einzige passable *nouveau roman* nicht nur Deutschlands, er hat Substanz, ist unaufdringlich und harmonisch wie nicht einmal die besten *nouveaux romans* aus Frankreich ... Es ist ein (im besten Sinne des Wortes) bescheidenes Buch, es hat ein Thema, es hat Intensität, ... und es ist notwendig. Es ist nicht so artistisch und frigide wie die hochintelligenten Bücher von Butor etc. und hat auch weder die pompöse Gravität gewisser Deutscher, noch die inflationäre und überhitzte Verve anderer Deutscher.«

Franz Tumlers europäischer Rang wird hier bestätigt.

Das Kulturwerk für Südtirol, das Südtiroler Kulturinstitut, wenn ich das als Außenstehender sagen darf, ehren mit diesem Preis Franz Tumler *und* sich selbst. Der Preis ist ein Geschenk an Franz Tumler, Tumlers Werk ist ein Geschenk an das Land Südtirol, kein einfaches Geschenk, zugegeben, es ist eigenartig und eigenwillig – darin eben den Menschen in diesem Lande ähnlich. Man kann aus diesem Werk Tumlers lernen, wie aus einem Mangel, nämlich dem frühen Verlust des Vaters und der Heimat, ein Gewinn werden kann, allerdings nicht ohne Leiden und Anstrengung. Und ist das nicht auch diesem Lande ähnlich, das ebenfalls aus einem Mangel, dem Verlust des natürlichen Vaterlandes Österreich, einen Gewinn macht, allerdings nicht ohne Leiden und Anstrengung, nämlich ein Modell der Verständigung, bei dem die beharrlich bewahrte regionale Eigenständigkeit *nicht* im Widerstreit zu übernationaler Übereinkunft steht. Die regionale Eigenständigkeit ist sogar deren Voraussetzung, wie wir aus Franz Tumlers *Aufschreibung aus Trient* lernen können.

WILHELM BURGER

Laas im Werk Franz Tumlers

Ein Ort zieht sich wie ein Leitmotiv durch Tumlers Werk: das im Vintschgau, einem Tal in Südtirol, gelegene Dorf Laas mit seinem Marmorbruch. Schon in der *Geschichte aus Südtirol,* seiner frühesten, aber erst im Jahre 1936 veröffentlichten Erzählung, besucht ein junger Mann, der sich als »Davongelaufener und Heimatloser«[1] sieht, seine Verwandten in Laas und prüft den Ort als verlorene und mögliche neue Heimat. Von dem Marmorbruch, dessen Stollen in 2400 m Höhe in den Berg führen, so daß sich ein »großes Loch wie ein riesiger Dom«[2] auftut, ist er mehr als beeindruckt: er möchte dort arbeiten und bleiben.

Doch die Geschichte endet mit der Abreise, im Zug nach Deutschland: »Er weint. Die Reisenden sehen auf den großen Jungen und werden still.«[3] Von den vielen Gedanken, die er sich vorher gemacht hat, bleibt vor allem der eine als Maxime: »Sich unterscheiden, und auch um den Preis des Zerwürfnisses, lieber im Elend die Hände brauchen, ohne Hoffnung, ein ganz einzelner, als sich die Heimat schön einbilden, der man doch längst entlaufen ist.«[4]

Für die starke Anziehung von Laas zunächst biographische Gründe: Franz Tumler ist am 16. Januar 1912 in Gries bei Bozen geboren. Sein Vater stammt aus dem mittleren Vintschgau, er ist geboren in Schlanders, die Verwandtschaft lebt in Laas. Der Vater verläßt dieses rauhe, noch archaisch geordnete Tal und wirkt nach einem Studium der klassischen Philologie und mit der Doktorwürde der Philosophie als Lehrer in Bozen.

> »Allzufrüh ereilte ihn hier der Tod, am 27. November 1913 schied er, tief betrauert von Frau und Kindern, von Kollegen und Schülern, aus einem arbeitsreichen Leben. Mit rei-

chen Kenntnissen und mit dem Ernste des Forschers ausgestattet, dabei von glühender Liebe zur Heimat beseelt, konnte Prof. Tumler die Früchte seines schriftstellerischen Schaffens leider nicht mehr selbst der Öffentlichkeit übergeben.«[5]

So schreibt Dr. Karl M. Mayr im Vorwort zu einer Schrift Franz Tumlers über »Herkunft und Terminologie des Weinbaues im Etsch- und Eisacktale«, die erst 1924 aus dem Nachlaß gedruckt werden konnte.

Und wie Mayr hofft, damit »den Manen des Verstorbenen gerecht zu werden«[6], mag es für den Sohn, noch ein Kind, wie ein Auftrag aus dem Jenseits anmuten, wenn der tote Vater sich so zu Wort meldet und so zur Sprache kommt. Schwierig wird es, unter diesen Vorzeichen seine Identität zu finden. In der bereits erwähnten Erzählung kommt es kaum verhüllt zur Sprache, wenn sich der Held »unter dem Schatten des Vaters«[7] sieht: zu Besuch bei Leuten, »die ihn nach dem Bilde des Vaters maßen, dem mußte er, so hatte er vor ihren Augen gespürt, nachkommen ...«[8]

Andererseits eröffnet sich dem Sohn, der nach dem Tod des Vaters, also schon im zweiten Lebensjahr nicht mehr in Südtirol, sondern in der Heimat der Mutter, in Linz an der Donau, lebt, mit Südtirol und dem »Abgeschnittensein« von der realen Welt des Vaters eine Gegenwelt, ein Raum der Imagination. Die beiden Orte sind nicht nur geographisch verschieden. Als »Vaterland« wird Südtirol zur anderen, unbekannten, geheimnisvollen Heimat. Damit auch zum Ort der Vater- und Identitätssuche, noch in *Das Land Südtirol* (1971) heißt es: »Alles, was ich von Südtirol erfuhr, gehörte für mich zu dem Bild, das ich mir von meinem Vater machte; daher hatte es für mich Bedeutung wie eine mir eigene Sache.«[9]

Das »Gefühl des Daseins aus zwei deutlich verschiedenen Hälften«[10], von Tumler schon früh als »Grundfigur« seines Lebens genannt,[11] wird in mehrerlei Hinsicht produktiv. Schon das spätere künstlerisch vermittelte Gestalten der Natur steht im Gegensatz zur ersten, unmittelbaren Erfahrung:

»Ich hatte keine, sich von selbst verstehende Anschauung der Natur und ich hatte in dem Sinn auch kein Interesse für sie. Meine ›Natur‹ – wenn ich mir meine ersten Erinnerungen heraufrufe – war die stillgelegte Elektrische im Jahr siebzehn, als ich die Schule anfing und wir jedes eine Einkaufstasche Kohlen mitbringen mußten, damit das Klassenzimmer geheizt werden konnte. Meine Natur war die Wohnung an der Endstation dieser stillgelegten Elektrischen und dahinter die Gasfabrik und weiter unten die Donau. Meine Natur war ein Widerstreben gegen die Zumutung, in ihr Wanderungen zu unternehmen.«[12]

Im Jahr 1933 lernt Franz Tumler dann die mit Namen und Ahnungen besetzte Heimat des Vaters erstmals durch einen längeren Besuch kennen. Südtirol wird ihm zu einem Ort der Inspiration. In der »Nachschrift« zur Insel-Ausgabe von *Das Tal von Lausa und Duron*[13] gibt Tumler Einblick in die Entstehung dieser Erzählung. Hier können nur kurz die Momente bezeichnet werden: Vater – dessen Heimat Südtirol – Papiere von dessen Forschungen zur ladinischen Sprache – ladinische Sagenwelt – Besuch in Südtirol als »ein Heranwachsender, der sich als Person zu bestimmen trachtet«[14] – Annäherung an einen Ort, den er »als Heimat erkennen wollte«[15] – gesteigerte Aufmerksamkeit, so daß möglicherweise »einem begegnet, was man schon mitbringt«[16] – Spuren von »Verwandtschaft« – »Zurückgehen wie hinter eine Wand«[17]. Den konkreten Ausgang nimmt die Erzählung dann von dem tiefen Eindruck, den einige verlassene Häuser in einem entlegenen Seitental in den Dolomiten hinterlassen. Tumler berichtet davon:

»und wenn ich später an meine Wanderung dachte, standen mir als erstes immer diese stummen, verlassenen Häuser vor Augen, als wären sie das deutlichste Bild meiner Heimat, wahrer als die andern wirklichen ›belebten‹ Orte.«[18]

Noch die gefundenen Namen »Lausa« und »Duron« schreibt Franz Tumler – zwischen »Zufall« und »Einfluß des Gegenstandes« – auf die leeren Seiten eines Notizbuches des Vaters, das zwischen dessen hinterlassenen Papieren und Manuskripten gelegen hatte.[19] Es deutet sich an, wie hier jemand seine Identität im Schreiben findet, indem er das Lebenswerk eines Toten fortführt.

Für das Ineinander von »belebt« und »unbelebt«, auch von Stein und lebendigen Menschen bietet Südtirol weitere Anhaltspunkte. Schon die ladinischen Sagen haben an diesem Aspekt Anteil, nicht nur im Außen-, sondern im Innenleben begegnet das Motiv des Seins. So herrscht etwa in der Sage »Die Königin der Crodères« eine Königin Tanna in den wilden Bergen der Marmaròles über diese »Felsensöhne«, die weder Leid noch Liebe kennen, weil sie »steinerne Herzen« haben.[20] Oder im Kapitel »Ladinisch« des Südtirol-Buches zitiert Tumler das Conturina-Lied eines in die Marmolèda eingemauerten Stiefkindes: »Ich bin aus Stein und rühre mich nicht, ich bin aus Felsen an der Marmolèda, ich bin ein verlassenes Mädchen, und ich weiß nicht warum.«[21]

Auch das Dorf Laas wird nicht einfach zum lebendigen Spiegelbild neben dem Lager der Marmorblöcke, sondern ist selbst häufig als »Dorf aus Stein«[22] charakterisiert, »ein Steingehäuse«[23], in dem wenig geredet und hart gearbeitet wird.

Die Erzählung »Besuch in der alten Heimat« (1959) führt wieder nach Laas, zwischen »die knochenweiße Blendung des Marmorlagers«[24], und beschreibt den Alltag, in dem die Tätigkeiten der Verwandten »nicht eine Sage, sondern blinde Arbeit«[25] darstellen. Vom gemeinsamen Abendessen heißt es:

> Man hat wenig zu reden, man hat auch nach dem Essen wieder zu beten: Vaterunser und Englischen Gruß; und bei der Stelle ›Und das Wort ist Fleisch geworden und hat unter uns gewohnt‹ machen alle eine Kniebeuge.«[26]

Der tote Vater des Besuchers ist im Angedenken der Bauern lebendig: mit der Anregung »Pflanzt Bäume!« hat er den Bauern in der Arbeit vorangeholfen. Dem Sohn wird das immer wieder erzählt, und er »hat das Wort behalten«.[27]

Erwähnenswert ist sicher, daß zahlreiche überlebensgroße Vaterfiguren – Statuen und Denkmale aus Laaser Marmor gearbeitet wurden. In einem späten Text, »Das Denkmal im Schuppen« (1977)[28], findet Franz Tumler eine solche Figur, den Kaiser Franz Josef, nicht auf dem Sockel, sondern eben in einem Schuppen in Laas, am Boden. Sie wurde nach 1918 nicht mehr abgeholt, weil sie nicht mehr gebraucht wurde. Was »für den Blick von unten gedacht«[29] war, kann hier aus der Nähe auf seine Machart geprüft werden. Damit ist ein neuer Ton angeschlagen, davor liegt Tumlers große Auseinandersetzung mit Vater und Vaterland in der *Aufschreibung aus Trient* (1965).

Auch hier begegnet mit dem ersten Satz der Marmor als Chiffre, wird zum Zeichen für die Nähe des Vaters, gerade in der Distanz, die dieses Material verkörpert. Vom Marmorfußboden des Hotels, in dem der Erzähler vorübergehend wohnen muß, führt der Text in stets neuen Nennungen zum Grabstein des Vaters aus weißem Marmor, der wiederum vor dem »weißen Gebirge aus aufgetürmten Marmorblöcken« steht.[30] Und die Stimme des toten Cesare Battisti spricht es aus: für ihn ist ein Besuch in Laas bei den Verwandten des Vaters »wie ein Besuch bei ihm, der nicht mehr am Leben war.«[31]

Nicht mehr allein, sondern im Gespräch mit »der Frau« erschließt sich nun die Heimat und das Verhältnis zum Vater neu. »Aber niemand braucht ein nachgemachter Vater zu sein«,[32] lautet ein wichtiger Satz auf dieser neuerlichen »Selbsterkundung«[33]. Ziel wird es – im Politischen wie im Individuellen – nicht mehr auf »Anschluß« aus, sondern »bei sich selber zu Hause« zu sein,[34] dies auch als Selbsterkenntnis und Selbstkritik.

Wie sich der Erzähler im Gespräch öffnet, die Grenze von Innen und Außen durchlässig wird, weil das Eigene bestimmt ist, wird auch nicht mehr die Grenze des Heimatlandes geschlossen gehalten, wie das noch in *Der Ausführende* (1937) dargestellt, aber damals schon als verhängnisvoll geschildert wird; jetzt werden Toleranz und Miteinander der Südtiroler und Italiener entschieden gefordert.

Am Ende der *Aufschreibung* geht der Blick des Erzählers über Trient, über Grabsteine und Marmorfiguren, wie über eine »zweite Bevölkerung der Stadt«, neben den »Einwohnern aus Stein«[35]:

»Und ein Reklameschild, eine Schreibmaschine, auf Blech in Leuchtfarben gebrannt, die auch bei Mittag leuchten – und alles vergrößert, die Tasten wie ein Pferdegebiß, das Papier Schnee, der Schnee Marmor, der Marmor lebendiges Fleisch, das dir zuwinkt in der Drehung der Straße.«[36]

Hier sind noch einmal die verschiedenen Motive miteinander verknüpft: das Schreiben, die Gleichsetzung von Papier und Marmor, die beiden Materialien für die luftigste wie festeste Kunst, die Erinnerung an den Vater, dessen Grab auch in der Kurve einer Straße steht, und das Winken als Gruß zum Abschied und zur Ankunft, und die Bewegung.

Der Aufenthalt endet erneut »in dieser äußeren Zähigkeit von Fahren und sich Losbringen«.[37] Schon der »Ausführende« sah sich als Gespenst über die Erde fliegen,[38] und noch in *Pia Faller* (1973) fährt der Erzähler auf der Autobahn, im Rausch wie außer Raum und Zeit, an allem vorbei, die Städte sind »Gefängnisse«, »Menschen und Orte von Mauern umschlossen«.[39] Er wendet sich »gegen die Zumutung von Heimatwelt«,[40] gegen das »Sitzen« der Pia Faller,[41] die an einem Ort geblieben ist, die Zeit im bürgerlichen Leben hingebracht, sich um den Besitz und die kleine Welt der Familie gekümmert hat.

Spricht Pia von ihrer Person »wie von Niederlassung einer ganzen Welt, obwohl es nur sie selber war, und die Beziehung zur Familie ihres Sohnes«[42], beschreibt der Erzähler für sich eine andere Bewegung: »Weiterhinausgehen, *nicht* auf ein Ziel.«[43] Damit sind die beiden Pole benannt, die zu dieser eigentümlichen Bewegung von »Hin und Her«[44] führen.

Am Ende von *Das Land Südtirol* (1971) steht Franz Tumler vor seinem Vaterhaus und fragt sich, warum es ihn immer hinaus auf die Straße zieht, sieht dabei einen Mann, der schon jahrelang in Südtirol hin- und her wandert, von Armenhaus zu Armenhaus:

»Da hatte ich zum ersten Mal auch etwas Ungesagtes von meinem Vater verstanden: Bleib nicht, geh hinaus auf die Straße, geh weiter hinaus, komm zurück, aber geh wieder hinaus; und immer so: Nichtbleiben, Hinausgehen, da kommst du zu Leben. Geh, geh; wenn du gehst und sprichst, schneiden deine Wörter die Luft entzwei, und so weit die Luft von Wörtern durchschnitten ist, ist der Mensch gekommen. Die Müdigkeit hält dich nicht auf, Krankheit hemmt dich nicht, und so weit deine Wörter schneiden, bist du voran. Geh nicht schön, wisch dir den Rotz ab, eines Tages bist du in Rom. Schau dir den Fluß an, graues Gebirgswasser, aber es ist Wasser wie zerriebener Stein.«[45]

ANMERKUNGEN

1 Franz Tumler, Geschichte aus Südtirol, in: »Das Innere Reich«, Jg. 3.1 (1936/37), S. 345
2 Ebd., S. 152f.
3 Ebd., S. 371
4 Ebd., S. 142
5 Franz Tumler, Herkunft und Terminologie des Weinbaues im Etsch- und Eisacktale, aus dem handschriftlichen Nachlasse herausgegeben von Karl M. Mayr, Innsbruck 1924, S. 3
6 Ebd., S. 3
7 Franz Tumler, Geschichte aus Südtirol, S. 144
8 Ebd., S. 144
9 Franz Tumler, Das Land Südtirol, München und Zürich 1984 (=Serie Piper 352), S. 9
10 Franz Tumler, Der Schritt hinüber, Ein Selbstporträt, in: »Welt und Wort«, 12. Jg. (1957), S. 79
11 Ebd., S. 79
12 Franz Tumler, Warum ich nicht wie Adalbert Stifter schreibe, in: Uwe Schultz (Hrsg.), 15 Autoren suchen sich selbst, München 1967, S. 149
13 Franz Tumler, Nachschrift, in: Ders., Das Tal von Lausa und Duron, Frankfurt/M. 1966 (=Insel-Bücherei Nr. 881), S. 81–99 – Vgl. die Übernahme in Ders., Das Land Südtirol, S. 240–245
14 Franz Tumler, Nachschrift, S. 82
15 Ebd., S. 94
16 Ebd., S. 93
17 Ebd., S. 83
18 Ebd., S. 94
19 Ebd., S. 96
20 Vgl. Karl Felix Wolff, Dolomitensagen, Innsbruck – Wien – München 1959 (10. Aufl.), S. 117–127

21 Franz Tumler, Das Land Südtirol, S. 236 – Vgl. auch K. F. Wolff, Dolomitensagen, S. 356–358

22 Vgl. etwa Franz Tumler, Aufschreibung aus Trient, Frankfurt/M. 1982 (=Fischer Taschenbuch 5753), S. 179

23 Ebd., S. 191

24 Franz Tumler, Besuch in der alten Heimat, in: »Neue Deutsche Hefte«, Jg. 6 (1959/60), S. 685

25 Ebd., S. 677 – In »Das Land Südtirol« wird Tumler gerade diesen Aspekt für die Bestimmung von »Heimat« hervorheben: »die Heimat als Arbeitsort – nicht als Wort ›Heimat‹ oder als etwas, aus dem Geschichte entsteht.« (S. 42)

26 Franz Tumler, Besuch in der alten Heimat, S. 677 – Vgl. auch Ders., Aufschreibung aus Trient, S. 205

27 Franz Tumler, Besuch in der alten Heimat, S. 673 – Vgl. auch Ders., Aufschreibung aus Trient, S. 113

28 Franz Tumler, Das Denkmal im Schuppen, in: »Die Presse« vom 15.1.1977, S. 29f.

29 Ebd., S. 29

30 Franz Tumler, Aufschreibung aus Trient, S. 5–11

31 Ebd., S. 200

32 Ebd., S. 169

33 Ebd., S. 187

34 Ebd., S. 116

35 Ebd., S. 244

36 Ebd., S. 244

37 Ebd., S. 246

38 Vgl. Franz Tumler, Der Ausführende, München 1937, S. 180 – Vgl. auch die Verknüpfung der Motive des Schattens (Zakum als Schatten Taratons wie ein zweites Ich, S. 232f.), des Totseins (»Ich, Taraton, bin tot!«, S. 203) und des zugehörigen »Elements«: Stein. (S. 295) Taraton gehört auch in die Reihe der in der Heimat Fremden.

39 Franz Tumler, Pia Faller, München 1973, S. 65f.

40 Ebd., S. 168

41 Ebd., S. 178f.

42 Ebd., S. 167

43 Ebd., S. 63

44 Franz Tumler, Aufschreibung aus Trient, S. 115 und S. 123; Ders., Das Land Südtirol, S. 418f.

45 Franz Tumler, Das Land Südtirol, S. 419f.

Schriftsteller zu Franz Tumler

Wolfgang Koeppen
Oknos

Als Franz Tumler in das Prinz-Carl-Palais kam, das unseren Versammlungen Obdach gewährte, begegnete ich ihm zum erstenmal. Ich dachte an Bozen. Das war vorgezeichnet. Ich kannte aber auch Bozen nicht, oder nur ein wenig, vom Hörensagen. Der Herr von Wolkenstein war in die Stadt geritten. Ein Blumenmarkt, Obststände, Fässer, die Schilder alter Gasthöfe, ihre Fabeltiere. Gut anzufassen das trockene Fell der Haflinger Pferde. Andere Vorstellungen vom Süden ganz allgemein: Esel, die Lasten tragen und geschlagen werden. Ich traf Joachim Moras, der nach dem Krieg in München den »Merkur« redigierte, in einem Schwabinger Weinkeller. Moras reiste gern nach Bozen. Für ihn waren es Ausflüge ins Lateinische. Er kaufte sich in Bozen einen Mantel aus Tiroler Loden. Er liebte diesen Mantel und trug ihn bis zum frühen Tod. Es gab in München auch das Lokal »Zu den Dolomiten«. Es saßen dort an ungedeckten Tischen amerikanische Soldaten und ihre Freundinnen. Wir aßen Spaghetti Bolognese und tranken roten Wein. An der Wand hing ein Gemälde in Fassadenfarben, das Schloß zu Mantua. Gespeichertes Geschichtsbewußtsein: das glückliche Österreich, die finsteren Habsburger, Andreas Hofer in Banden. Das war falsch. Franz Tumler reichte mir die Hand. Er war ein Römer, der einen Weinstock prüft. Er ist aber ein Etrusker. Mann und Weib im Verhältnis von Ei und Schlange; hat Göttlichkeit durch die Mächte der Erde. Ich denke an Oknos, den Geweihten der Mysterien. In sich gefestigt, in ruhiger Betrachtung, die geduldige nagende Eselin am Mirakel des Seils. Franz Tumler, der Seilflechter. Wie Oknos ist er zufrieden, das Seil zu flechten und es verschwinden zu sehen im sanften Maul der schönen, lieben Eselin zu seinen Füßen. Doch nicht genug! Franz Tumler ist noch

Seilspanner, einer der Harpedonapten, ein Mathematiker, ein Architekt, der immer wieder den Pythagoräischen Lehrsatz beweist und die Tempel baut; mag sein in Ägypten schon die Pyramiden. Franz Kafka sah im Seil ein Instrument, um stolpern zu machen. Franz Tumler werkte, so weit ich ihn verfolgt habe, in Volterra, Trient und Berlin. Ich meine seine Aufschreibungen. Volterra und Berlin sind mir angetraute Wesen. In Trient stand ich vor dem Eiskaffee unter unserer fahrenden Jugend. Des Oknos Seil spindelte nur so ab. Eselinnen kauten in Herden Gefrorenes und liefen, ohne es zu wissen, in Nietzsches Schuhen. Eine weit vorangeschrittene Zeit. Ich ging zu dem Brunnen vor der Kirche. Das Wasser ist im Süden heilig. Es war nicht viel, was ich von Trient hatte. Aber immmerhin etwas. Erst an Tumlers Hand, in der Ordnung seiner Sätze erreichte ich die Stadt. Das war die Landschaft eines Architekten. Die Geschichte lag auf dem Reißbrett. Ein Plan, am Abend in der Transparenz der untergehenden Sonne zu betrachten. Volterra so brennend und so kalt! Volterra in seiner Stille. Volterra, von so viel Winden heimgesucht. Gefangen, abgewiesen, zutiefst beschämt steht der noch Lebende vor den geschlossenen Gräbern. Berlin aus dem Fenster einer Wohnung gesehen, gestern, heute, Röntgenfilm aus Wörtern, innerer Monolog nicht in Dublin, Aufschreibung der Stadt in rasender Bewegung ihrer dramatischen Epochen und stillen Episoden in den Bereichen der Unteren und der Oberen. Und jedes Bild mit scharfem Stift in den immer klaren, den immer hellen und schließlich leuchtenden Grundriß gesetzt.

PETER HUCHEL

Bei Wildenbruch

Für Franz Tumler

Eine Distel,
deren Gedächtnis der Wind zerfasert.

Pferde mit blitzenden
Brustblattgeschirren.

Im durchsonnten Wasser
der messerscharfe Schatten der Fische.

Bald frißt der Nebel
aus der Krippe kahler Äste.

Das Geständnis des Jahrs, die Krähe
trägt es in die weiße Finsternis des Himmels.

WALTER HÖLLERER

Zurufe

Für Franz Tumler

Stelle dir vor: du gehst deinen Weg, lange Zeit. Stelle dir vor: du siehst einen, der seinen Weg geht, über lange Zeit. Du siehst ihn immer wieder einmal – zum Beispiel über ein breites Tal hinweg. Du siehst ihn, auf einem Grat über dir. Dann verschwindet er dir aus den Augen. Du weißt aber, daß er in deiner Nähe, in diesem holprigen Gelände, seinen Weg geht.

Dann siehst du ihn: du hast dich über eine Wand gebeugt. Tief unten sitzt er, in einem Schattenplatz. – Ja, einmal siehst du ihn auf einem Wettermantel, an dir vorbeifliegen.

Einmal sitzt er *neben* dir, vor einem fast fensterlosen Haus. – Und er hat jedesmal einen Zuruf für dich.

Jedesmal einen anderen. Kurze Rufe – die etwas von ihm sagen, und die es ohne Drumherum *dir* sagen; Berufsrufe, wenn du so willst; oder als Berufsrufe vorgeschickte, mehr an einen inneren, engeren Ohrraum adressierte Rufe; *für-dich-Rufe* – sie könnten schwer aufs Papier gebracht werden.

In einer Zeitung könnte darüber höchstens stehen: »Am soundsovielten wurde in der Nähe von x am Abzweig zu z der Autor y beobachtet, der, ohne daß ein Grund ersichtlich gewesen wäre, auf eine Fichte sah. Er stand in der typischen Haltung einer Person, die etwas wahrnimmt, was sie, die Person, sichtlich betrifft. Er seinerseits rief dann etwas in Richtung Fichtenbaum. Einen Zuruf. Dann setzte er seinen Weg fort.«

In keinem Bericht steht der Wortlaut der Rufe. Waren es Wörter wie »Aux Departs«? Oder: »Wüstes Feuerwerk?« Andere meinen, es habe geheißen: »Hier gibt's Kaffee!« – oder: »Vorsicht, Kraken!«

Nein, nein. »Ich lehn' hier, angenehm, an den Planken!« soll es einmal geheißen haben – und aus der Gegenrichtung: »Als hätte ich's geträumt!«

Der andere geht da mit einem schweren Koffer über das Feld. Er nickt dir zu, ein leicht ironischer Kopfruck nach oben, über die Schulter, und mit diesem Augenzwinkern: »Du wirst schon wissen, wie du da hinkommst, mit diesem Ding!« »Gewissermaßen blind!« Du siehst, daß er hart unterwegs ist, mit seinem Koffer. Du nimmst den deinen auf, den du abgestellt hast. »Erforschung der Hölle.« Schon wieder eine andere Verhörung im Ohr.

Ach was – du siehst ihn in den Wellen, an seinem Mast den Fetzen des roten Segeltuchs. Du siehst: er lacht ein wenig zu dir herüber.

Er ruft was, das wird halb verschluckt im Lärm. Du hast ja mit deinem eigenen Segelfetzen zu tun – aber du siehst ihn, du hörst ihn. Und du legst deine Hand an den Mund, rufst was hinüber. – Du kennst sein Handwerk, er kennt deines. – Du siehst, wie er sich aufrecht hält. Er sieht dich: wie du, in diesem Moment, gerade noch aufrecht bleibst. Das ist kein Geschäft, wo es Hilfen gibt, Hilfsstellungen. Aber du hörst: den Zuruf.

Das ist ein Laut, den du schwer missen kannst. Das ist ein Laut, den dir niemand ersetzt.

Unregelmäßig hörst du ihn, unroutiniert. Das reicht lange zurück. Manchmal meinst du, du hast den Zuruf geträumt. Er ist nicht weniger wirklich deswegen, nicht geringfügiger bezogen auf ihn, der mit dir, und auf Wegen, die in Kurven, Parallelen und spitzen Winkeln zu den deinen verlaufen, *seinen* Weg geht.

Manchmal setzen die Rufe über Strecken hin aus. Aber dann, wie wenn man einen Vogel mit tiefem Laut wiederhört, den man lang nicht gehört hat, *erfreut* wiederhört, hörst du ihn wieder – und siehst ihn, mit dieser Bewegung, Kopfrücken, ein Auge zugekniffen –, das Stimmvolumen verstärkt, überzeugender noch als das letzte Mal. – Er hat etwas durchlaufen seitdem, durchstanden – du auch. Er ist nie fremd. Er war auch nie weg – ganz fort. Und wäre er wirklich nicht mehr zu hören, hättest du viel verloren: nichts von den Inschriften am Weg – etwas vom Weg selber.

PETER HÄRTLING

Franz Tumler

Wenn er,
abends in der Akademie,
vom frühen Morgen
erzählte,
von der erwachenden Stadt,
den Lastwagenkolonnen
an
den
Grenzübergängen,
dachte ich ihn
mir
als Wanderer
im Gebirge.

Ich hätte ihn
weiter
ausfragen können,
aber ich kann
ihn
lesen.
Ich hätte ihm
sagen können:
Berge schüchtern
mich ein,
aber ich traute
seiner sprechenden
Sanftmut.

Ich weiß,
er hört
Stimmen,
er wohnt in
einer Geschichte,
die sich um ihn
ausbreitet:
jene Vergangenheiten,
die plötzlich,
morgen,
anfangen
wirklich zu sein
und uns erschrecken –
ihn nicht,
den Zarteren von uns,
der auf sie
zu
geht,
vom Schweigen redend.

HERBERT EISENREICH

Saga von abgelebter Zeit

Ich bin befangen. Dort habe ich, vor rund 50 Jahren, meine ersten Schritte getan, dort habe ich, vor rund 25 Jahren, mein erstes Buch geschrieben, dort habe ich gelebt, mit Unterbrechungen, in den vierziger Jahren: im Krieg, in der Nachkriegszeit – dort: nicht grad in dem Schloß und nicht grad in Hagenberg, aber in Pregarten, dem »Blumental« Franz Tumlers in seinem Roman *Ein Schloß in Österreich*. Und ich weiß nun nicht: habe ich lesend mitgelebt, weil ich die Gegend kenne: die Dörfer und Märkte, den Fluß, die Wälder, das Viadukt, sogar an den Kohlenhaufen vorm Bahnhof glaube ich mich zu erinnern, oder habe ich mitgelebt, weil Tumler mit seinen Figuren mich in seinen Bann geschlagen hat? Ich meine wohl: dies zweite ist der Fall, die Vertrautheit mit der Landschaft allein genügt wohl nicht, mich zu faszinieren.

Und faszinierend ist dieser Roman in mehrerer Hinsicht: Schon einmal als ein Roman, der tatsächlich einer ist, nicht bloß gedehnte Novelle, sondern Geflecht, dicker Teppich des Lebens über Familien hin und über Generationen hinweg. Faszinierend auch, wie Tumler zu schildern vermag: in scheinbar recht konventioneller Sprache, doch voll von Bildkraft, mit Überraschungen im Detail – etwa wenn »Gedanken dumpf sich regen wie Tiere unter einem Tuch«. Und faszinierend – vielleicht erst heute so recht, aus dem Abstand neuer Geschlechter –, faszinierend also, wie jene Zeit da eingefangen ist in Gedanken, Reden, Handlungen, in der Stimmung, der Geistes- und Seelenlage, die Zeit des Tausendjährigen Reichs und das Ende, die Folgen, die Jahre danach. Vermutlich um 1950 hat der damals noch nicht vierzigjährige Autor das Buch geschrieben, erstmals erschienen ist es 1953, aber wie gesagt: vielleicht verstehn wir's erst heute ganz richtig, da der Abstand die Dimensionen wieder zurecht gerückt hat. Die viel zitierte Bewältigung der Vergangenheit: hier wird sie geleistet, indem gezeigt ist, wie Menschen damals die Gegenwart bewältigt – oder auch nicht bewältigt – haben.

Ein politisch Lied also? Pfui, ein garstig Lied? Mitnichten! Es ist ein menschliches Buch, eines der menschlichsten dieser Jahrzehnte, weil es von den Interna menschlichen Daseins handelt, diese Interna darstellend in den Aktionen des Alltags. Man denkt an Fontane – man darf es ...

Und dabei vergißt man, seltsamerweise, stets wieder, daß es diesen Franz Tumler gibt in Österreichs Literatur. Weil er fern in Berlin lebt und überhaupt abseits vom Literaturbetrieb? Weil die diversen Handkes und Bernhards ihn mit ihrem Aktualitäten-Lärm auf den Ätherwellen, im Blätterwald übertönen? Weil wir das Lesen verlernt haben etwa? Jedenfalls, was erzählende Prosa zu leisten vermag: hier ist es geleistet von einem, der seinen Weg mitsamt seinen Umwegen tapfer gegangen ist, einsam aus jenem *Tal von Lausa und Duron* von 1935 heraus in immer weiteren Umkreis, allmählich Besitz ergreifend von der ihn umgebenden Welt in der Sprache: in einer, die das Gegenteil von flott ist, aber eben dadurch die Dinge ergreift – und dadurch auch uns ergreift.

HERMANN PETER PIWITT

Franz Tumler

Von Franz Tumler hörte ich, ohne daß sein Name fiel, zum erstenmal um 1960 herum. Damals erzählte mir eine befreundete Studentin von ihrem »Einführungsfreund« in Berlin, einem »alten Dichter mit Motorrad«. Als »Einführungsfreund« galt damals bei Mädchen, die höher hinauswollten, ein Mann von Manieren, den man sich gerade soweit auf Distanz hielt, daß er nicht die Lust verlor, einen in die Kreise mitzunehmen, wo sich eine Protektion, eine Heiratschance oder auch nur die Gelegenheit zu dem auftun ließ, was die Amerikaner »Celebrity-Fuck« nennen. Wir waren damals 25 und dachten von solchen Mädchen ebenso gering wie von »Einführungsfreunden«. Wir wollten selbst Hammer, nicht Amboß sein; und eine Buchhändlerin auf einem Mülleimer so zu nageln, daß sie die Stadt wechseln mußte, wenn sie ihren Ruf retten wollte, schien uns jedenfalls nachahmenswerter, als ihr bloß den Weg dahin zu bahnen. Kurz, wir waren patriarchalische Säuglinge und als solche geradeso albern wie die Groß-Schriftsteller jener Jahre ...

Später brauchten wir Tumler selbst als »Einführungsfreund«. Wir wohnten damals in Schöneberg zusammen, Wolfgang Maier, der 1973 starb, und ich, und an manchen Tagen lebten wir nur noch von den Brotrinden, die unsere Wirtin, Frau Kühlewein, ihrer schlechten Zähne wegen von den Scheiben schnitt und im Küchenschrank aufhob für die Vögel. Es war Franz Tumler, der uns immer wieder aus der Wohnung loseiste und uns mitnahm zu Empfängen, wo er uns, abgerissen wie wir waren, an Türhütern und Gastgebern vorbei an die kalten Büffetts lotste. So rappelten wir uns von Empfang zu Empfang, wir lebten praktisch davon; und von denen, die die Macht dazu hatten, war Tumler der einzige, der sich nie zu fein dazu war, uns mitzunehmen.

Es war gewiß nicht reine Philanthropie, weshalb er es tat. Seine Freundlichkeit uns 25 Jahre Jüngeren gegenüber war, glaube ich, nur eine besondere Form der ständigen stillen und spähenden Aufmerksamkeit, mit der er Menschen und Dingen begegnete. Ich habe Franz Tumler als einen der ganz wenigen Kollegen in Erinnerung, die zuhören konnten. Nie sah ich ihn ungeduldig wegsehn, nie damit befaßt, ein besonders aufmerksames Gesicht zu machen, wenn er sich mit mir oder anderen unterhielt. Wo andere im Ruf von Charakter, Rückgrat, Standvermögen standen, weil es ihnen gelungen war, als fensterlose Monade aus ihren Vorurteilen ein Langzeitprogramm zu machen, da machte es seine erzählerischen Steherqualitäten aus, sich immer wieder von Eindrücken lernend verändern zu lassen – ohne darüber heimatlos zu werden. In einem Alter, in dem andere, »politischere«, »progressivere« Köpfe längst versäult, zu Instanzen zusammengeschnurrt waren, blieb er aufmerksam und verletzlich, zog mit uns herum, knobelte mit uns um Bier, stand nächtelang mit uns am Flipper, nahm beim Schreiben harte Drogen – und blieb doch immer bei sich, bei seinem Stoff, zu Haus.

Drei Dinge habe ich von Franz Tumler gelernt: daß es für einen Autor besser ist, zuzuhören, als selbst zu reden; daß ein Autor eine Heimat haben muß, eine Landschaft des Gedächtnisses, die ganz in ihm aufgeteilt sein muß; und schließlich, daß es nicht darauf ankommt, sich etwas auszudenken und dafür Worte zu finden, sondern darauf, sich aus den Dingen etwas zu machen, wenn Sprache nicht bloß als ungedeckter Scheck herumflattern soll.

Ich habe die literarische Kultur im Berlin der sechziger Jahre als eine ziemlich widerliche Veranstaltung von Größenwahn und Anpassung in Erinnerung. Aber eines der vier Bücher, von denen ich nie loskommen werde, schenkte mir Tumler 1964 in Berlin: *Nachprüfung eines Abschieds.*

RUDOLF HARTUNG

Hier

Für Franz Tumler

Hier
im schrägen Nachmittagslicht
in der aufgeschlagenen Landschaft –:

so vieles Grün als sollte ein jeder
Schmerz dieses Lebens eigens gestillt werden
Grün der Felder
der Weinberge Apfelbäume und Erlen
blaugrüne Lanzen des Schilfs
an denen die Etsch ein anderes Grün vorbeiträgt.

Neben dem Uferweg
blüht eine Steinnelke in den gesichtslosen Tag.

JEAN AMÉRY

Verzweigungen

Randnotizen zu »Sätze von der Donau«

Was betroffen macht: die häufige Wiederkehr von Wörtern wie »Einkehr« und »Verzweigungen«. Aber rede ich von Betroffenheit, bin ich schon mitten in der Subjektivität. Trifft es denn andere auch – ich meine: solche, die nicht den gleichen Umgang hatten mit dem schmutziggrünen, an Regentagen fast grauen Strom? Verzweigungen, Einkehr. Ein jeder kehrt ein, bei Ausflügen beispielsweise, wenn er Durst verspürt. Nicht allen wird Tumlers Einkehr zugleich auch zu Heimkehr, Heimkehr zu den Ufern, unmögliche, verbotene, versäumte. Es lebt sich ja erträglich auch an anderen Flüssen, der Spree etwa, auch an einem zugemauerten Wasser, das Senne heißt (Senne, nicht Seine) und über dem die Stadt Brüssel steht.

Was hier zu stehen kommt, ist nichts weniger als eine gelehrte germanistische Interpretation von Franz Tumlers poetischem Werk *Sätze von der Donau*. Berufene werden darin sich wohl versucht haben oder demnächst versuchen, es wird mich nicht bewegen wie das Wort »Verzweigungen«. Nur eine Randnotiz denn also von Ufer zu Ufer und zu geburtstäglichem Anlaß; aber es hätte solcher Gelegenheit nicht bedürfen müssen, um der Betroffenheit Ausdruck zu geben. Das Buch, 1972 erschienen, geht jeden an, der die silbergrauen Auen kennt, die Wirtshäuser, die Holzlagerplätze, die Zeiten, wo die Donau nicht mehr der »stolze Strom« genannt wurde und das Land Österreich sich duckte, ein Waschweib mit so viel schmutziger Wäsche im Korb und so zerfurchtem Altweibergesicht.

Sätze von der Donau: Ich sage getrost *Gesänge* von der Donau, wiewohl es unerlaubt ist, von Sangeskunst zu sprechen; der Stand von Zeit und Kunst lasse es nicht zu, sagen die Leute. Was liegt vor? Erinnerungen, herausgeholt aus der tiefsten Lebensferne, gespiegelt, vexatorisch, in Reflektoren anderer, wechselnder Lebensmomente, Wahrnehmungen, innere und äußere, verwandelt in Sprache. Nur, daß wir leider da wieder so ein liederliches Modewort haben. »Verwandlung in Sprache« – als ob nicht jegliches Wort, und noch das kleinste, das »im Alltag darbt«, wie es einst bei Rilke hieß, Verwandlung von Wirklichkeit in Rede wäre und denn also mittlere Gescheitheiten wie »Transformation der Realität in Sprache, die zu neuer, autonomer Wirklichkeit wird«, so gut wie nichts meinen. Sätze oder Gesänge, es gilt gleich.

Darum lieber zum Inhaltlichen. Heraufbeschworenes. Die Großmutter, die ihr Haar aufsteckt mit junggebliebenen Schnee-Armen. Das Bier im Glaskrug, geholt aus der Schenke von Brüderchen und Schwesterchen, es schmeckt bitter, die Kinder begreifen nicht, daß die Alten es mögen und über ihm gutmütiger werden und erlaubnisfreudiger zwischen weißem Feim und bitterem Goldbraun. Viel Unheimliches holt die Erinnerung aus dem graugrünen Wasser. »Ich geh' in die Donau.« So sagten es viele, wenn es ihnen zu viel wurde, aber die meisten blieben am Ufer, und nur einer wollte durchaus da hin, wo kein Ort ist. Oder Krieg. Jener, der sehr weit weg ist, in der Kleinknabenzeit eines 1912 Geborenen. Es wurde nicht geschossen in Linz, man hörte nur Nachrichten von draußen, so daß ein Kind »hinaufredete in Sätzen«, 1917/18, hinauf – wohin? Sätze werden ausgesprochen und Sätze werden abgebrochen. Es gab ja auch eine Zeit, wo man Oberösterreich »Oberdonau« nannte und dementsprechend das Land unter der Enns »Niederdonau«, harmlos, wie »Loire-inférieure«.

Ich leime an die abgebrochenen Sätze andere, und so erst wird die Donaurede vollzählig. Eigenwilliges und literarisch ganz unstatthaftes Verfahren, nur geschichtlich vielleicht gerechtfertigt und zudem mitdanubianisch auch völlig natürlich. Im übrigen bleibe ich bei der Sache und spiele mit beim Schnapsen mit dem Großvater, auch beim Verwendenspiel, denn tatsächlich war es ja so, daß überall und jederzeit nach dem Ersten Weltkrieg verwendet werden mußte; alles war so karg, so gering, so armselig. Ich möchte jedem Wohlstandskind der Zweiten Republik Tumlers Sätze oder Gesänge in die Hand drücken, auf daß Österreich erlernt werde, denn Verwenden ist kein rechtes Spiel mehr, wo es aufs Verzehren oder Konsumieren ankommt, und die Donau mündet nicht mehr ins Schwarze Meer, sondern endet zwischen Wien und Bratislava. Ein Satz bei Tumler: »Wenn du auf der Brücke stehst / und schaust ins Wasser / siehst du daß die Donau stillsteht / und die Brücke fährt / stromaufwärts / und die Strömung steht still und das Ufer fließt.« Nur daß heute auch das Ufer bewegungslos steht, so daß das Land am Strom und die kleine Stadt Linz und die große Stadt Wien reglos sind, Museen, in denen die Leute Geschäfte machen.

So geht ein jeder den Verzweigungen nach auf seine Art. Der eine erinnert die junggebliebenen Schnee-Arme der Großmutter – »jetzt Verzweigung von Haut und Fleisch für etwas ohne Sätze« –, der andere denkt gleich an Prousts Großmutter, die keinerlei Fleischlichkeit hatte, nur hinter dichten Kleidervorhängen die Nieren, die nicht mehr filterten, und zweigt nach den Westwanderungen wieder ab zurück, ostwärts, einer eigenen Großmutter zu, um die es so bestellt war, daß Schnee-Arme ihr verboten gewesen wären von Amts wegen, und einer anderen ohne fatalen Geburtsfehler, die auch schön gewesen sein muß, den Bildern nach zu schließen, und also die Schwester hätte sein können der in »Sätzen« gedämpft gefeierten, wenn auch getrennt von dieser kilometerweit stromaufwärts. »Und Mut / dabei zu bleiben«, heißt es, »und keine Geschichten zu machen / sondern Sätze.« Aber die Geschichte hat nun einmal Geschichten gemacht, schlimme Geschichten, großmütterlich und sonst, und es geht das alles nicht auf in Sätzen, die nur noch sie selber sein wollen. Auch nicht in Gesängen.

Zu sagen noch, was ohnehin ein jeder weiß, was aber gerade hier ausdrücklich erhärtet werden muß: daß es meisterliche, wenn auch selbstgenügsame Sätze sind, daß die Bilder leuchten, die Töne klingen, die Rhythmen uns mitnehmen; daß die Diskretion eines, der sich nicht wichtig macht, uns heimisch werden läßt in einem Text, den wir wieder und wieder lesen.

Strombrüderlich sei der Dichter Franz Tumler gegrüßt und beglückwünscht.

HANS BENDER

Erinnerung an eine Erzählung

Zeit und Umgebung will ich wecken, um meine Erinnerung, die weit zurückgeht, auch jungen Menschen verständlich zu machen. Zwei Schüler in einem Internat im Schwarzwald, die nichts mehr liebten als die Literatur. Sie vernachlässigten darüber die Pflichten der Schule; auch die Freizeitvergnügen, denen ihre Mitschüler nachgingen. Jede freie Minute verbrachten sie miteinander, um über Dichter, ihr Leben und ihre Werke zu sprechen. Die Umgebung war schön: Berge, Hügel, Täler, die Rheinebene, überwölbt und beherrscht von der Hornisgrinde, die gegen Süden zum Mummelsee abfällt, dem sagenumwobenen. Mörike hat ihn bedichtet, Grimmelshausen ihn ausgelotet und beschrieben im »Simplicius Simplicissimus«.

Sie glänzten im Deutschunterricht. Sie lächelten über ihre Lehrer, die viel weniger wußten über die Literatur als sie. Ungewöhnlich für ihr Alter: sie bezogen Zeitschriften im Abonnement: »Das Innere Reich« und »Die Neue Deutsche Literatur«. Der um zwei Jahre jüngere Schüler, vierzehn erst, konnte schon urteilen, warum ihm ein Text mehr oder weniger gefiel. Er besaß Literaturgeschichten und ein Regal voller Bücher. Er war über die klassische Literatur, die sein Freund mit Eifer der Reihe nach las, vorgedrungen zur Jahrhundertwende und zur Gegenwart. Wie ein Kenner konnte er reden über Rilke und George, über Hans Carossa und Ernst Wiechert. Beiden gefielen die Bücher von Hermann Hesse: »Unterm Rad«, »Demian«, »Klingsors Sommer«. Beiden mißfielen die Parteidichter, die jetzt überall zitiert und skandiert wurden. Die Schüler merkten sich Zeilen ihrer Gedichte, um sie damit zu verspotten.

Der um zwei Jahre jüngere Schüler verehrte Adalbert Stifter. Gern nahm er einen seiner Bände mit und las auf den Spaziergängen schöne Stellen daraus vor. Überhaupt bevorzugte er die Literatur Österreichs; kannte die Werke von Grillparzer, Nestroy, Raimund und Bücher von Richard von Schaukal, Hugo von Hofmannsthal, Franz Nabl; sogar die satirischen Bücher von Roda Roda und Leo Sklezak. Im »Inneren Reich« erschienen Gedichte eines Josef Weinheber aus Wien und bald darauf sein Band »Späte Krone«. Sonette, Elegien, Hymnen, die man schon ihrer Formartistik wegen bewundern mußte. 1935 erschien in einem Leinenband bei Albert Langen / Georg Müller die erste Erzählung eines jungen Österreichers namens Franz Tumler: *Das Tal von Lausa und Duron.* Vorher waren Gedichte dieses Franz Tumler im »Inneren Reich« gedruckt worden, doch diese erste Erzählung machte einen unvergleichbaren Eindruck; nicht nur auf die beiden Schüler, auch auf viele andere Leser.

Wir, Heinz und ich – jene von der Literatur besessenen Schüler in der Internatsschule im Schwarzwald –, glaubten uns zu unterscheiden von den anderen Jungen unserer Zeit und Umgebung. Wir waren weder dem Jungvolk noch der HJ beigetreten; wollten nicht zu denen gehören, die uniformiert hinter Fahnen und Parolen herliefen. Die »Machtergreifung« zwei Jahre vorher hatte die Zeit und Umgebung, selbst unsere katholische Schule verändert und geprägt. Im Hof war tagsüber eine Hakenkreuzflagge gehißt. Die Begeisterung für den »Führer«, seine Reden und Auftritte, wogte in ganz Deutschland. Die neue Ordnung, die er durchgesetzt und damit alle Krisen und Parteizänkereien überwunden hatte, formierte das Volk in zustimmender Einmütigkeit. Eine andere Literatur war auf den Plan getreten: die »volkhafte Dichtung«; die »nationale und nationalsozialistische Literatur«. Sie hatte die »jüdisch-bolschewistische«, die »dekadente«, die »zersetzende Asphalt-Literatur« endlich abgelöst. Die deutsche Literatur war viel reicher, wenn man die Literatur der Auslandsdeutschen mitaufnahm; auch die Literatur Österreichs. Ihre Dichter, die alten schon, hatten die Sehnsucht bekundet, aufgenommen zu werden in den größeren deutschen Sprach- und Machtbereich.

Wir, die beiden Schüler, 1935 vierzehn und sechzehn Jahre alt, wußten das alles, aber wir wußten nicht so gut, was unserer Gegenwart vorausgegangen war. Wir wohnten weit weg von den

Zentren der Kultur. Wir kamen aus Elternhäusern, wo keine Bücherschränke standen. Wir waren nicht Augenzeugen der Bücherverbrennungen gewesen. Wir wuchsen hinein ins Dritte Reich, mitgezogen, freiwillig-unfreiwillig. War die seltsame Liebe zur österreichischen Literatur, die Heinz erfaßt und an mich weitergegeben hatte, nicht doch eine politische Beeinflussung, wie sie die beiden Zeitschriften, die Zeitungen und das Radio vorsprachen? Drei Jahre später wurde der »Anschluß« und die »Eingliederung der Ostmark« vollzogen. Die Menschen diesseits und jenseits der Grenze kamen aufeinander zu. Sie umarmten sich, sie jubelten.

Gleich die ersten Sätze der Erzählung von Franz Tumler nahm uns gefangen. Wir lasen sie mehr als einmal:

> »In den südlichen Alpen, wo sie in die italienische Ebene übergehen, lebt in einsamen hohen Tälern ein alter Volksstamm. Die Täler senden ihre Wildbäche, die nach Jahreszeit und Wetter zu starken Flüssen anschwellen, der Etsch zu, die ihre Wasser weiter nach Venetien trägt; die Berge gehören zu den schönsten und jetzt meistbegangenen der Alpen, und im Weltkriege ist viel Blut an jedem Felsen dort vergossen worden; der Volksstamm aber wird bald zerstreut sein, denn er wird seine Sprache, die weniger an die italienische als an das Altfranzösische anklingt und weit älteren Ursprungs ist als jene, neben ihr nicht halten können, wie er sie unter der österreichischen Herrschaft neben der deutschen Sprache halten konnte.«

Die Sätze sagten also gleich voraus, worum es in der Erzählung gehen und wie die Handlung verlaufen wird.

Die Bewohner von Lausa und Duron lebten in Frieden in ihrer überkommenen, ländlichen, pastoralen Welt bis der Weltkrieg entbrannte. Weil österreichische und italienische Truppen dort ihre Gefechte austrugen, mußten sie Haus und Hof verlassen, in der Fremde leben, und, als sie dezimiert von einer Seuche, endlich zurückkehren konnten, fanden sie ihre Heimat in Ruinen, ihre Umwelt verwandelt und verschandelt vor:

»Maschinen waren aufgestellt, deren Lärm in den Felswänden widerhallte, Bohrer fraßen sich in die Bänder des Gesteins, Schienen waren über die Wiesen gelegt, und neben ihnen war das Gras verbrannt und zertreten und schimmerte von Öl. Viele Leute wohnten in den Baracken, sie redeten eine fremde Sprache und gehorchten einem großen behenden Manne.«

Südtirol und die hohen einsamen Täler, die Heimat des Stammes der Ladiner, waren im Vertrag von Saint-Germain-en-Laye 1919 dem Königreich Italien zugeschlagen worden. Die Leute von Lausa und Duron erfuhren, heißt es, »daß dieser Staat mit seiner jungen, flinken Kraft« von ihrem Tal Besitz ergriffen hat. Vier Gestalten hoben sich aus der Handlung: der Händler Leon Contrin, seine Kinder Leon und Anita; und Tanna, eine lebenstüchtige Frau, die zupacken konnte, aber auch Sagen und Märchen bewahrt hatte und erzählte. Vater Leon wird der »Herde« des aufgescheuchten und vertriebenen Stammes zum Anführer. Der junge Contrin begeistert sich früh für die Bewegung der »Irridenta«, die alle »unerlösten Gebiete«, die noch zum österreichungarischen Kaiserreich gehören, ins geeinte, erstarkte Italien zurückholen will. In schwarzer Uniform kommt Leon, der sich nun Leonardo nennt, zurück. Im Krieg kämpft er auf italienischer Seite. Anita dagegen erträgt und erleidet das Schicksal ihres Stammes mit. Sie bleibt dem »alten Gesetz« treu. Anita trifft die Kugel eines italienischen, Leonardo die Kugel eines österreichischen Schützen.

Anita Contrin war für den Erzähler Franz Tumler die Schlüsselfigur. Sie ließ er sagen und denken, was er vermitteln wollte. Anita ist stolz, unbeugsam, natürlich: »... in ihrem einfachen Herzen ordneten sich die Dinge noch nach der kindlichen Weise.« Es klingt wie ihre Maxime, wenn sie sagt: »Man muß tun, was recht ist«. Sie wehrt sich gegen den, der abweichen will »von der hergebrachten Ordnung des Lebens«. Mit den Augen des Autors sieht Anita die Welt, die eigene und die fremde, die erschreckende und die erfreuliche; die Landschaft von Südtirol zum Beispiel:

»Als sie nun in das Tal kam, sah sie, daß hier die Wiesen viel größer und schöner waren als in Lausa und Duron, obgleich die Straße, die Dämme und die Gebüsche einen großen Teil des ebenen Grundes wegnahmen, sie ging an Feldern vorüber, wie sie so große nie gesehen hatte, und sie freute sich über das schöne Korn, auf dessen Halmen schon ein gelber Schein lag, und sie blickte über die niederen Mauern in die Weingärten und sah auf den Stöcken die Trauben grüner kleiner Beeren hängen. Am meisten aber mußte sie sich über die Bäume wundern, und sie konnte nicht genug schauen an ihren mächtigen Stämmen, den vollen Kronen, den mannigfachen Blättern ...«

Dieser junge Franz Tumler, spürten wir Leser damals, beschrieb einen Volksstamm, den er bewunderte; für dessen Eigenheit und Existenz er Partei ergriff. Er hatte seine Geschichte und Sprache erforscht. Er ließ seine wissenschaftlichen Kenntnisse sehen. Als Tiroler und österreichischer Autor fühlte er sich verbunden mit den Menschen, die ihr Land und ihre Identität verloren und untergingen im Machtkampf der Politik und der Grenzkonflikte. Tumler beschrieb das alles nicht wie ein tendenziöser Autor, sondern wie ein Bewunderer und Fürsprecher. Er erzählte. Er idealisierte seine Gestalten, doch selbst Leon-Leonardo wurde nicht verdammt; die Italiener und ihre Welt wurden weder verzerrt noch geschmäht. Die Beschreibung der Landschaft war Tumler wichtig. Das Tal von Lausa und Duron, die südlichen Alpen, Südtirol machte er in ihrer herben Schönheit und vielfältigen Fruchtbarkeit gegenwärtig.

Damals, 1935, als die Erzählung erschien, schrieb und sagte man, der junge Dichter aus Österreich erzähle wie Adalbert Stifter. Von ihm habe er die Anschaulichkeit und Dinglichkeit, die Ruhe und Beherrschtheit seiner Prosa gelernt. Das Lob gefiel den Lesern, erst recht Heinz und mir. Stifter hatte eben die Höhe seiner Schätzung erreicht. Sein Werk galt als Vorbild jeder Epik; seine Gestalt als eine moralische Instanz. Ein Dichter und Erzieher, der »das sanfte Gesetz«, Sittlichkeit und Pflichterfüllung vorgesprochen und vorgelebt hatte. Sein Leben, schrieb Johann Aprent, Stifters erster Biograph, war »ein gleichmäßiges Dahinschreiten, äußerlich vielfach eingeschränkt, innerlich auf ein einziges großes Ziel, die Befestigung, Abklärung und Erhebung des eigenen Wesens gerichtet.« Aprent und Alois Raimund Hein haben Stifters Werk und Leben stilisiert und idealisiert. Stifters Gewagtheiten und Gefährdungen, gar seine »Neigung zum Exzessiven« und »Pathologischen«, worauf Thomas Mann und spätere Interpreten hinwiesen, hatten bis dahin die Leser nicht gesehen.

War die Stifter-Verwandtschaft, die man dem jungen Tumler überstülpte, überhaupt berechtigt? War sie nicht eine Werbung und Empfehlung des Verlags gewesen? Wahrscheinlich. Kritiker und Leser haben damals die Behauptung nicht überprüft. Sie haben sie nachgesprochen (wie man auch heute werbende Slogans nachspricht). In der Erzählung Tumlers waren – im Rückblick wird es sichtbar – Eigenes und Fremdes, und nicht nur Stifter-Einflüsse, miteinander vermischt. Ein typischer Erstling eben. In seinem Aufsatz »Warum ich nicht wie Adalbert Stifter schreibe« gibt Tumler selber einen Rückblick auf sein Debüt als Erzähler. Er bekennt seine frühen Beziehungen zu Stifter; zu dessen Werken, Schauplätzen, Landschaften, Wohnorten, Oberplan, Wien und Linz. Tumler begründete seine Vorliebe zur Erzählung »Zwei Schwestern«. Ihm sei sie die liebste, weil sie am Gardasee spielt; nicht weit von der Gegend, wo er geboren wurde: »... in Bozen, in Südtirol, von dort auch herstamme, von Vaters Seite, aus dieser nach Süden geöffneten Landschaft.« Tumler sieht jedoch keine Ähnlichkeit mit den Charakteren und Personen Stifters. Er darf behaupten, selber seine Charaktere und Personen, seinen Stoff und die Welt der Ladiner eigenständig entdeckt zu haben. Die Auseinandersetzungen um Südtirol zwischen Österreich und Italien haben ihn schon damals interessiert – und sie sollten es später noch öfter und intensiver tun.

Tumler ging in seinem Aufsatz »Warum ich nicht wie Adalbert Stifter schreibe« noch weiter, wenn er folgerte: »Die Lobreden« über seine Stifter-Verwandtschaft, die er bis zum Überdruß zu hören bekam, seien für ihn »ein Anlaß zur Provokation« geworden. Fortan wollte er sich unterscheiden, noch mehr, erst recht: »Ich wollte nicht so sein, wie man da von mir sagte.« Eine Provokation, die ihn weiter brachte, auf seinen Weg, zu anderen

Erzählungen, zu Romanen. Er nahm Verluste in Kauf; Enttäuschungen jener Leser, die ihn bewundert und umarmt hatten. Im Rückblick weiß er:

> »Heute scheint mir, daß ein Schreiber, wenn er eine Spur eigener Kraft hat, solche Verluste und Umwege übersteht; sie sind eine Probe darauf, ob er diese Kraft wirklich hat; und wenn dies der Fall ist, braucht er nichts zu fürchten; (dann muß er aufs Äußerste gehn, denn anders kann er zu sich selber nicht kommen) – und dann wird er auch durchkommen, vielleicht nicht heil und nicht mit allen Möglichkeiten, die in seinem Anfang waren, aber mit dem unzerstörbaren Kern.«

Franz Tumler muß sich seiner ersten Erzählung nicht schämen. Er hat sich mit ihr eindrucksvoll vorgestellt und eine Sprache hören lassen, die ganz seine eigene war und ins Ohr drang. Auch wir jungen Leser damals, Heinz und ich, und die vielen anderen Leser, die *Das Tal von Lausa und Duron* bewunderten und fünf Jahrzehnte lang in Erinnerung behielten, müssen uns heute nicht entschuldigen, wenn wir uns die Zusammenhänge, die politischen Verführungen auch, eingestehen und darüber reflektieren. Die erste Erzählung Franz Tumlers konnte später unverändert wiedererscheinen. Sie wird auch in unseren Tagen Leser finden; in einer Zeit und Umgebung, wo das Schicksal der Ladiner und ihr Ringen um Existenz und Identität erneut Verständnis weckt und vergleichbare Vorgänge spiegelt.

Zur Entwicklung Franz Tumlers

PAOLO CHIARINI

Drei Sätze über Franz Tumler

1.

Es ist wieder einmal Zeit, von Franz Tumler zu reden, einem Autor, nach dessen Namen man in Lexika und Literaturgeschichten oft vergebens sucht und dessen Außenseitertum (kein extravagantes und künstlerisch bizarres, sondern ein objektiv und subjektiv *bedingtes*) einfach mit Traditionalismus verwechselt werden konnte.[1] Außenseiter beglückt in der Regel keine Nachfolge: deswegen weiß ich eigentlich nicht, ob man der Behauptung zustimmen soll, Tumler habe ein solches Glück in seinem Landsmann Joseph Zoderer doch schließlich gefunden, wenn man von der gemeinsamen Lebenserfahrung mit dem Grenzgebiet Südtirol (der Achse Bozen-Meran) einmal absieht. »An den Vaterspuren orientierte Rückkehr in die Vergangenheit« ebenso wie Aktualisierung des politischen »Rohstoffs« mögen freilich – trotz der weitmaschigen Formulierung – konkrete Berührungspunkte hergeben[2]: wichtiger scheinen mir aber andere Fragen. Zum Beispiel: Wie steht die Landschaft zur Erzählstruktur? Hier würden – glaube ich – tiefgreifende Unterschiede auftauchen.

Anfang der Achtziger Jahre schien dann die Tumler-Forschung plötzlich im Umbruch zu sein, sich in Bewegung zu setzen.[3] Es war aber, im Grunde genommen eine ›falsche‹ Bewegung: nach den respektvollen bis kritisch anregenden Würdigungen anläßlich seines 70. Geburtstages (1982),[4] ist es um Franz Tumler wieder ganz still geworden und Aufgabe bleibt immer noch die »Nachprüfung eines Vergessenen«[5], wie der Titel einer damaligen Bilanz hieß. Alles in allem (um einen berühmten Satz von Hofmannsthal zu variieren): über Tumler haben wir einige (gute) Ansätze, sonst nichts.

Zu einer solchen ›Randposition‹ des österreichischen Autors gegenüber den Haupttendenzen der deutschen Gegenwartsliteratur und dementsprechend zur ›intermittierenden‹ Aufmerksamkeit der militanten Kritik, des Verlagswesens und der Übersetzer mag wohl die stillschweigend hingenommene Etikettierung als ›Epigone‹ gerade jenes Stifters beigetragen haben, von dem er doch 1967 Abstand zu nehmen wußte.[5] Selbstverständlich ist ein ›Stifterscher Ton‹ aus seiner erzählenden Prosa leicht herauszuhören, besonders wenn wir uns Texten wie *Das Tal von Lausa und Duron* (1935), dem glänzend geglückten Erstlingswurf, wo vom Untergang eines Hirtendorfes in den südlichen Alpen während des Weltkrieges die Rede ist, oder den späteren *Die Wanderung zum Strom* (1937), *Der erste Tag* (1940), *Das Hochzeitsbild* (1953) und – darüber hinaus – leitmotivischen Themen wie die ›Suche nach der verlorenen Zeit‹ der Heimat (*Aufschreibung aus Tient*, 1965) oder die eindringliche Beschwörung einer Landschaft im etwas früheren Prosastück *Volterra* (1962) zuwenden. Leiser klingt dieser Ton, wie aus dem Hintergrund, in seinem ersten Versuch einer breit angelegten, symbolisch strukturierten Erzählepik (*Der Ausführende*, 1937), im teilweise autobiographischen Roman *Heimfahrt* (1950) und in der hochzielenden Schilderung der folgenschweren Jahre 1939 bis 1949 durch die exemplarischen Schicksale der Bewohner eines uralten Schlosses, das stellvertretend für die traditionsreichen Werte der westlichen Kultur dasteht (*Ein Schloß in Österreich*, 1953). Hierin ist also ein mehr oder weniger geheimes ›Leit-Motiv‹, ein Moment der unterschwelligen (unbewußten) ›Kontinuität‹ in seiner literarischen Recherche sicher erkennbar.

2.

Dieser Stiftersche Zug bildet aber nur *einen* Aspekt der Tumlerschen Kunst und ist eine problematische, diskontinuierliche, d.h., eminent schöpferische Erscheinung. Solche im Grunde komplizierte ›Beziehung‹, die wie ein täuschendes Spiel wiederholter Spiegelungen anmutet, hat Tumler selbst in den ersten Zeilen seiner schönen, zwischen Erzählung und Reflexion balancierenden Prosa *Ein Landarzt* (1970) einfach-eindrucksvoll beschrieben und zugleich auf die Funktion einer *faktischen* Vorgeschichte reduziert:

> »Der Mann, von dem ich erzähle, war Landarzt in Oberösterreich nördlich der Donau, und insofern hat er ein Vorbild in der Literatur: nach Beruf und Landschaft in dem ›Doktor‹ aus der ›Mappe des Urgroßvaters‹ von Adalbert Stifter, das fällt mir sogleich ein, aber wenn ich sage ›Vorbild‹, meine ich nicht: meiner Erzählung hier, sondern ›Vorbild‹, ›Vorgänger‹ in der Wirklichkeit, um ein Jahrhundert früher, in einer benachbarten ähnlichen Landschaft, und auch ähnlich erzogen; und da sich die Kräfte Erziehung in dem langsamen Land Oberösterreich wenig geändert haben, mag manches Wort, das der Landarzt bei mir sagt, wie ein Wort wirklich des Vorgängers, das auch er gesprochen haben könnte, erscheinen.«[7]

Und doch: das Wort des ›Vorgängers‹, über die angebliche *Wirklichkeit* der Wiederholung, der Übereinstimmung mit dem ›Vorbild‹ hinaus, nimmt jetzt ganz andere Töne an, entzündet sich an einer anders konstituierten Schreibweise, die den Weg »einer Loslösung der Dinge von Voraussetzungen außerhalb des Geschriebenen zu einer in ihm unabhängigen Existenz«[8] mit größter Intensität verfolgt. Das beweist zum Beispiel ein Roman wie *Der Schritt hinüber* (1956) eindeutig, der im damals von russischen Truppen besetzten Teil Österreichs spielt und neben den Erzählungen *Der Mantel* (1959) und *Pia Faller* (1973) zum dauernden Bestand seines Oeuvres gehört. Hier flackert ein polyphonisch-gedämpfter Stil im Widerschein ›surreal‹ gefärbter Bilder und Kadenzen auf, unübersehbares Anzeichen dafür, daß dem ›Modell Stifter‹ gegenüber eine relevante Abweichung stattgefunden hat: Menschen, Landschaften, Dinge beinhalten nicht mehr eine ideale »Topographie der unverzichtbaren Güter« (wie es einmal Luciano Zagari formuliert hat), sie zeichnen vielmehr eine dauernd sich auflösende und wieder zusammensetzende Textur innerhalb einer problematischen Perspektive, deren Chiffre eben jener »Schritt hinüber« ist, der im Titel das ganze

Buch metaphorisch zusammenfaßt. Indem er (unbewußt?) eine spezifisch Heideggersche Thematik wiederaufnimmt, stellt er eine subtilere und nuancierte Dialektik zwischen Eigentlichkeit und Uneigentlichkeit auf:

> »Immer geschieht etwas anderes, als das, was geschieht. Aber dieses andere läßt sich nicht erkennen. Was eigentlich geschieht, läßt sich nicht herunterdrehen auf eine Geschichte. Es geht anders weiter, nicht in ›bestimmten Tagen‹ oder Briefen, die ankommen. Die Worte kommen an. Aber sie erzählen nicht eine Geschichte. Sie machen selbst das, was geschieht. Die Geschichte hört auf, trotzdem geht etwas weiter auch nach diesem bestimmten Tag.«[9]
>
> Und weiter: »Immer war ja etwas anderes geschehen, als das, was wirklich geschah.«[10]

Die symbolische Relevanz der Erzählung wird also – paradoxerweise – in ihrer Verweigerung transparent, der Geschichte einen ›Sinn‹ zu geben, *sich* in ›Geschichte‹ *zu verwandeln:* angesiedelt in einer Struktur, die keine ›Totalität‹ anstrebt, sondern ein lockeres Aggregat zusammenhangloser Schicksale bildet, individueller Bahnen, die sich manchmal kreuzen, um sich dann – von einer unaufhaltsamen Zentrifugalkraft getrieben – wieder voneinander zu entfernen. In dieser ›antiphrastischen‹ Bewegung, in einem solchen ›erzählerischen Skeptizismus‹, der zwar die epische Form irgendwie ›rettet‹, den Verlust aber ihrer ›Mitte‹ nicht vertuschen kann, ist die Phase der maximalen Nähe und gleichzeitig der größten Distanz dem ›Modell Stifter‹ gegenüber wohl zu situieren.

3.

Eine ähnliche Konstellation charakterisiert übrigens die Qualität von Tumlers Schreibweise. Dabei erfährt das Stiftersche ›Vorbild‹ eine radikale Beschleunigung: die Genauigkeit der Satzbildung, das Tempo des Phrasierens fügen sich keineswegs in den sicheren Rhythmus einer allumfassenden und bewährten Weltordnung ein, sondern spiegeln vielmehr die Fähigkeit wider, die Beziehungen der Menschen zueinander und zu den Dingen als ein ›indirektes‹ Verhältnis, als ein immer auf ›Anderes‹ verweisendes bewußt zu experieren. Die existentielle Dimension, d. h., ein Konglomerat gegeneinander ausweichender Lebenszentren, erfährt auf diese Weise eine formale Überführung ins Literarische durch das kompositorische Prinzip der Simultaneität und der Indetermination, des radikalen Verzichtes auf jegliche Rangordnung sowohl unter den einzelnen Bestandteilen des Erzählers wie auch unter den verschiedenen Struktur- und Verhaltensebenen der ›agierenden‹ Personen. Die »blinde Oberfläche der Dinge« mahnt uns daran, daß »Sehen noch nicht Wahrheit [ist], Hören [...] noch nicht Wahrheit ist.«[11] Wenn wir trotzdem die Wahrheit brauchen, um leben zu können, und wenn eine solche Wahrheit *nicht* etwa aus Haus und Vermögen besteht, dann (so schließt Axel von Wilnow, eine der Hauptpersonen des Romans) muß sie im Menschen selbst sichtbar werden, in seiner Fähigkeit, echte Beziehungen zu den anderen aufzubauen und zu bewahren. Doch die stumme, im stillen Traum ausgedachte Erwiderung von Susanna Jorhan klingt wie eine endgültige Widerlegung:

> »Die Figuren setzten sich zusammen zu einem Muster, – und sie dachte sofort: das ist ein Muster, wie es wahrscheinlich vor Gott erscheint, wenn er sich alles vorstellt und auf die Welt sieht. Es war ein beiläufiges Muster, aus farbigen Stücken, und es blieb rein in der Fläche, ein Muster ohne Tiefe und Schmerz. Und auch die Farben waren nicht wirkliche Farben, sie dienten nur zur Benennung, damit man überhaupt etwas unterscheiden konnte, sonst wäre alles grau gewesen, einförmiges Mehl- und Nebelgrau. Nun waren es doch hellere und dunklere Stücke von solchem Grau, und es waren die Ränder zu erkennen, mit denen sie zusammenstießen, sie trafen beiläufig aufeinander.
>
> Ja, das sind wir, sagte Susanna, wenn wir das hier auch nicht wissen. Wir stoßen ganz zufällig zusammen mit unseren Rändern und bilden diese Linien aus; wir glauben immer, sie müßten eine Figur ergeben, und wenn wir nur die

Wahrheit wüßten, dann wüßten wir auch die Figur, die wir machen!

Aber wir können nichts erkennen.«[12]

In einem solchen Spiel von zufälligen oder gar ›verfehlten‹ Begegnungen (»Selbst wenn jemand spricht: Ich sage die Wahrheit, so muß ihm der, der es hört, auch glauben, damit es wirklich die Wahrheit ist!«[13]) werden der Sinn des Lebens und selbst die eigene Identität höchst fragwürdig und unfaßbar. Das ist die fließende Textur, aus der das Werk Franz Tumlers verwoben ist; dessen einzelne Fäden bis zum Ganzen des »beiläufigen Musters« zu verfolgen und die daraus entstehende ›Figur‹ nachzuzeichnen (und sei es auch – wie unsere Hypothese nahelegt – diejenige einer ›Abwesenheit‹) könnte, für den Leser so gut wie für den Literaturkritiker, eine lohnende Aufgabe sein.

Wirklich, es ist Zeit von Tumler zu reden.

ANMERKUNGEN

1 Vgl. E. B. Rang, Die deutsche Epik des 20. Jahrhunderts, in: Deutsche Literatur im XX. Jahrhundert, hrsg. von H. Friedmann und O. Mann, Heidelberg 1959[3], S. 62–63.

2 So D. Goltschnigg, Erzählprosa , in: Geschichte der deutschen Literatur vom 18. Jahrhundert bis zur Gegenwart, Bd. III/2 (1945–1980), hrsg. von V. Žmegač, Königstein/Ts. 1984, S. 743.

3 Ein erstes Zeichen gab es freilich bereits fünf Jahre früher mit dem Sammelband »Arsenal. Beiträge zu Franz Tumler«, hrsg. von Peter Demetz und Hans Dieter Zimmermann, München 1977.

4 Dabei möchte ich vor allem auf das Colloquium hinweisen, das vom 17.–18. Februar 1982 in Rom stattfand und dessen wichtige Referate von Hans Dieter Zimmermann, Maria Luisa Roli und Hans Drumbl in der Zeitschrift »Studi Germanici«, N. F., Jg. XIX–XX (1981–1982) zu lesen sind. Ähnliches gab es in Österreich und Deutschland nicht. Vgl. dazu H. D. Zimmermann, Zu Lebzeiten verschollen. Zum 70. Geburtstag von Franz Tumler, in der »Frankfurter Rundschau« vom 16. Januar 1982.

5 D. Dell'Agli, Nachprüfung eines Vergessenen. Literarischer Außenseiter, moderner Erzähler, erzählender Skeptiker, in: »Die Zeit«, 15. Januar 1982, S. 34.

6 F. Tumler, Warum ich nicht wie Adalbert Stifter schreibe, in: Fünfzehn Autoren suchen sich selbst, hrsg. von Uwe Schultz, München 1967, S. 140–155.

7 F. Tumler, Ein Landarzt. Notizen zu einer Überlieferung, in: »Die Rampe«, Hefte für Literatur, 2/1981.

8 F. Tumler, Wie entsteht Prosa, zuerst in: »Poetik«, VII. Folge des Jahrbuchs »Gestalt und Gedanke«, hrsg. von der Bayerischen Akademie der Schönen Künste, München 1962 (jetzt zu lesen in: F. Tumler, Landschaften und Erzählungen, München 1974, S. 366).

9 F. Tumler, Der Schritt hinüber (jetzt in: Landschaften und Erzählungen, a. a. O., S. 110).

10 Ebda. S. 121.

11 Ebda., S. 114 und 151.

12 Ebda., S. 152.

13 Ebda., S. 108.

KLAUS WEISSENBERGER

Die Transparenz der epischen Fiktion.

Von »Ein Schloß in Österreich« zu »Pia Faller«

Mit dem erkenntnistheoretischen Grundsatz »Immer geschieht etwas anderes, als das, was geschieht ... Was eigentlich geschieht, läßt sich nicht herunterdrehen auf eine Geschichte« (*Schritt*, 87) und mit der in einem reziproken Verhältnis dazu stehenden poetologischen Schlußfolgerung »Erzählen heißt Zeit verwirklichen«[1] hat Franz Tumler das spezifische Spannungsverhältnis zwischen Wirklichkeit und poetischer Darstellung umrissen, das seine Erzählhaltung seit den mehr programmatischen Anfängen im *Schloß in Österreich* in zunehmender Konsequenz bestimmt. Über eine Objektivierung der dichterischen Sprache strebt Tumler Artikulationsprozesse der Wirklichkeit an, die ihn aufgrund seiner Skepsis gegenüber der Fiktionalisierung einerseits von der österreichischen Tradition der Fabulierkunst unterscheiden, während ihn andererseits sein Festhalten am metaphysischen Stellenwert der Kunst vom sprachexperimentellen Avantgardismus der Wiener und Grazer Schule abhebt. Allerdings läßt sich diese prekäre Mittel- und Sonderstellung zwischen den beiden vorherrschenden österreichischen Literaturströmungen nach dem Zweiten Weltkrieg trotz ihres Gegensatzes zur ersten gerade aus dieser ableiten, so daß sich Tumlers Unterschied zur gegenwärtigen Avantgarde in Einschränkungen als generationsbedingt verstehen läßt.

Franz Tumlers frühe Landschafts- und Naturerzählungen mit ihrem korrespondierenden Rückzug auf einen magisch-idealistischen Realismus gehören in den größeren epochalen Kontext der sich um 1930 konstituierenden Epoche der ›Klassischen Moderne‹, die angesichts der politischen, wirtschaftlichen und geistigen Krise eine Rückkehr zu vorexpressionistischen Stilhaltungen befürwortete und in der Naturdichtung der ›Inneren Emigration‹, die ohne eine eskapistische Verspielung eine Gegenwelt zur bedrohenden Wirklichkeit aufbaute, einen gültigen Ausdruck gefunden hat. So erklärt es sich, daß Tumler seine Erstlingswerke im »Inneren Reich«, einem der führenden Organe der ›Inneren Emigration‹, veröffentlichen konnte. Auch Tumlers Befürwortung des Anschlusses in seiner Schrift *Österreich ist ein Land des deutschen Reiches* (1939) muß als epochenbedingte Haltsuche im überindividuellen Bereich verstanden werden, und die ernüchternde Erkenntnis von deren verfälschendem Charakter hat den großen Umbruch in Tumlers Erzählhaltung ausgelöst, wie die beiden ersten bedeutenden Nachkriegswerke *Ein Schloß in Österreich* (1953) und *Der Schritt hinüber* (1956) erkennen lassen. Aber wegen des evolutionären Charakters dieser Wende hat Tumler bei allem Außenseitertum die Grenzen der ›Klassischen Moderne‹ nicht überschritten.

Doch zusätzlich zu dieser epochengeschichtlichen Zuordnung ist Tumlers Sonderstellung auch noch durch seine Herkunft aus Südtirol bedingt, von wo er zwar nach Linz im Alter von anderthalb Jahren nach dem frühen Tod seines Vaters mit seiner Mutter zog, ohne jedoch dort jemals ein Bewußtsein der Zugehörigkeit zu entwickeln. Nach dem Zweiten Weltkrieg hat Tumler dann Westberlin als Wohnsitz gewählt. Hatte im *Tal von Lausa und Duron* (1935) die Herkunft aus Südtirol einen thematischen Niederschlag gefunden, so bestimmt sie nach dem Zweiten Weltkrieg als Erzählperspektive des ›Provinziellen‹ im weitesten Sinne, d. h. der Verleugnung eines patriarchalisch-zentralisierten Weltverständnisses, Tumlers Sonderstellung bis zur poetologischen Rechtfertigung der Selbstdarstellung der Wirklichkeit.

Tumlers Entwicklung auf eine autonome Wirklichkeitsgestaltung ist graduell. Prinzipiell beruht sie auf der Relativierung der traditionellen Erzählstruktur, deren Modellcharakter oder Absolutheitsanspruch, wie sie sich in der Einheit von Erzählablauf und Erzählperspektive und einer sich als objektiv gebenden, weil uniformen Weltbewältigung manifestieren, Tumler in wachsender Radikalisierung für eine autochtone Wirklichkeit durchlässig macht, wobei die Gattungsgrenzen verschwimmen und eine zunehmende Lyrisierung zu erkennen ist. Letzter Grenzpunkt dieser Entwicklung ist das Sachbuch *Das Land Südtirol* (1971), in dem die totale Umkehrung des vorherrschenden Subjekt-Objekt-Verhältnisses von Mensch und Welt erreicht ist, aber keineswegs wie im ›Neuen Realismus‹ einer Verherrlichung des Trivialen und Banalen gehuldigt wird, sondern die Befreiung aus dem Schablonencharakter der traditionellen Erzählstruktur bis zur Überschreitung der poetischen Grenze führt.

Die erste entscheidende Stufe zur Auflösung der traditionellen Erzählstruktur bildet *Ein Schloß in Österreich*. Zwar sind die Auflösungstendenzen noch überwiegend programmatischer Natur, so daß die dichterische Intention und das Festhalten an der narrativen Einheit in Widerspruch zueinander geraten. Doch das Werk hebt sich gerade mit der Behandlung des Zentralmotivs deutlich von dem zeitgenössischen österreichischen Roman ab, in dem das Schloß als Schauplatz und geistiger Mittelpunkt bewußt die literarische und sozio-politische Tradition des ›alten‹ Österreichs verkörpert,[2] während Tumler dagegen ausdrücklich das Ende des Habsburg-Mythos und seiner literarischen Entsprechung demonstrieren will.[3]

Wenn Tumler dann doch an der Einheit der narrativen Struktur festhält, wird es offensichtlich, daß er keinen absoluten Bruch mit der traditionellen Erzählhaltung anstrebt, sondern sie für seine dichterische Intention durchlässig machen will. Denn in der Absicht, das »letzte Kapitel des Lebens« in einem Schloß von 1939 bis 1949 nachzuzeichnen, löst sich der Symbolcharakter des Schlosses nicht nur als Repräsentant des Habsburg-Mythos, sondern darüber hinaus als Garant eines universalen Welt- und Wirklichkeitsverständnisses, wie es im Gottesgnadentum der Aristokratie bis zur Moderne bestimmend geblieben ist, auf. Dem entspricht von dichtungslogischer Seite das Fragwürdig-Werden des Mythos in seiner Wiederholbarkeit für die Mimesis der epischen Fiktion, deren Relativierung Tumler allerdings noch auf Elemente des äußeren Gehalts wie Motivik, Oberflächenstruktur der Symbolik und Handlung beschränkt.

Die Entmythisierung des Schlosses korrespondiert mit der Entheroisierung der Protagonisten und deren Erkenntnis oder dem Unvermögen und Unwillen zu dieser, daß »dieser gewisse Urtrieb, die Welt unter allen Umständen an sich zu reißen«

(274), auf immer verloren ist. Während die Haupthandlung des Romans um die Personen kreist, die sich gegen die Selbstbestimmung des Schlosses Bergheim sperren, dienen die Nebenfiguren dazu, ein genuines Wirklichkeitsverständnis zu akzentuieren. So entlarven sich die Bemühungen Joachim von Plümekes, das Schloß zu restaurieren, als auch seine Liebesbeziehung zu Elise Uhlig als trügerisches Abenteurertum oder illusionäres Filmszenario, weil nämlich Plümeke und Elise dem Zufall und wahllosen Zeitablauf das Schablonenhafte einer gewollten künstlichen Ordnung unterlegen, einen der Selbstbestimmung zuwiderlaufenden Kausalnexus, statt zu erkennen, daß man im Schloß nur von der »Gnade der Zeit« (451) lebte, von deren »Hoffart« geblendet (525), und daß es nur gelten konnte, das Verhängnis »hinzunehmen« (525). Daher stellt die Geburt Dietmars, dessen Namen Elise in bewußter Schicksalsverweigerung dem ersten Schloßherrn Dietmar von Aist entlehnt, nur die Scheinerfüllung von Plümekes und Elises gemeinsamer Schloßrestauration, ihr »endlich erreicht« (451) dar, das durch die russische Besetzung des Schlosses endgültig zerbrechen muß.

Im Gegensatz dazu ist die Arbeitswelt des Arztes Böhmer in Schellenbach eng mit den wirkenden Kräften der Landschaft und ihrer Leute verwoben; trotz aller Ereignisreichheit des ärztlichen Berufs und in der Familie muß sich Elise eingestehen: »Nichts Neues – echt galt es doch nur hier herüben in Schellenbach« (451), und deutet mit dem »herüben« den anderen für sie jenseitigen Bereich des Einklangs von Mensch und Landschaft an. Er geht bis in die etymologisch noch nachvollziehbaren Landschaftsnamen, denen Tumler als Vermächtnis seines frühverstorbenen Vaters immer wieder in seinem Werk nachspürt.[4] Von den Schloßbewohnern ist es vor allem die Gestalt des Onkels Paul, die fast den Standpunkt des Überzeitlichen und Übergeschichtlichen einnimmt und von daher sowohl die Hybris hinter den weltpolitischen Aspirationen des Dritten Reiches als auch das Vergebliche der Schloßrestauration erkennt. Der alternde Onkel vertritt am genauesten die Überzeugungen des Autors und geht deshalb nicht von ungefähr einer ethnographisch-geologischen Landschaftskunde nach, die geheime Beziehungen zwischen Landschaft und Menschen bis in das weltpolitische

Geschehen nachweist und die individuelle Topographie aus einer historischen Schablonenhaftigkeit reißt. Zu dieser Position der Resignation kämpft sich auch der Forstmeister Gruß durch, der sich in seinem Verzicht auf Elise und eine Anwartschaft auf das Schloß in den Dienst des »Abgesangs« stellt und folgerichtig in dessen Ausübung bei der Besetzung des Schlosses sein Ende findet. Sehr viel weniger überzeugend schneidet Elises Mann Werner Uhlig ab, dessen Einsicht in den »Zusammenhang der Dinge« im Vergleich zu Elises endgültiger Absage an Plümeke verschwommen bleibt.

In diesem leicht überschaubaren Spektrum des Wirklichkeitsverständnisses bleibt die Erzählperspektive eindimensional und konstant; sie entspricht darin dem einheitlichen Erzählablauf zu einem derartigen Grad, daß die Intention, keinen traditionellen Roman zu schreiben, nicht eingelöst erscheint. Diese bleibt deshalb auch primär auf das Stoffliche beschränkt, aber auf dieser Ebene so eklatant, daß damit ein Gegenbild zu den politischen und literarischen Restaurationsbemühungen des Nachkriegsösterreichs entworfen wird. Im Schloß Bergheim und der Landeshauptstadt Linz, zu der das Schloß in einer ursächlichen Beziehung steht, manifestiert sich der emanzipative Geist der Provinz, den es für Tumler gegenüber allen zentralistischen Ideologien durchzusetzen gilt. Da von diesen die metaphysische Ordnung nicht mehr repräsentiert wird – »schon dreimal haben sie ihre Seelen verkauft« (5) –, können Mensch und Welt ihre Sinngebung nur aus ihrer wirklichkeitsgebundenen Selbstbestimmung gewinnen.

Genau am Ende des Schloß-Romans setzt, was die Handlung betrifft, *Der Schritt hinüber* von 1956 ein. Die Konstellation der Protagonisten ist ähnlich, und auch der Erzählablauf scheint gradlinig, die Erzählperspektive eindimensional zu sein. Jedoch verselbständigen sich die Figuren gegenüber der Fabel, bis diese zugunsten einer visionären Aufhebung von räumlicher und zeitlicher Bedingtheit verschwimmt – ein Prozeß, der durch die Poetologisierung der Fabel ermöglicht wird.

Indem die Handlung nur vage in die russisch besetzte Zone Österreichs nach 1945 ohne genauere Orts- und Zeitangaben verlegt ist, erhalten die Personen in ihrem wechselseitigen Zusammenspiel exemplarischen Charakter, und der Landschaftsbezug verabsolutiert sich als Steigerung der Provinzperspektive zum selbstgenügsamen Paradies (154). Zwar steht Susanna Jorhan im Mittelpunkt des Geschehens, doch entgleitet ihr immer mehr die Kontrolle darüber, bis sie selber zu dessen Objekt und zum Katalysator für die Selbstverwirklichung der vier Männer um sie wird. In ihr kreuzen sich die Lebensbahnen ihrer Bewerber, die zu je zwei polaren Spannungsfeldern gepaart sind und die Tumler in ihrem Streben nach der zu erreichenden Frau auf die beherrschende Grundsituation der menschlichen Gesellschaft zurückführt. Während Axel von Wernow, der ehemalige Grundbesitzer, und Kolja, der junge russische Leutnant, in ihrer Suche nach Susanna oder besser der Wahrheit um sie wie Jäger und Reiter aufeinander bezogen sind, repräsentieren der russische Kapitän als Kommandant seines Rayons und Karl Jorhan als Vertreter der »Neuen Welt« das andere komplementäre Spannungsverhältnis. In dieser Konstellation vertritt Axel die alte durch Krieg und russische Besetzung zerbrochene Ordnung, die er mit Hilfe Susannas wieder aufrichten will, und auch Kolja sieht in Susanna ein Stück seiner Heimat, wo »noch die Bäume sprechen und die Menschen ihre Namen wechseln, als wäre jeder zugleich ein anderer« (17); deshalb muß gerade er Susannas Vertrauensbruch als Selbstverlust begreifen. So wie Jagdhund und Schimmel, die ihnen zugehörigen Tiere, in dieser Zeit ihre Funktion verloren haben, sind der westliche Feudalismus und der östliche naturdämonische Monismus, die sie jeweils verkörpern, ebenfalls wirklichkeitsfremd und deshalb zum Scheitern verurteilt.

Sie existieren höchstens als Fabelwesen in dem vom Kapitän künstlich errichteten Paradies seiner Waldfeeheimat, der von ihm geschaffenen Ordnung, die auf der Selbstgestaltung von Wahrheit und Wirklichkeit beruht und in der sich das absolutistische Selbstverständnis jeder Macht und Institution manifestiert. Doch auch der Kapitän muß angesichts der Selbstverwirklichung von Axel und Kolja in Tod und Mord das Illusionäre seines Unterfangens erkennen:

»Der Himmel war schwarz, ein Loch. Nur wenn oben kein Loch wäre, sondern ein Wesen, mit dem er unterhandeln könnte, hätte es auch hier herunten Wesen und Geschichten geben können ... was Ordnung war, wußte niemand!« (211)

Dem Plan zur Selbstgestaltung des Paradieses unterliegt, wie Axels Festhalten an der alten Ordnung oder Koljas Aufgehen in seiner heimatlichen, der als lebensnotwendig empfundene Drang zur Weltbewältigung gegenüber dem andrängenden Seienden mit Hilfe von universalen Kategorien. Seine Erfüller waren ursprünglich die Heroen der Vorzeit und der Mythologie, die als Leitbilder bis in die Gegenwart gültig geblieben sind, aber für Tumler ihren Verbindlichkeitscharakter eingebüßt haben. Deshalb steht im komplementären Gegensatz zum schemenhaften Kapitän der konturlose Karl Jorhan mit seinen »unheroischen Tugenden von Verständnis, Verzeihen, Gutwilligkeit und Verschweigen«.[5] Er befindet sich »drüben« in einem nicht von den Russen besetzten Teil Österreichs, der mit der Bezeichnung »Neue Welt« auf die zu leistende geistige und sozio-politische Neuordnung Österreichs und der Welt nach 1945 anspielt.

In dieser Konstellation zwischen den vier Männern enthüllt sich Susannas Betrug ihnen gegenüber und ihr Selbstbetrug als Umkehrung des Penelope-Mythos. Indem durch ihr, wenn auch wohlgemeintes Handeln Wahrheit und Wirklichkeit für alle Beteiligten ihren Absolutheitswert eingebüßt haben, bleibt nur die Möglichkeit des Opportunismus – wie bei der Lehrerin – oder die des Grenzübertritts in einen Selbstvollzug der Wirklichkeit, der außerhalb der mythischen Nachvollziehbarkeit der erstarrten und zu Geschichte und Geschichten verkrusteten Zeit liegt – faktisch die Einbeziehung des Todes in das Leben. Als Führerin bei diesem Grenzübertritt dient Susanna die erste Gestalt, die ihr in der »Neuen Welt« begegnet, die Krankenschwester Fini Pallas-Ledwinka, über deren Namen gesagt wird: »Dieser Doppelname, – woher mochte er kommen? Pallas schrieb man mit griechischen Buchstaben, Ledwinka wohl mit kyrillischen, das war beides ähnlich. Alles war ähnlich, und doch nicht dasselbe.« (222) Diese Projektion aus Susannas Erkenntnis *»es ist in den*

Dingen schon drin, daß wir uns hinüberbringen« (201) steigert sich bis zur Identifizierung mit Fini und der daraus resultierenden Vision einer überwirklichen Verständigung zwischen allen beteiligten und betroffenen Personen, die Susanna letztlich vorgeschwebt hatte, aber dic sich nicht nacherzählen ließ, so daß die anderen daran glauben konnten.

In der Vision kulminiert auch der Erzählprozeß, der auf der eingangs zitierten erkenntnistheoretischen Feststellung basiert »Immer geschieht etwas anderes, als das, was geschieht ... Was eigentlich geschieht, läßt sich nicht herunterdrehen auf eine Geschichte« (87). Denn sie ist sowohl handlungsmäßig als letzte Konsequenz aus der Selbstverwirklichung der Protagonisten als auch erzähltechnisch aus der gegenseitigen Kontrastierung und Reflektierung der Erzählebenen und -stufen hervorgegangen. Die Fabel ist je und je durchlässig gemacht worden für die Verwirklichung einer nur im Selbstvollzug erfahrbaren Überwirklichkeit – den Akt der mystischen *unio,* der in einer Verschränkung der Motivik und Symbolik des Einkreisens, der Schraube, der Flamme und der bereits genannten Tiere mit dem Erzählvorgang der ständigen Gegenüberstellung bis zur Verschmelzung in der Vision zur poetologischen Rechtfertigung führt.

Auch wenn die Erzählperspektive noch eindimensional ist und der Erzählablauf gradlinig, bereitet sich deren Relativierung im *Schritt hinüber* vor und ist dann in dem Roman *Der Mantel* von 1959 vollzogen.

Im *Mantel* dient die Erzählung über Huemers Anschaffung eines Mantels, dessen Verlust, Wiedergewinnung und dann endgültigen Verzicht – als Handlung alles nicht nennenswerte Begebenheiten – dazu, über die eigentliche Nicht-Wirklichkeit und ihre Berichterstattung zu einer wirklicheren Wirklichkeit im Akt des Niederschreibens vorzustoßen. Der Erzähler versteht sich ausdrücklich nur als Chronist, fast auf der gleichen Stufe wie Huemer, und fügt nur die diversen Berichte und Kommentare über die einzelnen Abschnitte von Huemers Geschichte zu einem Ganzen zusammen. Durch die Mittelbarkeit der Erzählerinstanz und die betonte Relativierung der verschiedenen immer wieder modifizierten Berichte wird eine Erzählperspektive der Unsicherheit und Fragwürdigkeit der Fabel gegenüber beherrschend, so daß diese nur Anlaß für die Facettierung des Erzählvorgangs selber wird.

Bereits wie Huemer zum passiven Objekt der Handlung wird, sie sich an ihm vollzieht, doch vollends wie er über das Geschehen und sein eigenes Beteiligtsein wie über eine dritte Person spricht, verliert er jeglichen Charakter des Heroischen und damit seine Geschichte den Charakter des Exemplarischen, der über die Verschränkung mit dem Kriterium der Nachvollziehbarkeit und Wahrscheinlichkeit die Korrelation von Mythos und Mimesis im traditionellen Roman konstituiert. Selbst von den Zuhörern wird die Wahrscheinlichkeit von Huemers Erzählung angezweifelt, so daß sich durch deren Wiederholen im selben Kreis der Akzent noch viel stärker auf den Erzählvorgang, besonders die Perspektive und den Zeugenwert des Berichteten verschiebt. Dem entspricht die gänzlich ›unheroische‹ Rechtfertigung für die Niederschrift der Erzählung; denn auf diese Weise Linz als Schauplatz der Geschichte bekannt zu machen, läuft jeglichen Glorifizierungstendenzen lokalpatriotischer Provenienz entgegen, so daß sich statt dessen die Perspektive der Provinz als Relativierung sowohl des Modellcharakters des traditionellen Romans als auch letztlich der Wirklichkeitserkenntnis geltend macht.

Noch viel stärker als in seinen Freunden und Bekannten zeigt sich in Huemer die Unfähigkeit, »zu Hause zu sein«, d. h. den erfüllten Augenblick der Zweisamkeit zu erleben. An Huemer demonstriert sich das prinzipielle Gebrechen der gegenwärtigen Gesellschaft, durch Klassifikationen und Systematisierungen der Wirklichkeit und sich selbst zu entgleiten und deshalb im Exil seiner eigenen Vergangenheit zu leben. Die Stadt mit ihren Cafés und der künstlichen Zweisamkeit und Naturvortäuschung im Caféhausgarten, die Vielzahl der Türme mit ihren Uhren, die die Zeit einteilen und berechnen lassen, und schließlich das Zähmen der Natur – in Linz besonders an der Fluß- und Straßenbegradigung zu erkennen – stellen die verschiedenen Bereiche der Wirklichkeitsentfremdung dar. Von daher gipfelt der Roman in Huemers Selbsterkenntnis seiner prinzipiellen Unfähigkeit,

»aus eigenem über sich selbst hinauszugehen, an einem Ort zu Hause zu sein, oder mit einem anderen Menschen zu Leben zu kommen. Er hatte erkannt, daß er sich über diesen Mangel nie würde täuschen können – und eigentlich hätte zu leben aufhören müssen, weil menschliches Leben nur diese Täuschung ist: immerfort Hoffnung, es könne einmal gelingen, ganz hinüberzugehen zum andern und zu Hause zu sein. Bei ihm war die Hoffnung nicht mehr; und er wußte es. Das war ihm geschehen, als er seinen Mantel verlor.« (235)

Trotz dieser resignierenden Selbsterkenntnis hat gerade Huemer Beispiele für sein »Hinübergehen« mitgeteilt, so in seiner Erzählung über das unbewohnte »andere Ufer« am Weifeninger See, »wo alles wiederkommt, nichts verloren ist, wo aber alles auch schon Vergangenheit ist, was an dem bewohnten Ufer noch lebt« (192). Dieses Prosagedicht komplementiert Huemers Bericht über seine Nachforschungen nach dem Verbleib seines Mantels in der Sandgasse, wo sich die Bewohner am Abend vor einem Haus um einen alten Brunnenstein versammelt haben oder bei offenem Fenster an dem absichtslosen Zusammensein teilnehmen und ein Bild vorgeschichtlichen Friedens verkörpern. Wie beim See wäre Huemer deshalb am liebsten von den Leuten gar nicht weggegangen.

Huemers Bericht über die abendliche Idylle in der Sandgasse ist aber nicht nur symptomatisch für das Sich-selbst-Ausschließen aus der Wirklichkeit, sondern es kennzeichnet auch die Situation Tumlers, dessen dichterischer Auftrag es ist, die verlorene Unmittelbarkeit zumindest im Bild einzuholen. Dazu ist die Transparenz der Fabel nötig, da diese ansonsten nur das Ausfüllen der leeren, ausgehöhlten Zeit veranschaulicht, das sprachlich bis in die Kategorisierungstendenzen der Syntax bestimmend bleibt (84). So rechtfertigt sich die Erzählstruktur der sich gegenseitig ergänzenden, modifizierenden und einschränkenden Berichte und Kommentare, der Unterbrechungen des sukzessiven Erzählablaufs, Vorwegnahmen und Rückblenden als konsequente Weiterführung der Auflösung der Fabel, mit deren Hilfe eine dichterische Annäherung an eine wirklichere Wirklichkeit vollzogen wird. Analog dem Fluß, der das »Nichtmehr und Nochnicht« (230) verkörpert, verweist diese poetische Wirklichkeitsgestaltung auf das Zusammenfallen von Handlung und Nicht-handeln zum wesenhaften Sein.

Trotz dieser sehr kunstvollen Erzählstruktur stellt *Der Mantel* nur eine Vorstufe zu Tumlers höchster poetischer Meisterschaft dar und zwar deshalb, weil sich die Kontrapunktik der mehrdimensionalen Erzählperspektiven prinzipiell noch auf der gleichen Ebene der sozio-topographischen Determination abspielt und daher die dynamische Skala der Bewußtseins- und damit auch Verwirklichungsebenen von der geologisch-geographischen bis zur kosmisch-metaphysischen nicht erfassen kann. Auf eine derartige Totalität der Wirklichkeitsgestaltung steuern die späteren Werke angefangen mit der Erzählung *Volterra* von 1962 hin.

Aus der Gegenüberstellung von Volterra, der bewohnten Stadt, mit Ansedonia, der unbewohnten, die in der Frage »Von wem bewohnt?« und der Feststellung »Der Unterschied ist nicht groß« ihre zwei Antriebssätze besitzt, geht eine lyrische Darstellung der Gleichzeitigkeit und Interdependenz von Leben und Tod, Vergangenheit und Gegenwart hervor, die trotz ihrer extremen Subjektivität durch die Bindung an den Gegenstand eine Transparenz des Erzähler-Ichs bewirkt und dadurch an Objektivität gewinnt. In diesem Stück lyrischer Prosa – so Tumlers eigene Gattungsbezeichnung – hat er die vollkommene Loslösung von der traditionellen Erzählstruktur vollzogen. Es gibt keine nacherzählbare Fabel mehr, und es gibt auch keine fixierte historisch-geographisch vorherbestimmte Wirklichkeit von Volterra, dessen mythische Dimension, statt dessen entsteht im Akt des Schreibens ein Geflecht von Daseinsbezügen, das über das Aufzeigen der Korrespondenzen zwischen Ansedonia und Volterra – so zwischen Zisterne und Baptisterium, Kapitol und Straßenkreuzung, Wächter und Polizist, Schritten und Prozession – ein Zurückholen der Dimensionen seiner ursprünglichen Wesenheit bewirkt, ohne, und zwar wegen der Bindung an das erfahrende Erzähler-Ich, den Gegenwartsbezug zu verlieren, so daß daraus die Totalität des Gegenstands als seine wirklichere Wirklichkeit erwächst. Diesen Schaffensprozeß hat Tumler in seiner poetischen Rechtfertigung mit dem Titel *Wie entsteht Prosa*, in der er sich ausdrücklich auf *Volterra* bezieht, dahingehend präzisiert:

> »... immer weiterzugehen – vom Eindruck und der bloßen Nachzeichnung in ein vom Erlebnis losgerissenes, unabhängiges Schreiben. Dieser Weg einer Lösung der Dinge von Voraussetzungen außerhalb des Geschriebenen zu einer in ihm unabhängigen Existenz scheint mir der eigentliche Weg zu sein, der in jeder Arbeit zurückgelegt werden muß.« (42)

Es ist ein Weg, der in Bahnen verläuft, die denen der mystischen Gotteserkenntnis analog sind – das Durchlaufen der verschiedenen Emanationsstufen bis zur Totalitätsschau; entsprechend gipfelt er in *Volterra* in einem ›Grenzübertritt‹, dem Ort, wo das »Rot der Engel«, das menschliche Abbild des Göttlichen, nicht mehr umkehren muß, sondern als Engel durch den Stein geht (31).

Wie in der Gegenüberstellung der Personen in den früheren Romanen oder der Kontrapunktik der Erzählebenen im *Mantel*, so ist es in *Volterra* das Gegeneinander und Miteinander der Stimmen der Erinnerung, die in ihrem Rollenspiel zu einer authentischen Stimmhaftigkeit von Dargestelltem und Darstellung – der Unterschied zwischen beiden ist aufgehoben – führt. Tumler sagt darüber selber:

> »In *Volterra* sind es Stimmen verschiedener Art, die Stimme der Erinnerung, die Stimme der genaueren vertieften Erinnerung, die antwortet oder ergänzt, es muß eine solche ... Wirklichkeit in diesen Stimmen sein, daß sie da ist.«[6]

Eine derartige Wirklichkeit ermöglicht selbst die »Erinnerung« von Nicht-Stattgefundenem: »und nun erzähle ich dir etwas, das damals nicht geschehen ist, aber das ich, seit ich dir von Volterra erzähle, oft vor mir sehe, wie es geschieht« (30).

Dieser Stimme des Du wird erzählt, und sie ergänzt zugleich, um in der Einheit von nicht-wissend und mehr-wissend die Präzision des Erzählten bis zur Epiphanie seiner Wesenhaftigkeit zu steigern. Voraussetzung dieser Totalitätsschau ist dabei auch die Weiblichkeit des Du, die der männlichen Perspektive in archetypischer Komplementarität zur Gestaltung verhilft:

> »Ich wußte es lange schon in Worten, aber nicht, wie es war ... Du mußt es mir zeigen. Du sagtest ... Ich hörte es; Worte, Benennung, Schritte; und langsam erinnerte ich mich, wie es dort war.« (32f.)

Das Du einer Frau dient auch in *Nachprüfung eines Abschieds* (1964), in dem Tumler seine Intention am gelungensten verwirklicht sieht,[7] dazu, als Bezugspunkt des Erzählens eine letztmögliche Rechtfertigung und darin Selbstverwirklichung des Erzählenden zu bewirken, die dieser vorher als Erlebender nicht besessen hatte. So wie das Erzähler-Ich von sich wie von einer dritten Person berichtet, erinnert es sehr an Huemer aus dem *Mantel*, und tatsächlich gibt es auch eine Mantelepisode, bei der das Erzähler-Ich einen verliehenen Mantel unnötigerweise zurückverlangt und zwar wegen eines schon einmal eingebüßten. Doch während der negative Held im *Mantel* noch eine zusammenhängende Geschichte erzählen kann, gibt es für ihn in *Nachprüfung* nur noch Stücke von Erinnerung im »Hinab und Weiter« des Abfalls aus dem reinen Augenblick der Erfahrung in die Zeitlichkeit. Entsprechend ist seine physische Perspektive die aus einer Kellerwohnung in einer Ruine, kaum mehr teilhabend an der Wirklichkeit wegen einer ständigen Folge von Schuld und Versäumnis, oder das Erzähler-Ich erkennt sich in der Gestalt einer fast Blinden wieder, die sich zwischen den Schatten der Wirklichkeitsbegegnung hindurchtastet.

Aus diesem Zustand der Unterwirklichkeit wird das Ich durch einen Rechenschaftsbericht seines ständigen »Abschiednehmens« zumindest zeitweilig erlöst und zwar durch die Wiederbegegnung mit der Frau, d. h. durch die menschliche Grundkonstellation des Miteinanders von Mann und Frau, die es allein ermöglicht, wegen der ihr immanenten Reziprozität von Schuld und Läuterung das Alleinsein im Akt der »Nachprüfung« aufzuheben. Indem die Frau zugleich die Leidende und Zuhörende ist, erfüllt sie die Funktion des dichterischen Mediums: »Aber nur weil du hereingekommen bist und mir zuhörst, fange ich an, es zu sehen, und erkenne die Farben« (55) und »Die Frau hört mir zu; und solange sie es tut, sind es Geschichten. Sie macht sie durch ihr Zuhören, nicht ich« (91). Dabei ist sich das Erzähler-Ich des Gegensatzes zur gelebten Zeit bewußt:

> »Aber ich kann die gelebte Zeit nicht wiederholen. Lieber halte ich mich an die Möglichkeiten, die es genauer umschreiben mit Abfahrt und Ankunft.« (24)

In einem Eingrenzen der gelebten Zeit mit Wörtern und Worten gelingt es Tumler, das Versäumnis der Wirklichkeit als Dichtung zu wiederholen und somit wiederzuholen – diese Doppelbedeutung des Verbs ist bezeichnend für Tumlers ausgereifte Poetik. Ebenso kennzeichnend ist das Bild des Fahrens – in *Nachprüfung* mit der Eisenbahn, aber sonst vor allem das Autofahren –, das im Zusammenfallen von Gegenstand und Erzählen zur Metapher für den dichterischen Prozeß wird und letztlich in der Unmittelbarkeit der Simultaneität von physischer Bewegung und geistiger Vorwegnahme die Einheit von Zeichen und Bezeichnetem beinhaltet. Da es sich aber beim dichterischen Prozeß immer nur um einen Nachvollzug von Wirklichkeit handeln kann, muß das Bewußtsein davon auch die Erzählstruktur bestimmen: »Worte, Zeit und die Einbildung, daß wir in ihr leben und überhaupt zu leben glauben, ist ein ... Hilfsmittel, eine Erfindung der Erzählung« (78). Deshalb kann die dichterische Intention nur darauf abzielen, eine Selbstverwirklichung unabhängig von vorgegebenem Stoff und Handlung zu erreichen. So ereignet sich in *Nachprüfung*, obwohl von der Handlung her die Möglichkeit der Läuterung selbst in der Pristinität der schneebedeckten Paßhöhe verspielt wird und zu einer »Blähung von Worten« (84) verflacht, ein graduelles Sich-Lösen von Schuld und Versäumnis gegenüber der Frau und der Wirklichkeit schlechthin – und zwar als Grenzübertritt in der Selbstverwirklichung der dichterischen Sprache.

Dieser Prozeß ereignet sich in einem weitaus komplexeren Beziehungsgeflecht in dem Roman *Aufschreibung aus Trient* von

1965, dessen verwandte erzählerische Intention der Präzisierung von Wirklichkeit bereits im Titel erkenntlich wird, nur daß sie in diesem Fall nicht mehr auf das Erzähler-Ich beschränkt ist, sondern diese in den umfassenden Raum und Zeit umspannenden Kontext sowohl von geographisch-historischer als auch ethnologisch-familiengeschichtlicher Reziprozität gestellt wird, aus der dann die Fabel in einer vollkommenen Umkehrung des traditionellen Subjekt-Objekt-Verhältnisses hervorgeht; d.h. die Fabel ist nur der Hintergrund für den großräumigen oder mehrdimensionalen Kontext, statt Selbstzweck zu sein. Scheinbar ausgelöst wird die Handlung durch einen fast tödlichen Autounfall vor Trient auf einer Fahrt, die der Erzähler mit einer ihn begleitenden Frau von Berlin nach Italien geplant hatte, ohne aber bei seinen Verwandten in Südtirol die Reise unterbrechen zu wollen. Das darauffolgende Warten in Trient, bis der Wagen repariert ist, dient als Anlaß, sowohl die Stadt und vor allem das Kastell zu besichtigen, in dem Cesare Battisti 1916 als Irredentist von den Österreichern gehenkt worden ist, als auch zur versäumten Selbstbesinnung des Erzähler-Ichs auf seine Südtiroler Abstammung und Familiengeschichte – ein betont autobiographischer Kontext, der in seiner überpersönlichen Erweiterung bis zur Landschaftsgebundenheit die Fabel in seine vollkommene Abhängigkeit zwingt, als ob sich die Landschaft den verlorenen Sohn »eingeholt« hätte (12).

In diesem mehrdimensionalen Kontext repräsentieren die Beziehungen zur Frau, zum Vater und zu Battisti die verschiedenen hierarchisch gestuften Ebenen der Partnerschaft und des persönlichen Wirkungsbereichs, auf denen sich das ›Provinzielle‹ jenseits eines Partikularismus und Lokalpatriotismus als eigentliche Wirklichkeitsbasis behauptet; in der Frau die persönliche Partnerin, im Vater die Familie mit ihrer topographisch-ethnologischen und daraus für Südtirol resultierenden politischen Verankerung und in Battisti die Konsolidierung aller Bezüge zur beinahe metaphysischen Perspektive oder deren Aufgehobensein in einer ideologiefreien, aber dennoch ganzheitlichen Wesensschau. Dabei ist es bezeichnend, daß sich von ihrer ganzheitlichen Perspektive her die Frau und Battisti entsprechen – die Frau als totale Intuition und Battisti als totales Bewußtsein – und in ihrer Komplementarität dem dargestellten Verwirklichungsprozeß von Erzähler-Ich und Landschaft Geschlossenheit und dadurch Authentizität verleihen.

Auf der Ebene des Erzähltechnischen korrespondiert die Aufhebung der zeitlichen Folge durch Vorwegnahmen, Rückblicke, Tempuswechsel mit dem ständigen Wechsel der Erzählperspektive zwischen zwei Stimmen, die eigentlich vier sind, um an die Stelle der Fabel als der in Raum und Zeit fixierten Geschichte deren Überhöhung in die Wirklichkeit des lebendigen Augenblicks zu setzen; die Nähe zur Lyrik ist unverkennbar. Von daher erklärt sich, daß sich die Prozesse der Wirklichkeitswerdung und Wirklichkeitsgestaltung gegenseitig bedingen und der Erzähler aus Unzufriedenheit »wegen dieser scheinbaren Deckung einer Sache durch Sprache« (329) um deren Identität ringt, die letztlich nur durch den absoluten Leser gelingt, da jedes Erzählen im Einbeziehen des Hörers bereits den Abfall der Erzählung auf die Ebene der fixierten Ordnung beinhaltet (37f.).

Gerade Südtirol und das Trentino bieten genügend Beispiele für das Verfehlen von Wirklichkeit durch deren Einordnung in ein kategorisierendes System. Linguistisch wäre die entstellende Überlagerung der ladinischen Ortsnamen, die die eigentliche Zugehörigkeit der Landschaft zum romanischen Mittelmeerraum noch bewahrt haben, durch das Deutsche zu nennen (255) und als folgenschwerstes kirchenhistorisches Ereignis das Konzil von Trient mit seinen festgelegten Glaubenssätzen, symbolisiert in den Stiegen im Dom, »wo sie sich die nachgemachte Welt festmachten gegen die wirkliche« (335). Dem entspricht in jüngerer Zeit die Hinrichtung Battistis, die ebenfalls wegen des Beharrens auf einer zu Buchstaben erstarrten Konvention erfolgte, und die Photographie von dieser Hinrichtung, die der selbstgefälligen Prostitution des Untertanengeistes ein verabscheuungswürdiges Zeugnis gesetzt hat.[8] Ihrerseits hat diese Hinrichtung wiederum zur Monumentalisierung und Heroisierung Battistis geführt, die genau dem gleichen Fehler der Festlegung verfallen ist. Erst mit den sich gegenseitig bedingenden Urteilssprüchen in dem Prozeß gegen die Carabinieri und in dem Mailänder-Prozeß gegen die Südtiroler Sprengstoffattentäter ist eine gerichtliche Flexibilität erreicht worden, die das historische und landeskundliche Beziehungsgeflecht zur Grundlage der Rechtsprechung erhoben hat.

Auf das Erzähler-Ich bezogen, ist es die Leugnung gerade dieses Beziehungsgeflechts, die den Erzähler schuldig werden läßt, und es ist das eigentliche Thema des Romans, über einen graduellen Abbau von Einbildungen, Vorurteilen, Mythisierungen und Mystifikationen den reziproken Prozeß der Identifizierung mit den Stimmen der Wirklichkeit bis zur vollendeten Bewußtseins- und Erkenntniserweiterung zu führen. Die Problematik für die poetische Authentizität ergibt sich aus der Notwendigkeit, daß dieser Prozeß, der mit dem des Vaters, Battistis, des verhafteten Vetters und der Carabinieri ursächlich verknüpft ist, allein aus der vorgegebenen Wirklichkeitskonstellation zu lösen ist. Dementsprechend nimmt der Anfang bereits das Ende, allerdings in symbolisch verdichteter Form, vorweg.

Denn während schon die unvermittelte Schilderung des Hotels in Trient im Präsens auf eine nach dem Unfall neugewonnene Sensitivität der Wirklichkeit gegenüber verweist, ist es die auf den ersten drei Seiten gleich zweimal auftretende Farbkonstellation von weiß, rot und grün – der weiße Marmor, die rostroten Ziegel und die grüne Efeuwand oder statt der Ziegel »die roten Weintropfen auf dem weißen Stein« und dahinter die Efeuwand (8) –, die in dieser Eindringlichkeit die mystischen Farben der Offenbarung Johannis in der topographischen Konstellation vorgegeben sein läßt und daher richtungweisend für den Erkenntnis- und Freisetzungsprozeß des Erzähler-Ichs werden kann. Der Prozeß steigert sich dann über die nachgeholte »Begegnung« mit dem Vater bis zur Identifizierung mit Battisti – zwischen ihren Stimmen besteht kein Unterschied mehr (312) –, und die symbolische Entsprechung dafür manifestiert sich in dem Viereck Himmel, das sich beide, Battisti in seiner Gefängniszelle und der Erzähler durch das Einkreisen des Kastells, zum »templum« erhöht haben, dem ursprünglich in vorrömischer Zeit zur Vorsehung am Himmel abgesteckten Viereck, bevor dieser Ort des Grenzübertritts durch seine Monumentalisierung zum Bauwerk fixiert und kategorisiert worden ist. Indem Tumler seinen Erzähler mit seiner Partnerin aus diesem magischen Kreis wieder entläßt und sie auch die Stelle des Unfalls nicht wieder finden läßt, erfüllt er bis in diese Feinheiten sein Postulat der Wirklichkeitsgestaltung im Wort.

Der *Aufschreibung aus Trient* ist eigentlich Tumlers Sachbuch über *Das Land Südtirol* mit dem Untertitel »Menschen, Landschaft, Geschichte« von 1971 zur Seite zu stellen, das als Vorarbeit für den Roman gedient haben muß und die Hoffnung des Erzählers, »auf einen reellen Punkt zu kommen« in den Ansichten über seine Heimat (215), im vollen Umfang und größtmöglichen Detail einlöst. Zugleich ist es auch als konkreter Niederschlag der auf dem Boden des Reellen nachgeholten Begegnung mit dem Vater in Roman und Wirklichkeit anzusehen, die erst in der Befreiung von der Mythisierung – so auch in der Darstellung von Andreas Hofers vermeintlicher Vaterrolle für Tirol – zur Erfüllung des väterlichen Vermächtnisses geführt hat. Obwohl das Sachbuch kein Roman ist, liest es sich wie einer und ist der schlagendste Beweis für Tumlers angestrebte Objektivität der Sprache, die seine moderne Erzählproblematik sich nicht im manieristischen Experimentierspiel oder Verstummen verlieren läßt, sondern gerade durch ihren genuinen Wirklichkeitsbezug lebendig erhält.

Deshalb führt auch Tumlers bisher letzter Roman *Pia Faller* von 1973, bei dem es sich um ein Zurückholen der Linzer Kindheit aus der Perspektive der Berliner Existenz und der Konfrontation mit der unmittelbaren Erfahrung handelt, trotz seiner erzähltechnischen Verwandtschaft zur *Aufschreibung aus Trient* zu einer dieser spezifischen Wirklichkeitserfahrung entsprechenden Erzählhaltung. An die Stelle der geschichtspolitischen und dadurch dynamischeren Dimension im früheren Roman ist in *Pia Faller* die sehr viel intimere der Begegnung des Erzählers mit Frauen unterschiedlichen Alters zu unterschiedlichen Lebensstufen seinerseits getreten, und es ist die dichterische Intention, über die sich in ihrer örtlichen Bindung konkretisierenden Individualstrukturen zu analogen Erzählformen vorzudringen.

Die Erzähldynamik entwickelt sich aus dem Satz »Von Frau Faller weiß ich nichts, von Pia Faller nichts als den Namen« (24), und mit Hilfe von Entsprechungen zwischen der Gegenwart eines Er-Erzählers und der Vergangenheit eines Ich-Erzählers werden Richtigkeit und Widersprüchlichkeit dieses Satzes aufgedeckt; »und das Ende wäre: ein Heraufholen des vergessenen Anfangs und Verbindung mit dem jetzt – und Veränderung, Neues, das jetzt ist – Abreise zu dem Neuen« (8). Bei diesem Wieder-holen kommt es zwar zum Erzählen von Geschichten und Beschreibungen, und es scheint sich auch eine Fabel zu entwickeln, doch steht diese wie schon früher in vollkommener Abhängigkeit von dem sich herauskristallisierenden Beziehungsgeflecht, das in seiner Autonomie geradezu lyrisch ist.

Über die plötzlich auftretende Assoziation von Nanis Klavier und Klavierspielen mit dem als Kind genossenen Klavierunterricht von Frau Faller zwei Stock über der mütterlichen Wohnung in Linz beginnt die Kette von Entsprechungen, die bis zur Erkenntnis von der erwachenden Sexualität des Knaben durch die körperliche Verbindung von Musik und Schönheit in Frau Faller führt. Von daher erklären sich sowohl die Idealisierung der Fallerschen Wohnung und deren geistige Besitzergreifung, indem sie entgegen der Realität als genau über der mütterlichen Wohnung angesetzt wird, als auch das Verdrängen jeglicher Erinnerung an Frau Faller bei deren plötzlichem Weggang, und nicht nur an Frau Faller, sondern auch an jede weitere weibliche Verkörperung von Schönheit:

> »Vielleicht hatte es sich in mir ausgebreitet: das Bild der Frau Faller, das erste Erblicken von Schönheit und Person, so vernichtet bis zu einem Nichtmehrsehen auch anderer Personen, und Weggang von Schönheit. Das war mehr als ein Verlust von Namen ...« (163 f.)

Die Erkenntnis von dem erzwungenen Umzug der Fallers aus der oberen Wohnung deckt dann die sozial-politische Dimension des Verdrängungskomplexes auf, deren Totalitätsanspruch sich hinsichtlich des Erzähler-Ichs in dessen Verleugnung seiner Beziehung zu Ditha manifestiert, die unter einer ähnlichen Entwurzelung wie der Erzähler zu leiden hat, während er sich allgemein gesehen in Einbildung, Vorurteilen, Institutionalisierung von mitmenschlichen Beziehungen und Religiosität bis zur Regulierung der Natur – so in Linz der Donau – auswirkt. Gegenüber der vorherrschenden Kategorisierung von Mensch und

Welt, deren künstlichen Vervollständigung »wegen Ungenügens an der wirklichen, immer unvollständigen Welt« (135), sind es in Berlin Nani und in Linz der Freund aus dem Zollausschlußgebiet, die den Ausbruch aus der allgemeinen Ordnung gewagt haben, aber dafür in der Permanenz des Exils leben. Die prinzipielle Wirklichkeitszugewandtheit dieser Lebenshaltung zeigt sich besonders beim Freund, der die sozial-politische Fiktivität Österreichs im allgemeinen und von Linz im besonderen erkannt hat und nach der Donauüberschwemmung entgegen den früheren mechanischen Regulierungsideen auf eine »Verständigung mit der Donau« (160) drängt. Einen derartigen »Rückzug auf eine … ganz eigene Welt«, bei dem man sich »durch die macchia durchhauen« muß (166), will selbst Pia Faller trotz ihrer schematischen »Einspeichelung zu häuslichem Besitz« (115) anstreben.

Für das Erzähler-Ich erfüllt sich diese Haltung des Rückzugs als Wirklichkeitsbewältigung im Modus des Fahrens, bei dem Bilder hervorgerufen werden in einer »nicht nachprüfbaren Richtigkeit der Erscheinungen (ob ich sie sah oder sie machte), in diesem Weiterhinausgehen, *nicht* auf ein Ziel« (63), und diese spezielle ›Ziellosigkeit‹ bestimmt auch den Gang in das von der Donau überschwemmte Stadtviertel, wo sich die ehemalige Wohnung befindet. Deshalb dringt der Erzähler auch durch alle Sperren der Institutionalität hindurch und kann die Verständigung mit dem eigentlichen Urgrund seiner Existenz aufnehmen:

> »Wo niemand ist, war ich. Die Steine waren etwas von mir, von jemand, zu dem ich spreche; der morgen zu mir spricht – auch wenn ich ihn nicht höre, spricht; er hört mich: der Stein, dem ich erzähle; ich höre als Stein, wie wir im Schlafen immer reden.« (161)

Letztlich ist dies ein Rückzug auf die Wörter und die dichterische Sprache, mit denen allein Wirklichkeit wiederholt und wiedergeholt werden kann. Das Ende des Romans, ein Rückblick auf Linz, faßt das sich bis zur poetologischen Rechtfertigung steigernde Beziehungsgeflecht in ein Erzählen und Wirklichkeit verbindendes Bild:

»So weit heraußen hier, und so unerschöpft brennt der Stoff Leben in seinem Dunstkreis drüben, schmilzt den Reif an seinen Rändern ab, läßt nur die Friedhöfe mit aufgeschaufelter Erde außen liegen, harte Krümel Vierecke; der Mund will sprechen, hörbar, aber nur der Wind beatmet sie mit einer Sprache zwischen Gräsern ohne Wörter. Aus dem weichen Flaum geholt wird das Gras zu Holz, die Haut trocken; die Sprache, eine Flüchtlingin, erinnert sich im Traum an ihre Wörter. Wie du klein lagst, bliesest du die Luft delphinisch feucht, jetzt fließt du auf dem Wasser als auf einem Brett, schaumig, kieselig, reibst und schleifst deinen Namen als Fluß über dem Eisgrund, und als Straße mit Namen, metallisch, läßt sie zurück, fährst schon und fährst. Ein Gesicht, kleines Bild, Schmerz kaum noch kenntlich, frierst.« (183)

In diesem Stück reinster Prosalyrik ist von dichtungstypologischer Seite, wie es sich seit den mehr programmatischen Anfängen in *Ein Schloß in Österreich* immer konsequenter anzeigt, aus der reziproken Relativierung von »magischem« Ergriffensein von der Welt und »mythischen« Ordnungskategorien eine poetische Freisetzung beiden Zwängen gegenüber vollzogen, die Tumler selber als Epiphanie bezeichnet[9] und die das poetische Äquivalent für eine »mystische« Ich-Erweiterung darstellt. Von daher hat Tumler zur Wiederbelebung der hermetischen Tradition nach 1945 beigetragen, und auch seine ganze Entwicklung ist in Bahnen verlaufen, die denen von anderen zeitgenössischen Vertretern der hermetischen Tradition wie Günter Eich und Paul Celan analog zu sein scheint: von den natur-magischen Anfängen über die Transzendierung der reinen Naturimpression zu einer Ontologie des mystischen Augenblicks. Bei Eich resultiert die poetische Einlösung dieses Augenblicks als eines »trigonometrischen Punkts« für die »Abmessung im Nichts« in einer immer radikaleren Absage an die abendländische Kultur und Zivilisation, und sein ohnmächtiges Aufbegehren gegen die gesellschaftspolitischen Harmonisierungsbestrebungen der Nachkriegsrestauration verweist ihn im Alterswerk auf eine lexikalische Weltordnung, der allerdings bei aller Verwandtschaft mit

Tumlers Transgression des Dichterischen im Sachbuch über Südtirol ein übergeordneter Sinnzusammenhang fehlt. Auch Paul Celans als »wirklichkeitswund und Wirklichkeit suchend« formuliertes dichterisches Selbstverständnis steuert auf eine poetische Wirklichkeitsgewinnung, die in ihrer Sclbstbehauptung gegenüber Gott und Welt Tumlers Wirklichkeitsgestaltung durch die Sprache zu entsprechen scheint. Jedoch hat Tumler, anstatt auf Celans Kryptik einer »immanenten Transzendenz« auszuweichen, seine prinzipielle Wirklichkeitsbejahung immer schärfer präzisiert und dadurch die traditionelle Erzählstruktur dem modernen Wirklichkeitsverständnis öffnen können, so daß sein Werk trotz der gegenwärtigen Popularität von Sprachexperimentalismus oder ›Neuem Realismus‹ richtungweisend für die Weiterentwicklung der epischen Dichtung sein wird.

ANMERKUNGEN

Zitierte Werke Franz Tumlers:

Ein Schloß in Österreich, München 1975 (1. Aufl. 1953).
Der Schritt hinüber, Frankfurt/M. 1956.
Der Mantel, Frankfurt/M. 1959.
Volterra. Wie entsteht Prosa, Frankfurt/M. 1962 (= Ed. Suhrkamp 108).
Nachprüfung eines Abschieds, Frankfurt/M. 1964 (= Ed. Suhrkamp 57).
Aufschreibung aus Trient, Frankfurt/M. 1965.
Das Land Südtirol. Menschen, Landschaft, Geschichte, München 1971.
Pia Faller, München 1973.

1 Franz Tumler: Versuch einer Bewältigung der Zeit. Zu Alain Robbe-Grillet: Der Augenzeuge, in: »Der Monat« 10 (April 1958), 66.
2 Vgl. diesbezüglich Albert Paris Güterslohs »Sonne und Mond«, George Saikos »Auf dem Floß«, Gerhard Fritschs »Moos auf den Steinen«, Herbert Zands »Erben des Feuers« und Alfred Kolleritschs »Pfirsichtöter«.
3 »Dies ist die Geschichte von dem letzten Kapitel des Lebens in einem alten Haus. Zeit und Zufall haben sie gemacht. Ein Mann und seine Frau und ein anderer Mann kamen zusammen in dem besonderen Haus: einem Schloß; und das eben war die Hauptsache an dem Zufall, Schlösser gibt es nicht alle Tage. Es sieht nach Roman aus, aber für Romane ist es zu spät geworden in diesem Jahrhundert« (5).
4 So für diesen Roman im »Pühret«, »wo einst die ›Burte‹ gehauen wurde, die

Bündel Brennholz aus Erlen«; Erklärung zitiert aus: Österreichische Landschaft, in: Landschaften und Erzählungen, München 1974, 314.

5 Vgl. Waltraud Riedl: Tumlers Romane im Vergleich. Ergebnisse einer poetologischen und textgenetischen Untersuchung, in: Peter Demetz und Hans Dieter Zimmermann (Hg.): Arsenal. Beiträge zu Franz Tumler, München 1977, 116.

6 Peter Demetz: Werkstattgespräch mit Franz Tumler, im vorliegenden Band., 114.

7 Vgl. ebd., 113.

8 Vgl. diesbezüglich auch Karl Kraus' Verurteilung dieser Photographie in: Die letzten Tage der Menschheit, München 1957, 507.

9 Demetz (Anm. 6), 114.

JOHANN DRUMBL

Franz Tumler: Welche Sprache ich lernte

Wer, wie andere Leser meiner Generation, mit dem Werk Franz Tumlers erst 1974 anläßlich des Bandes *Landschaften und Erzählungen* bekannt wurde, war beim ersten Lesen von der Modernität dieser Prosa beeindruckt. Da waren konkrete Leseerlebnisse, die einem von Handke her vertraut waren, da war ein Ton, ein Stil und vor allem die Reflexion über das eigene Schreiben und zugleich über die Möglichkeit und den Anspruch von Literatur, die Tumler einen sicheren Platz unter den Großen der deutschsprachigen Gegenwartsliteratur zuweisen.

Dann der Blick auf die Daten der Erstdrucke: *Volterra* 1961, *Der Schritt hinüber* 1956, *Das Tal von Lausa und Duron* 1935. Für den Leser waren diese Daten unerwartet und für den germanistisch interessierten Leser waren sie irritierend. Daher das Bedürfnis, den Ursprung einer Modernität zu ergründen, die so unzeitgemäß war, daß sie nicht auf wohlwollende Rezensenten zählen konnte, um sich zu etablieren, dieses Wohlwollen auch nicht gefunden hat.

Beim Lesen, das von den Entstehungsdaten der Werke aus betrachtet ohne weiteres ein Wiederlesen hätte sein können, gewinnt das Werk an Nähe. Aber ist es nicht gerade der Versuch, jemandem näher zu kommen, der uns die Distanz erkennen läßt, die uns trennt? Tumlers Werke der sechziger Jahre zu loben, weil sie »modern« sind, als habe er sich gleichsam auf die Höhe der Zeit geschwungen, geht gerade am Wesentlichen dieses Werkes vorbei und mißversteht auch seine Bedeutung in der literarischen Tradition, die eine – vielleicht spezifisch österreichische – Tradition der Moderne ist, die unterirdisch fließt und ohne das Schlagwort vom jeweils »Neuen« auskommt – die Neue Generation, der Neue Roman, die Neue Sensibilität.

Ich möchte das an einem Beispiel kritischer Würdigung näher beleuchten. In einer 1965 erschienenen Arbeit über Tumler anläßlich des Erscheinens der *Aufschreibung aus Trient* hat Hansjörg Graf im »Merkur« eine Stelle aus dem Roman zitiert und kommentiert; ich gebe die Stelle in ihrem Kontext:

> »Und entwerfe ihr dieses Bild: wir können uns nicht verständigen, sage ich, wir können überhaupt nicht reden. Und denke: aber mit ihr kann ich es. Mit ihr lerne ich reden, weil sie mitgegangen ist, da habe ich angefangen. Rede sonst wie Fremdsprache, die mir nicht gebührt; das habe ich mein Leben lang gemacht: mich an die Sprache angepaßt, in der die anderen reden. Bin fix, habe es gelernt, mich anzupassen: an deutsch, an Mann und Schüler, an Ideale, Bekenntnisse, Pflichten, Redensarten, die ich unverändert übernahm – bloß weil ich mich fürchtete, als stumm zu gelten, und nicht als Stummer außen gelassen werden wollte, sondern mitgelten – und habe mich selber verlernt aus der Furcht, daß sie mich dort nicht dulden, wenn ich nicht reden kann.«[1]

Dazu der Kommentar:

> »Tumlers Zeit der Anpassung gehört der Vergangenheit an. Es würde ihm nicht mehr einfallen, eine mündlich überlieferte Geschichte unreflektiert weiterzugeben ... Die Jahre in Berlin haben nicht nur seinen naiven Glauben ans ›ewige Volkstum‹ erschüttert, Tumler hat hier auch eine recht fragwürdige Unschuld des Erzählens verloren.«[2]

Der Roman *Aufschreibung aus Trient* wird also als Werk klassifiziert, das Tumler hat schreiben können, weil er in Berlin eine »neue Sprache« gelernt hat; damit sind handfeste Urteile über die frühen Texte impliziert: *Das Tal von Lausa und Duron, Der Ausführende* und andere seien »unschuldig« erzählt. Steht das wirklich in der zitierten Textstelle? Ich habe absichtlich mehr zitiert als Hansjörg Graf in seinem Artikel, denn der Kontext der Stelle legt eine andere Deutung nahe. Der Sprecher, der im Text eine ganz bestimmte Rolle verkörpert und zugleich eine Funktion im Roman erfüllt, findet sein Thema, nämlich die Unmöglichkeit zu sprechen, erst, oder gerade in dem Moment, in dem er diese »Unmöglichkeit« bereits überwunden hat, wo er sprechen gelernt hat – mit Hilfe eines anderen Menschen. Immer sind es Frauen oder Bilder von Frauen, die Tumler zu diesem Thema führen und die am Anfang seiner Erzähltexte stehen. In der *Aufschreibung aus Trient* ist diese Bindung besonders stark und wird zum Hauptthema des Buches. Es ist ein Buch über einen Menschen, der gerade begonnen hat, sich selbst kennenzulernen, der sich Rechenschaft ablegt über seine neue Fähigkeit, aufrichtig zu sprechen, damit aber zugleich über sein Verhältnis zur Frau, die mit ihm gefahren ist, und der er diese Fähigkeit zu danken hat. Er lernt nun unterscheiden, und jedes neue Detail, das er wahrnimmt, bekommt seinen Wert in strenger Bindung an die persönliche Geschichte des Erzählers: Unterscheidenlernen, Sprechenlernen, sich selbst kennenlernen gehören zusammen.

Das ist der zentrale Punkt in Tumlers dichterischer Arbeit – und in der Besinnung darauf wird ihm das Schreiben zum notwendigen Zentrum des eigenen Lebens. *Welche Sprache ich lernte* heißt eine Sammlung von Gedichten Tumlers aus seiner Zeit in Berlin. Gemeint sind jeweils einzelne Momente des Lernens, Momente, die für den Dichter wichtig sind, weil sie nicht zu seiner Vergangenheit, sondern zu ihm und seiner Gegenwart gehören. In einer kurzen Nachbemerkung zu diesem Band hat Tumler sein dichterisches Programm brillant zusammengefaßt. Es ist darin die Rede von jenem entscheidenden Gegensatz von »Erzählen« und »Sprechen«, der den eigentlichen Kern von Tumlers Poetik erkennen läßt:

> »Der Inhalt ist Erinnerung, ich könnte von ihm erzählen. In den Gedichten ist er anders enthalten: er ist präsent, ein gegenwärtiger Vorgang, jetzt geschrieben, jetzt gelesen, immer präsent, und davon ist auch der Inhalt verändert. Die erzählte Erinnerung ist etwas anderes als dieser Stoff von Wörtern, aus denen das Gedicht gemacht ist. Er hat, nur scheinbar Erzählung, diese andere Form: Präsenz,

dank diesem Gebrauch der Sprache, bei dem es Vergangenheit nicht gibt.«[3]

Sprachliche Indizien bestätigen diesen Kernsatz der Tumlerschen Poetik: der Gegensatz von Präsens und Präteritum kann in seinen Texten aufgehoben werden, wie im folgenden Beispiel aus dem Gedicht »Semaforo verde« der erwähnten Sammlung, wo Präsens und Präteritum in einer syntaktischen Bindung vorkommen, die im normalen Sprechen unmöglich wäre: »während ich gern mit ihnen sprechen *wollte*, nachbarlich, als ich das *schreibe*«.[4] Dieser sehr bewußte Gebrauch der Tempora schließt auch aus, daß wir den Titel des Bandes, *Welche Sprache ich lernte*, naiv verstehen können, als Aussage über das Lernen einer Sprache plus der Markierung »Vergangenheit«. Lesen und Verstehen sind Erlebnisse komplexer Natur, und zwar in so starkem Ausmaß, daß man versucht ist, diese Komplexität durch Naivität zu hintergehen, das heißt, das Verstehen des Textes einfach vorauszusetzen. Aber ich kann den Satz »Welche Sprache ich lernte« nicht einfach lesen und annehmen, ich habe ihn verstanden. Beim Verstehen, oder beim präsumptiven Verstehen kann ich den Satz verändern, kann an eine Vergangenheit denken oder »gelernt habe« *verstehen*, was mich vom Satz und vom Text weg zur Biographie des Autors führt. Also muß ich über mein Verstehen Rechenschaft ablegen, indem ich den Satz paraphrasiere.

Ich brauche ein Modell, und ich habe eins. Das ist der Beginn wissenschaftlicher Tätigkeit, die es mit Texten zu tun hat. In diesem Modell gibt es zwei Klassen von Sprechakten, die jeweils bestimmte Tempusformen bevorzugen bzw. wählen: Präteritum und Plusquamperfekt auf der einen Seite (»erzählte Welt«), Präsens und Perfekt auf der anderen (»besprochene Welt«).[5] Die Tempusformen haben in ihrer statistisch belegten Auswahl die Aufgabe, den Sprechakt oder den Text einer der beiden Klassen von Sprechakten zuzuordnen. Die von H. Weinrich aus Textanalysen gewonnene Dichotomie »Erzählen« vs. »Besprechen« hat für die literaturwissenschaftliche Analyse von Texten einen recht hohen Erkenntniswert, gerade weil sie im speziellen Sprechakt des poetischen Sprechens oft überwunden wird. In der Lyrik sind die sprachlichen Signale der Trennung in »erzählte« und »besprochene« Welt neutralisiert. In Tumlers Werk finden wir die Grenzen der Dichotomie auch innerhalb der Erzählung problematisiert, dort zum Beispiel, wo er eine Erzählung mit dem Verbum »sagen« zusammenbringt, das zum »Besprechen der Welt« gehört: »Und ich sage ihm diese Geschichte, die ich immer erzählen muß.«[6] Die geschlossene Welt des Erzählten wird punktuell vom Interesse des Sprechenden her aufgebrochen: das ist, vereinfachend gesagt, einer der Ursprünge der sogenannten »Erzählproblematik« der Moderne.

Tumlers Werk fordert zu solchen Versuchen auf, das »Verstehen« theoretisch abzusichern, in unserem speziellen Fall die Paraphrase des Satzes »Welche Sprache ich lernte«, weil sich der Satz (wie das Werk) dem naiven Leser verschließt. Da Tumler auch in diesem Fall die textuelle Bedeutung des Präteritums neutralisiert, stellt sich die Frage nach der Funktion der Tempora innerhalb der einzelnen Klasse. Handelt es sich beim Gegensatz Plusquamperfekt-Präteritum sowie Perfekt-Präsens um Ad-hoc-Differenzierungen (d. h. um Zuordnungen zu außersprachlichen Größen, wie es Zeitverhältnisse sind) oder um eine Systematik funktionaler Differenzierungen, die in beiden Klassen auftritt?

Um überhaupt über einen Satz sprechen zu können, brauche ich also ein Modell, sodann die Kategorie der Funktion, und in der Folge, der funktionalen Äquivalenz. Bei diesem Versuch, dem Akt des Verstehens näherzukommen, liegt die Beweiskraft im Ergebnis, das mit dieser Heuristik erreicht werden kann. Ich arbeite mit der Hypothese, daß Präsens und Präteritum in ihren Klassen jeweils dieselbe Funktion ausüben, und zwar die Funktion, synchronen Ablauf des Gesagten zu einem bestimmten Bezugspunkt auszusagen. Es wird also nichts über die »Zeit« gesagt, sondern nur eine Relation ausgedrückt. Die Tempusformen sind also semantisch leer und stellen nur die Beziehung zu einem Bezugspunkt her. Beim Präsens der gesprochenen Rede ist der Moment des Sprechens selbst Bezugspunkt; da es ein arbiträr gewählter Bezugspunkt ist, kann jeder andere Bezugspunkt an seine Stelle treten, nur muß er erkennbar sein, das heißt, seine Wahl muß durch Konventionen geregelt sein (deshalb kann man das historische Präsens oder Präsens mit Futurbedeutung als solche verstehen). Dasselbe gilt für das Präteritum, wo der Bezugspunkt in einer imaginären Welt verankert ist, wo er sich von Satz zu Satz ändert.

Präteritum und Präsens sind also durch funktionale Äquivalenz einander verbunden, und diese enge Bindung der beiden Tempusformen stützt nun meine Paraphrase des Satzes: Welche Sprache ich lernte, das heißt, *welche Sprache ich lerne*, und nicht: »Welche Sprache ich gelernt habe«. Tumler spricht hier nicht über eine erworbene Fähigkeit, über einen Besitz gleichsam, sondern über Momente, in denen dieser Erwerb, dieses Lernen stattfindet, er spricht über Momente, in denen er sprechen lernt, das sind Momente der Präsenz, der Gegenwart. Deutlichster sprachlicher Ausdruck dafür ist für Tumler das Gedicht: »Das sicherste Zeichen dafür ist für mich, daß der Schreiber an einem solchen entscheidenden Punkt mit einem Gedicht antwortet, nicht mit Erzählung; das Gedicht ist die direkte Antwort, es zieht alle zugehörigen Stoffe an sich.«[7] Ich habe in diesem Zitat einen Druckfehler korrigiert, den man eigentlich nicht stillschweigend verbessern, sondern vielmehr interpretieren sollte: statt »*es* [= das Gedicht] zieht alle zugehörigen Stoffe an sich« steht im gedruckten Text nämlich »*er* [= der Dichter] zieht alle zugehörigen Stoffe an sich« – und Tumler sagt damit mehr aus über sein Werk, als eine lange Abhandlung zu sagen vermöchte. Der Dichter hat ein Programm, es heißt: »direkt zu antworten«, mit vollem Einsatz der Person, »ehrlich«, wie Tumler an einer anderen Stelle sagt – aber das Ergebnis sind nicht nur Gedichte. Daher sucht Tumler, immer wenn er Prosa schreibt, die Beschränkung der *erzählten* Erzählung zu durchbrechen, durch gelehrte Abschweifungen, Reflexionen, Veränderungen der Sprechhaltung, und vor allem durch einen Stilwillen, der seine Prosa im extremen Fall der Poesie so nahe bringt, daß die Grenzen zwischen den beiden Gattungen nicht mehr genau gezogen werden können, wie zum Beispiel bei *Volterra*, einem Prosagedicht, über dessen Entstehung Tumler in der bedeutenden theoretischen Arbeit *Wie entsteht Prosa* berichtet.

Tumlers spezifische Erzählhaltung, die immer wieder danach drängt, das »Fertige«, das »Endgültige« der Erzählung zu überwinden, ist seit seinem Erstlingswerk, *Das Tal von Lausa und Duron*, mit dem er auf einen Schlag berühmt geworden war, voll ausgebildet und prägt alle seine Werke bis zur letzten großen

Erzählung *Pia Faller*. Es gibt also keinen Bruch in seiner literarischen Entwicklung, wohl aber läßt sich die Voraussetzung beschreiben, die zu diesem Werk gehört. Tumler braucht Distanz zu der Welt, die ihn dringend angeht, um ihr desto näher zu kommen. *Volterra* wurde in Berlin geschrieben, und das Bild seiner Südtiroler Heimat hat sich im jungen Tumler in Oberösterreich geformt. Das ›Exil‹ in Berlin hat Tumlers literarisches Schaffen nicht geprägt, sondern war Voraussetzung dafür, daß es entstehen konnte.

Die tiefsten Erfahrungen, die so aus der Distanz zu einem dichterischen Werk sich formen, hat Tumler in der Heimat seines Vaters gemacht, in Südtirol. Und so ist es wohl kein Zufall, daß eines seiner bedeutendsten Werke, die *Aufschreibung aus Trient*, ganz von dieser Thematik her bestimmt ist. Die poetische Problematik tritt auch in diesem Werk immer wieder in den Vordergrund. Es beginnt damit, daß am Anfang ein Moment steht, in dem man »das Richtige nur machen, aber nicht denken kann« [8], zum Beispiel ein Ausweichmanöver mit dem Auto, um einen unvorsichtigen Mopedfahrer nicht direkt umzufahren. Nachdem alles vorbei ist, kommen die Sätze der *Aufschreibung*, dann kommt noch das *Nachrechnen*, wie Tumler es auch nennt – die Reflexion über den Schreibenden, das Geschriebene und die Bedingungen, unter denen es zustande gekommen ist:

> »Einen Augenblick habe ich das Gefühl, daß es etwas wie ›Unfall‹ ist, wieder- ein Punkt, gegen den ich auch mit der langhin erzählten Geschichte nicht aufkommen kann. Und denke, ich muß dieses Punkt kriegen – einen Moment ›Bewegung jetzt‹, wo ich ein Wort sage, mit dem *ich da* bin ›jetzt in diesem Moment‹ – das genügt. Man bekommt diesen Moment Daseins nicht durch Hilfsmittel wie vollständige Aufzählung oder Übertreibung oder Erzählung eines Gefühls und Nachdruck auf seine Bedeutung, sondern durch Ehrlichkeit.« [9]

Und zwei Seiten darauf:

> »Aber da ich die Geschichte aufschreibe, kann ich mir nicht anders helfen als durch Ehrlichkeit, sie genau aufzuschrei-

ben; und mit diesem Rückzug auf Genauigkeit Schritt für Schritt das Mögliche zu tun. Was in jedem Augenblick war.«[10]

In keinem anderen Werk hat Tumler so intensiv das Problem behandelt, das sich ihm im unvereinbaren Gegensatz von Erzählen und authentischem Sprechen stellt. Der wortgewaltige Erzähler wird sich dessen bewußt, erst am Anfang zu stehen, wenn anderes Sprechen gefordert wird: »Ich sehe ihr zu, wie sie das Zimmer aufräumt, und wie sie strahlt. Und möchte diese Sprache lernen, wie man jeden Augenblick da ist mit einem anderen Menschen, und von der ich etwas zu verstehen beginne ...«[11] In der Begegnung mit der Frau lernt der Erzähler (die erzählte Figur in ihrer Rolle!), was der Autor Tumler schon längst wußte, daß es um mehr geht als um bloßes Erzählen.

> »Gebirge und Täler, und Ebene. Und wo es aufhört: Meer – das meiste bei uns Meer, von verschiedenen Temperaturen, und von Stürmen beeinflußt, gewittrig, in Strömung, nicht ruhig; und veränderlich – ohne Erzählung, weil, was die Strömung *jetzt* erzählt, wie sie es heranbringt, anschlägt ans Ufer, schon von gestern in ihr ist: Malta, und diese Sandhaufen von Inseln; und Verständigung nur durch Leuchtfeuer.«[12]

Es ist kein jeweils historisches »jetzt«, um das es bei diesen Reflexionen geht, es sind keine Momente der Biographie des Erzählers, und schon gar nicht der des Autors, ja, das dem Dichter notwendige »jetzt« ist mit dem historischen unvereinbar. Sie sind unvereinbar, weil in ihnen andere Sprachen gesprochen werden, weil sie zu anderen Sprachen gehören. Sehr klar hat Tumler das an jener Stelle des Romans *Aufschreibung aus Trient* ausgesprochen, wo der Erzähler von einem befreundeten Redakteur aufgefordert wird, einen Bericht über die Südtirol-Problematik zu schreiben: »man müsse es *jetzt* schreiben, wo die Sache deutlich erscheine und ausgetragen werde in diesem Prozeß«, von diesem jedoch die Antwort erhält: »Aber ich mußte ihm sagen, daß ich der richtige Mann doch nicht sei, eine solche Aufschreibung zu machen.«[13]

Aufschreibung, dieses Schlüsselwort der Tumlerschen Poetik, braucht nicht das *jetzt*, sondern gerade die Distanz. In jenen magischen Momenten des poetischen »jetzt«, in denen er sprechen »lernt«, kann er nicht schreiben. Daher gehört die Distanz als notwendiger Bestandteil zum Programm des Dichters: *Nachprüfung eines Abschieds, Aufschreibung aus Trient.* Im Hintergrund steht der Ablauf der Zeit; die Zeit, die vergangen ist zwischen dem Sprechen und dem Schreiben. Wir können uns das als Bild denken: eine Linie, die nur am rechten Ende von einem Schlußstrich begrenzt wird, links hingegen nicht. Was bei einer solchen Thematisierung eigentlich ins Blickfeld rückt, ist der unausgesprochene Pol, der es überhaupt erst ermöglicht, daß wir eine Linie mit ihrer Begrenzung rechts ziehen konnten, nämlich der Punkt links, an dem alles beginnt, so daß wir von Distanz sprechen können und von der Problematik des Aufschreibens. Das ist der Moment, in dem der Dichter eine Sprache lernt, seine Sprache: welche Sprache ich lernte ...

Der Gegenpol hierzu ist das Erzählen:

> »Erst viel später, als wir wieder zu Hause waren, wurde es eine Erzählung. Da habe ich es den verschiedensten Leuten erzählt. Die Leute sagten etwas, und jeder äußerte sich so, wie es zu ihm paßte. Das fiel mir auf, daß bei jedem in dem, was er zur Sache sagte, ein besonderer Zug von ihm selber herauskam. Aber daß etwas von dieser Eigenschaft des andern auch schon in dem war, was *ich* zu ihm sagte. So erzählte ich im Grunde verschiedene Geschichten, je nach den Leuten, die zuhörten, und war mir dessen auch bewußt.« [14]

Der Schwerpunkt des Interesses liegt hier nicht mehr beim Moment des »Sprechens« und der ihm eigenen Problematik der Aufrichtigkeit und Authentizität, sondern ist vorwärts gerichtet, hin zum Hörer, der die Geschichte aufnimmt: »Geschichten bleiben nur, wenn der, der sie hört, zugleich mitspricht mit dem, der sie erzählt.« [15] In solchen Momenten der Begegnung findet das Erzählen seinen eigentlichen Sinn, so daß es müßig ist, das Erzählte auf seine Richtigkeit hin zu prüfen. Mit dem Kunstgriff der Stimme Cesare Battistis kann Tumler diese Position ganz prägnant beschreiben. Battisti, der anwesende Zuhörer aus der Vergangenheit, spricht mit den Menschen mit, die da vor ihm Geschichten erzählen: »Zuletzt hat er ihr meine Geschichte erzählt. Sie stimmt nicht ganz, das heißt, es war überhaupt nicht meine, sondern seine Geschichte von mir. Denn mir sind andere Dinge wichtig, die bei ihm nicht vorkommen.«[16]

Diesem »Sinn« sind aus der Sicht des Dichters enge Grenzen gezogen. Erzählen ist eben kein Sprechen im »jetzt«, sondern ein »Übertreiben«, um den Verlust an Sinn auszugleichen:

> »Der Frau erzählte ich das nicht. Ich war zum ersten Mal ehrlich zu jemand in der Erzählung meines Aufenthalts bei den Verwandten. Es war ein Verlust an Geschichten, in denen ich bei früherem Erzählen zu leben vorgegeben hatte – *ihr* konnte ich so wenig sagen ... Und erst zuletzt bemerkt man, daß es, bei dieser Einkreisung und scheinbaren Auslassung der Sache, ein zutreffendes Reden ist. Eine Art Abwesenheit, aber sie hat mit Träumerei nichts zu tun. Eher mit Einsicht, das mit Reden oder mit Absichten auf Dasein nicht zu bewältigen ist.«[17]

ANMERKUNGEN

1 F. Tumler, Aufschreibung aus Trient, Frankfurt a. M. 1965, S. 107.
2 »Merkur« XIX (1965), H. 202–13, S. 891.
3 F. Tumler, Welche Sprache ich lernte, Berlin 1970 (= Literarisches Colloquium Berlin), S. 42.
4 Ebd., S. 37.
5 Vgl. H. Weinrich, Tempus. Besprochene und erzählte Welt, Stuttgart 1971[2].
6 F. Tumler, Aufschreibung ..., a. a. O., S. 9.
7 F. Tumler, Welche Sprache ich lernte, a. a. O., S. 42.
8 F. Tumler, Aufschreibung ..., a. a. O., S. 187.
9 Ebd., S. 186.
10 Ebd., S. 188.
11 Ebd., S. 207.
12 Ebd., S. 309.
13 Ebd., S. 210f.
14 Ebd., S. 37f.
15 Ebd., S. 233.

16 Ebd., S. 29.
17 Ebd., S. 256f.

Zu einzelnen Werken Franz Tumlers

MARIA LUISA ROLI

Franz Tumler und die ladinische Kultur

Die Wörter, die am heutigen Tage in diesem Saal widerhallen, gehören zu drei verschiedenen Sprachen: Ladinisch, Deutsch, Italienisch.[1] Der junge Franz Tumler kam in Berührung mit dieser gemischtsprachigen kulturellen Wirklichkeit. In dieser Sprach-Wirklichkeit verkörperte das Ladinische zunächst die Sprache der Ahnen, die aus dem Venosta-Tal stammten, einem Gebiet, in dem bis gegen das Ende des 18. Jahrhunderts und am Anfang des 19. Jahrhunderts diese Sprache sich neben dem Deutschen erhalten hatte.[2]

Das Ladinische war aber auch das Zeugnis einer alten, nicht institutionalisierten Kultur, die vor dem Ansturm neuerer Sprachen und Kulturen, die in Institutionen wohl organisiert waren, hatte zurückweichen müssen. Das Ladinische hatte in Graubünden, in den höheren und wenig zugänglichen Gegenden einiger dolomitischer Täler und in der friaulischen Ebene überlebt.

Das Interesse für die Kultur der Väter, der Vorfahren, deren geheimnisvoller Ursprung, aber auch die Süße und die Dunkelheit der Laute, bewegten den jungen Schriftsteller. Diese geheimnisvollen Laute des Ladinischen »und nicht begriffen in den Grund«[3] öffneten eine magische Welt, in die der junge Tumler eindringen wollte, um die Vaterfigur, die er nicht kannte, und die eigene Herkunft zu finden. Wie durch ein Wunder, das hat er in dem schönen Vorwort der Erzählung *Das Tal von Lausa und Duron* geschrieben, fand Franz Tumler 1933 während seiner Erkundungsreise durch die ladinischen Täler – er trug das ladinische Sagenbuch von Johannes Alton unter dem Arm – das Bild seines Geburtsdorfes wieder, nicht an seinem natürlichen Ort, sondern in einem verlassenen Dorf im Tal von Udaj. Die Verlassenheit war es, die den Wanderer besonders beeindruckte, weil sie auf ein anderes Verlassen verwies, oder wenigstens auf das, was Tumler als den Ausdruck des Verlassenen dunkel fühlte: die vorzeitige Entfernung von dem Geburtsort.

Die traumatische Trennung nach dem Tod des Vaters, die Übersiedlung nach Oberösterreich, wo er heranwuchs, und nun die Rückkehr an die Orte, wo die Verwandten lebten, der Versuch, seine Herkunft zu erkennen und dadurch »als Persönlichkeit sich zu bestimmen«[4]: die eigene Identität ist für Tumler mit der Suche nach dem Vater und der Herkunft verbunden. Mit dem Geburtsort und mit dessen Kultur wird dem Menschen seine Identität gegeben.[5] Am Anfang hat Tumler die Herkunft mehr geahnt als gewußt, »dumpf geahnt«.[6] Aus der Begegnung zwischen den Stätten der Herkunft und der Phantasie, die diese Herkunft erst erschafft, entwickelte sich seine künstlerische Kreativität.

Die ladinische Welt wird für Tumler zum Mythos des Ursprungs, weil sie in älteste Zeiten zurückreicht. Was in einigen über die Alpen zerstreuten Gegenden noch erkennbar ist, und nicht nur an den Orten, an denen heute noch ladinisch gesprochen wird, nicht nur in Graubünden, in den Tälern von Fassa, Gardena, Livinallongo und Badia und im Friaul, das ist der Rest einer alten Kultur, die ursprünglich in dem gesamten Bereich herrschte, von den Alpen bis ans Meer. Daß er sich mit dem kulturellen Erbe der ladinischen Bevölkerung identifizierte, ist Tumler erst später bewußt geworden; zunächst war das Ladinische als Sprache und als Kultur für ihn geheimnisvoll, unverständlich, magisch, so daß es seine Phantasie zu künstlerischer Produktivität anregte.

In einer ladinischen Sage findet Tumler den Namen von Anita, der Hauptperson von *Das Tal von Lausa und Duron*, ein Name, der zusammen mit »Val di Duron« und »Crepes de Lausa« den ursprünglichen Kern des Werkes bildet.[7] Aber auch die Figur des Lisdanel in derselben Erzählung gehört zum ladinischen Sagenschatz und die Figur der »Vivena«, d. h. etwa »wildes Dasein«, es ist eine Art wohltätiger Fee, die die Zukunft kennt und die Wünsche der Menschen erfüllen kann; sie ist in vielen von Alton und Wolff[8] gesammelten Sagen zu finden. Die Vivena kann z. B. plötzlich in einer Familie erscheinen und dort einige Jahre im Haus helfen, um dann eines Tages zu verschwinden. Nicht anders verhält sich Anita, als sie der fliehenden ladinischen Bevölkerung folgt: sie bleibt einige Zeit in einem deutschen Bauernhaus und arbeitet dort, aber eines Nachts entfernt sie sich, um in ihr Geburtsdorf zurückzukehren. Daß das Urbild der Vivena im Kopf des Autors anwesend war, kann man aus der folgenden Stelle ableiten:

> »Der Bäuerin aber, die das Mädchen sehr geliebt hatte, kam ein alter Glaube dieser Täler in den Sinn, daß nämlich von den wilden Fräulein, die auf den Bergen wohnten, manchmal eine in das Tal käme und sich hier zu Diensten nehmen lasse, daß über einem so heimgesuchten Hause der Segen ruhe und daß alles gedeihe in ihm ...« (S. 71)

Nicht nur in diesem ersten erzählenden Werk entdeckt man die Spuren der sagenhaften ladinischen Welt, sondern auch im zweiten, dem Roman *Der Ausführende*, der 1937 veröffentlicht wurde. Der Name der Hauptperson des Romans, Taraton, ist in verschiedenen ladinischen Sagen zu finden, als der eines wilden Bewohners der Wälder vom »Fassa-Tal«. Die Sage von Tarata und Taraton[9] spricht von einem Wald in der Nähe von Mazzin, bevölkert von wilden Frauen, Bregostene genannt, und von wilden Männern wie Taraton. Diese Figuren sollen magische Kräfte haben; merkwürdige Einzelheiten berichten die Sagen, die Bregostene z. B. sollen die Eingeweide von frisch geschlachteten Tieren essen.[10] An dem in den Sagen häufig genannten Ort, einem Hügel gegenüber der Ortschaft Mazzin di Fassa, ist bei neuen Ausgrabungen tatsächlich eine Befestigungsanlage aus rätischer Zeit entdeckt worden, die gut erhalten und im dritten oder vierten Jahrhundert v. Chr. entstanden ist.

Das ist die Bestätigung der historischen Grundlage der von Alton und Wolff gesammelten mythischen Erzählungen. Es ist möglich, daß Tumler 1933 auf seinen Wanderungen durch die ladinischen Täler und bei einer Rast im Dorf von Mazzin die ans Licht gekommenen Überreste des »castelliere« selbst gesehen oder von seiner Existenz durch die Bevölkerung – die schon immer davon gewußt zu haben scheint – erfahren hat. So soll die Hauptfigur Taraton in *Der Ausführende* einige Jahre vor dem Ausbruch des ersten Weltkrieges die Befestigungsarbeiten im Auftrag der kaiserlich-königlichen österreichischen Regierung auf dem Berg Fodom besorgen. Der Name Fodom entspricht dem ladinischen Namen des Tales von Livinallongo.

In *Das Land Südtirol* stellt Tumler Vermutungen über den Ursprung dieses Namens an; er spricht von einem möglichen Etymon aus dem Lateinischen: fodire = graben, das auf die Eisenbergwerke des anliegenden Berges Fursil anspielt,[11] aber er schweigt über die Verbindung zwischen dem Namen Taraton und einem befestigten Ort. Der Name des Gebirges von Valparola[12] in demselben Roman verweist auch auf den gleichnamigen Paß, der die beiden ladinischen Täler von Livinallongo und Badia verbindet.

Das Interesse Tumlers an der »ursprünglichen« ladinischen Bevölkerung ist also mit dem Thema seines eigenen Ursprungs eng verflochten. Mit diesem Thema hat sich Tumler immer wieder beschäftigt. Nicht nur in den schon erwähnten Werken – *Das Tal von Lausa und Duron*, *Der Ausführende* und *Das Land Südtirol* –, sondern auch in der Erzählung »Besuch in der alten Heimat«[13] von 1959, die noch vor der *Aufschreibung aus Trient*[14] von 1965 ein Zeugnis der reiferen, bewußteren Haltung zum Problem seines Ursprungs ist. Die Erzählung, die wie Musils »Das Fliegenpapier« mit einer technischen Definition beginnt, in diesem Fall des Eisenbahnwagens »la littorina«, ist ein kleines Meisterwerk. In dem kurzen Text umreißt Tumler mit anscheinend einfachen stilistischen Mitteln die Geschichte seiner Familie; die Verbindung zur ursprünglichen Bevölkerung des »Val Venosta« wird in einem Satz des dritten Absatzes aufgezeigt: »Die winzigen grauen Kirchen aus dem neunten Jahrhundert stehen auf den Hügeln, und der Stamm der Leute ist noch älter. Meine Verwandten sind vom Berg heruntergekommen.« (S. 58)

Der Kommentar Tumlers, der dieser Stelle folgt, läßt durchblicken, wie schwer es ihm wurde, zwischen einer Sage, die sich im Laufe langer Jahre entwickelte und mit Einzelheiten anreicherte, und einer Wirklichkeit, die nicht durch deutliche Merkmale zu bestimmen war, zu unterscheiden. Die zitierte Stelle geht nämlich so weiter:

> »Der eine hat ein Haus geerbt, in dem Dorf, es soll eine Urkunde geben. Und das Dorf sogar ist aus Stein gebaut, mit

tiefen Kellern wie Höhlen. In den Pappelhainen laufen die Wasserleitungen für die trockenen Äcker, sie sind aus der römischen Zeit. Efeu und Pappelhain, und herunten glänzen die Obstwälder mit ihrem Laub ...

Es klang wie eine Sage, erhob aber Anspruch auf Gegenwart ...« (S. 59)

Tumler will mit intellektueller Nüchternheit dieser Sage, die immer noch gegenwärtig ist, nachgehen, ohne die Tür zur Poesie völlig zu schließen. Er wird sich der Tatsache bewußt, daß die Authentizität seines Ursprungs Glanz und Rechtfertigung durch die Sage erhält, aber auch daß die Sage die Authentizität gewissermaßen verkleidet, jedenfalls verändert. Die Haltung Tumlers ist in dieser Erzählung des Jahres 1959 nicht mehr jene des »entzückten« [15] jungen Mannes, der durch die magische Welt verzaubert ist und dann *Das Tal von Lausa und Duron* schreibt. Die Sage der Väter befragt er jetzt nach ihrem Wahrheitsgehalt.[16]

In der Erzählung von 1959 ist es eine alte Verwandte, die eine sagenhafte Einzelheit der Geschichte der Familie zurechtrückt:

»Der Vorfahre, der aus den Bergen sich hinunterbegab, weil er ein Haus im Dorf geerbt hatte, hat sich in Wirklichkeit schon mit 15 Jahren hinunterbegeben und hatte nichts anderes als drei Florin im Taschentuch und seine zwei Hände, um zu arbeiten«, alles weitere sei »nur eine Legende«.[17]

Ein anderes Detail, das die Phantasie Tumlers angeregt hatte, war die Architektur der aus Steinen gebauten Häuser seines Dorfes. Der Schriftsteller, der dem nie weiter nachgegangen war, »hatte sich ein Traumbild geschaffen«.[18] Diese Bauweise ist in der Tat typisch für die Mittelmeer-Kultur. Doch in diesem Fall ist die Bauweise eher zufällig entstanden: eine Feuersbrunst, die im Dorf um die Jahrhundertwende ausbrach, hatte die österreichische Regierung veranlaßt, alle Häuser aus nicht brennbarem Material wieder aufzubauen. Man hatte diese Arbeit einem italienischen Unternehmen anvertraut, das also dem Dorf sein architektonisches Gepräge gab. Es bleiben die Wasserleitungen, die die Römer bauten, ein Bewässerungssystem, das bis vor kurzem noch von den Bauern des Tales benutzt wurde, als Zeugnisse einer alten Vergangenheit. Es bleiben der Efeu, die Pappelhaine, die Obstgärten mit silbernen Blättern, die wie Olivenhaine scheinen – eine heimlich italienische Landschaft. Es gibt in dieser Erzählung fast eine Vorahnung der Landschaft, die einige Jahre später das Denken Tumlers faszinieren und beschäftigen wird: die Landschaft von Volterra.

Auch ein anderes Element, die harte Arbeit der Familie seines Vetters, der ein Bauer ist, wird zu einem Argument gegen die Sage; jene Tätigkeit »ist keine Sage, sondern blinde Arbeit«[19], schreibt Tumler, eine Arbeit, die nicht bewußt gewählt worden ist. Diese späte Reflexion über seinen Ursprung, eine Reflexion ohne Sentimentalität und Rhetorik, die Erforschung des Wahrheitsgehalts der Sage und die Ablehnung der Zusätze, der Beschönigungen, des Flitterglanzes hat Tumler radikal bis auf den Grund in dem großen Roman *Aufschreibung aus Trient* durchgeführt. Die Diskussion der Tatsachen ist, gereinigt von Gerüchten, von Aversionen, den Roman-Figuren anvertraut, von denen eine den Vater des Schriftstellers selbst verkörpert; es sind Figuren, die in einer Art von sokratischem Dialog sich gegenüberstehen, ein Dialog, der sich zuletzt als ein therapeutisches Mittel erweist, das von den alten Krankheiten wie Scheuklappen-Denken und Intoleranz gegen andere kulturelle, sprachliche, politische und religiöse Haltungen zu heilen vermag.

Ich möchte zum Schluß auf einen Vortrag zu sprechen kommen, den Tumler auf der Tagung »Mito e realità della Mitteleuropa« in Gorizia 1969 gehalten hat.[20] Bei dieser Gelegenheit beschrieb er ein sprachliches Phänomen, das über die Lage von Bevölkerungsgruppen, die unterschiedliche Sprachen sprechen, aber im gleichen Gebiet leben, Aufschluß zu geben scheint. Das von Tumler entdeckte Phänomen ist die Übernahme der Intonation von angrenzenden Sprechweisen, das er zum ersten Male in Grado entdeckte. Er bemerkte die außerordentliche Ähnlichkeit im Tonfall des von der Hausmeisterin in Grado gesprochenen Italienisch zum wienerischen Deutsch, das vom gehobenen Mittelstand gesprochen wird. Er bringt das Phänomen in Zusammenhang mit den traditionellen Urlaubsaufenthalten dieses Mittelstandes in der friaulischen Ortschaft. Der sprachliche Kontakt habe nicht so sehr zur Entlehnung von Wörtern aus der anderen Sprache geführt, als vielmehr zur Entlehnung des Tonfalls. Dasselbe Phänomen hat Tumler an der Grenze zwischen dem Venosta-Tal und den Graubündner Gebieten, in denen noch Ladinisch oder Rätoromanisch gesprochen wird, bemerkt. Als er zusammen mit einigen Etsch-deutsch sprechenden Verwandten in einem Restaurant rastete, in dem auch Leute aus Graubünden saßen, merkte er auf einmal, daß er, wenn er sich von seinem Tisch entfernte und sich in gleichem Abstand zu den zwei Gruppen begab, er die zwei halblaut gesprochenen Sprachen für ein und dieselbe Sprache hielt. Sie hatten nämlich denselben Tonfall.

Dieses Phänomen habe ich in der wissenschaftlichen Literatur nur einmal – bei Lausberg – gefunden, der schreibt: »Wenn es [das Rätoromanische] im Rundfunk gesprochen wird und man nicht aufmerksam zuhört, macht es den Eindruck einer südschweizerisch-deutschen Mundart.«[21] Es handelt sich wahrscheinlich um einen »Interferenzfall« zwischen dem prosodischen System des Deutschen und dem des Rätoromanischen; Weinreich hat diese Interferenz zwischen Rätoromanisch und Schwytzertütsch und umgekehrt untersucht.[22] Um das Phänomen zu erklären, muß man auch die soziologischen und nicht nur die linguistischen Daten betrachten. Der Einfluß des deutschen Tonfalls auf den des Rätoromanischen ist deshalb so stark, weil dort das Deutsche die vorherrschende Sprache ist.[23]

Aber kommen wir auf die Betrachtungen Tumlers über dieses Phänomen zurück. Ausgerechnet während einer Tagung über »Mythos und Realität in Mitteleuropa« wehrt sich der Schriftsteller gegen die Erwartungen seiner Zuhörer, die ein abschließendes Urteil hören wollen; in diesem Kontext ist das ja fast Pflicht. Er erinnert nämlich nicht an das Phänomen einer mitteleuropäischen Einheit, auch wenn er »die von einem Staat, in dem so viele verschiedensprachige Völker lebten, eingeprägte Kraft nicht unterschätzt«;[24] er erinnert jedoch daran, daß dieser Staat, das habsburgische Reich, »gegen die Wünsche der Völker, die dort lebten«, aufrechterhalten worden war. Die Gemeinsamkeit im Tonfall angrenzender, anderssprachiger Bevölkerungen ist nach Tumlers Meinung nicht in dieser erzwungenen überstrukturellen

Einheit des habsburgischen Reiches zu finden, sondern in der viel älteren Gemeinsamkeit der Ur-Bevölkerung, die vor der Eroberung des Territoriums durch andere Völker, die neue Sprachen durchsetzten, vorhanden war. Diese Einheit habe sich bis heute trotz der geographischen und politischen Grenzen in der gleichen Intonation erhalten. Es ist eine vom kulturellen Gesichtspunkt aus faszinierende Vermutung, an die ich mich, indem ich die behutsame Formulierung von Tumler nachahme, anschließe. Er behauptet nämlich, daß die Ähnlichkeit des Tonfalls der unterschiedlichen Sprachen nicht auf »eine Übereinstimmung von Nationen, Staaten, nicht einmal von Sprachen hindeutet, sondern auf eine Art zu sprechen, die von Person zu Person weitergegeben wird«.[25]

ANMERKUNGEN

1 Am 22. März 1983 wurde Franz Tumler im Ladinischen Kulturinstitut in Sèn Jan/Vich geehrt. Aus diesem Anlaß wurde die Rede gehalten, die hier leicht gekürzt und aus dem Italienischen übersetzt wiedergegeben wird. Übersetzung: M. Lupini und H. D. Zimmermann.

2 Siehe Josef Richebuono, »Von der einstigen zur heutigen Ausdehnung des ladinischen Sprachraumes«, »Ladinia« IV (1980), S. 230–233.

3 Hugo von Hofmannsthal, »Weltgeheimnis«, in: H.v.H., Gesammelte Werke in zehn Einzelbänden. Gedichte. Dramen I 1891–1898, Frankfurt a. M. (Fischer) 1979, S. 20.

4 F. Tumler, »Nachwort« in: Das Tal von Lausa und Duron, München (Piper) 1977, S. 101.

5 H. D. Zimmermann, »Südtirol oder der Weg dorthin«, in: P. Demetz, H. D. Zimmermann (Hrsg.), Arsenal. Beiträge zu Franz Tumler, München (Piper) 1977, S. 73.

6 Hugo von Hofmannsthal, op. cit.

7 F. Tumler, »Nachwort«, op. cit., S. 117–118.

8 Siehe Giovanni Alton, Proverbi, tradizioni ed anneddoti delle valli Ladine Orientali, Sala Bolognese (Forni) 1974; und Karl Felix Wolff, Dolomitensagen, Innsbruck (Tyrolia) 1963[11].

9 G. Alton, op. cit., S. 121–123.

10 Siehe dazu Vladimir Propp: Le radici storiche dei racconti di fate, Torino (Boringhieri) 1972.

11 F. Tumler, Das Land Südtirol, München (Piper) 1971, S. 232.

12 Ibidem, S. 235.

13 F. Tumler, »Besuch in der alten Heimat«, zuerst in: »Neue Deutsche Hefte«, November 1959; hier zitiert nach einem Abdruck in: »Arunda«, Jg. 7 (1972), S. 54–58.
14 F. Tumler, Aufschreibung aus Trient, Frankfurt a. M. (Fischer) 1983.
15 Hugo von Hofmannsthal, op. cit.
16 Siehe dazu Walter Benjamin, »Goethes Wahlverwandtschaften«, in: W. B., Gesammelte Schriften, Bd. I. 1, Frankfurt a. M. (Suhrkamp) 1974, S. 125 f.
17 F. Tumler, »Besuch in der alten Heimat«, op. cit., S. 56.
18 Ibidem.
19 Ibidem.
20 F. Tumler, »Einspruch von F.T.«, in: AA.VV., Mito e realtà della Mitteleuropa (Atti dell' omonimo congresso), Gorizia 1969.
21 Heinrich Lausberg, Linguistica romanza, Milano (Feltrinelli) 1971, Bd. I, S. 83.
22 Uriel Weinreich, Lingue in contatto, Torino (Boringhieri) 1974, S. 124–125; und –: »On the Description of Phonetic Interference«, in: »Word«, 1957, Bd. 13, S. 1–11.
23 Ibidem, S. 122 ff.
24 Op. cit., S. 107.
25 Ibidem.

ROBERTO BAZLEN

Ein Brief über Franz Tumlers »*Der Mantel*«

An Daniele Ponchiroli

12. April 1962

Es klingt wie ein Widerspruch: ein deutscher Roman aus diesen Jahren und doch lesbar.

Sogar mehr als lesbar: es ist der einzige passable *nouveau roman* nicht nur Deutschlands; er hat Substanz, ist unaufdringlich und harmonisch wie nicht einmal die besten *nouveaux romans* aus Frankreich.

Erwarte aber nicht zu viel, umwerfend ist es auch wieder nicht. Es ist ein (im besten Sinne des Wortes) bescheidenes Buch, aber es hat ein Thema, es hat Intensität, hat Patina, und es ist notwendig. Es ist nicht so artistisch und frigide wie die (hochintelligenten) Bücher von Butor etc. und hat auch (obwohl es »gotisch« ist) weder die pompöse Gravität gewisser Deutscher, die Dir bekannt sind, noch die inflationäre und überhitzte Verve anderer Deutscher, die Dir ebenfalls bekannt sind.

Ein *nouveau roman* ist es deshalb, weil sich das Buch auf der Basis von widersprüchlichen Perspektiven, Vermutungen, Interpretationsversuchen, Erzählungen von Wahrem und Erfundenem, das richtiggestellt und nicht richtiggestellt wird, Kommentaren, plausiblen, aber nicht sicheren Intuitionen, etc., etc., etc. entwickelt. Und das erzählende Ich ist natürlich nicht der Protagonist selbst, sondern es informiert sich, reflektiert und grübelt, um zu verstehen, warum der Protagonist dies und jenes getan hat. Und irgend etwas hat er auch getan, aber das bleibt unergründlich; Motive sind greifbar und reichlich vorhanden, doch wer weiß? – denn (wenn ich mich recht erinnere – ich zitiere aus dem Gedächtnis, weil ich Dir das Buch aus Florenz geschickt habe): »Taten sind – immer – unerkennbar, Motive etwas Gedachtes, Taten dagegen eher etwas Geträumtes.«

Der Protagonist läßt sich verleiten, einen schönen neuen Mantel zu kaufen; er macht eine Reise – zu seiner Frau, vielmehr zu einer anderen, oder vielmehr zu allen beiden, oder vielmehr weiß man es nicht genau –, auf der er den Mantel nicht benutzt; auf der

Rückreise fährt er per Autostop, wobei ihm ein Weib (eine fürchterliche Type, die mich regelrecht in Wut versetzt hat) den Mantel stichlt, vielmehr stiehlt sie ihn nicht, sondern er läßt ihn sich stehlen; dann macht er sich auf die Suche nach dem Mantel, und als er ihn findet, verzichtet er darauf und läßt ihn der Frau, man weiß nicht warum. Irgend etwas aber ist geschehen, der Protagonist hat einen Schritt nach vorn gemacht, ist nicht mehr so engstirnig. Und auch ich als Leser, der dem Autor gefolgt ist und auch wieder nicht gefolgt ist, auch ich war am Schluß aus unerfindlichen Gründen ein etwas anständigerer Mensch geworden.

Ich sage es noch einmal, es ist nicht *das* Buch, und es ist mit allen Tricks gemacht, die zur Zeit in Mode sind. Aber es ist authentisch, die Verkettung (die es eigentlich gar nicht gibt) ist perfekt, die Stadt und die Landschaften haben Farbe und Kontur, die Figuren sind (zuweilen sehr, zuweilen ziemlich) lebendig, und es ist ein Kapitel darunter (ich glaube das 14.), das *hinreißend* ist. Ihr solltet es auf jeden Fall machen, selbst auf die Gefahr hin, daß es nicht ankommt.

Aus dem Italienischen von Renate Heimbucher

WERNER WEBER

Franz Tumlers *»Aufschreibung aus Trient«*

Was »modernes Erzählen« ist, kann ich so allgemein nicht sagen. Beim Einzelfall eher; zum Beispiel bei Franz Tumlers *Aufschreibung aus Trient.*

Der Mann fährt, begleitet von der jungen Frau, mit dem Auto auf der Strecke Bozen, Trient, Verona. Kurz vor Trient dann der Unfall: von rechts schießt ein Mopedfahrer herein; der Mann reißt den Wagen nach links, kommt am Mopedfahrer vorbei, sieht die Straßenkante links und reißt den Wagen nach rechts; aber jetzt geht's nicht mehr, der Wagen überschlägt sich. Mann und Frau können dann von Glück sagen; außer dem Schreck haben sie nur wenig mitbekommen. Das Auto wird abgeschleppt. Einige Tage muß man warten, bis es wenigstens wieder fahrtüchtig sein wird. Also, ein Halt in Trient, unfreiwillig; der Mann hatte durchfahren wollen. Die beiden logieren sich in einem Hotel ein. Und nun kommt das Gewöhnliche: Ausruhn, Schlafen; Spazieren in der Stadt; da hat es hübsche Schuhe, und man kauft sie; Abend in einem Wirtshausgarten, und man schaut den Bocciaspielern zu; und dann muß in der Garage nachgefragt werden, wie's mit der Reparatur steht; und Geld muß man anfordern. Dann kommt das Geld, und der Wagen ist repariert. Man kann die Reise fortsetzen, Richtung Verona, und wieder heim.

Im Augenblick, da der Wagen schleuderte und sich überschlug, »schwebten« (so heißt der Gemeinplatz) die beiden zwischen Leben und Tod; sie waren auf der Grenze; sie hatten etwas nicht mehr ganz (das Leben) und etwas anderes noch nicht ganz (den Tod). Auf einer solchen Grenze, über einem solchen Riß sitzen die Weissagenden, die Hellsehenden; man könnte glauben, es sei der Pythia-Ort. Tumler sagt das nicht: aber er erzählt die Folge, die gesteigerte Wahrnehmung: was in einigen Augenblicken an Erfahrung zu überstehen ist, das wird jetzt eine genaue Ewigkeit. Die Sinne arbeiten auf der Grenze, über dem Riß zwischen Leben und Tod; ihr Vermögen ist aufs äußerste verfeinert: »... jedes einzelne Gras sehe [ich] in diesem Augenblick, die gezackten Löwenzahnblätter, und die dünngerauften Härchen am Stengel einer Kamille, und eine rote Mohnblüte und scharfes Messergras ...« Der letzte Blick versammelt in sich die Kraft aller früheren Blicke; im letzten Augenblick wiederholen sich alle früheren Augenblicke.

Aber es war nicht das Letzte. Der Mann und die Frau waren nur schnell auf der Grenze, für ein Nu über dem Riß, wo das Leben nicht mehr ist und der Tod noch nicht.

Zum Wahrnehmen einer andern Grenze, eines andern Risses sind die beiden jetzt vorbereitet. Oder zubereitet? Die getrennten Felder heißen nun nicht Leben und Tod, sondern Gegenwart und Vergangenheit.

Der Mann hat in Trient durchfahren, hat die Gegend um Trient liegen lassen wollen: damit er von der Vergangenheit, von der Geschichte nicht eingeholt werde. Denn aus der Gegend um Bozen, Trient stammt er selber. Da hat sein Vater gelebt; da arbeiten Verwandte heute noch. Und er gehört dazu. Oder doch nicht? Die Frau wird ihm sagen: er sei nicht wie der Vater, nicht wie die andern – »bist vielleicht etwas, das du selber nicht weißt, darin sie dich aber respektieren. Aber wenn du sie besucht hättest, wäre dir, weil du empfindlicher bist als sie, die Farbe, die sie haben ... gleich unter die Haut gegangen als Verstehenwollen.« Weiter: »Du durftest gar nicht haltmachen und dich um sie kümmern. Du mußtest dich zuerst um dich selber kümmern. Und das war: Durchfahren. Vielleicht kannst du einmal haltmachen, und brauchst dabei nicht aufzuhören, zu sein, was du bist.«

Er wollte durchfahren und wurde gestoppt: auf die Grenze gebracht zwischen Leben und Tod, zwischen Gegenwart und Vergangenheit – an den Ort für Weissagung und Hellsicht. Er gräbt die Geschichte aus und häuft sie in die Gegenwart. Oder stößt die Geschichte herauf und besetzt die Gegenwart? Das Leben des Vaters: das Zusammenleben des Vaters mit der Mutter; das Leben der Vettern in der Umgebung; die Sippe überhaupt, umstellt von Freunden und Bekannten. Die Toten reden ins Leben herein, und die Lebenden erwecken im Reden die Toten; ein Bereich schiebt sich in den andern: Existenz auf der Grenze, über dem Riß.

Das ist im Fundament angelegt, so richtig, daß Tumler beim Erzählen unter dem Zeichen »Ich« einen Lebenden oder einen Toten reden lassen kann; es sind doch immer die Kundschafter, welche der Lenker des Ganzen ausschickt, um seiner Sache, die ihm selber ein Geheimnis ist, von verschiedenen Seiten näherzurücken: um sie endlich fassen, verstehn zu können. Leben und Tod treten zusammen, um gemeinsam sich selber auf die Spur – und weiter: sich selber in den Kern zu kommen. Das heißt für Tumler: erzählen. Und bei diesem Geschäft erfährt er die »moralische Dimension«, nämlich: Die Verantwortung, nicht eine ins Vage gerichtete Verantwortung, sondern die präzise, zum Beispiel diejenige für die eine Frau.

Die beiden haben sich dort auf der Grenze zwischen Leben und Tod erkannt, auf der Grenze zwischen Gegenwart und Vergangenheit. Überleben, Weiterleben – eigentlich Leben heißt für sie: die Felder beidseits der Grenze verbinden; sagen und wissen, wie es war; um werden zu können, was man ist. Die Frau, indem sie da ist, bringt den Mann zu den richtigen Worten:

> »Ich erzähle ihr etwas, das ich nicht vergessen habe, so daß ich jetzt nichts Neues weiß – aber wenn ich zu ihr spreche, ist es wie neu. Es muß an ihr liegen, denn ich habe auch anderen Leuten davon erzählt, aber da ist mir das nicht geschehen. Dabei tut sie nichts, als daß sie mir zuhört. Sie sagt nicht einmal, daß sie etwas versteht. Aber läßt mich reden, so daß ich mich selber versteh und plötzlich etwas merke an der Sache, das mir früher nie aufgegangen ist.«

Vielleicht ist hier der Gedanke versteckt, daß die Liebe zum Wort verhilft, zum Erzählen, in welchem sich die Verantwortung verwirklicht: indem sie den Augenblick der Erinnerung verbindet, den Augenblick durch Erinnerung steigert; das Fortkommen ans Herkommen schließt. Der Aufenthalt in Trient wird für die beiden »eine von Verwandlung durchglühte Zeit«.

Dasein am Ort, wo Dasein zum Prozeß wird, und zwar auf Leben und Tod. Dasein im Grenzland, über dem Riß zwischen den Zonen. Und nun wird auch die Gegend, in welcher Tumler den Mann und die Frau zur Verwandlung leitet, so gesetzmäßig richtig wie jeder andere Zug der Geschichte. Es ist die Grenzgegend um Trient. Die Frau liest im Reiseführer: »... Ferner werden als ein italienisches Nationalheiligtum die Zellen gezeigt, in denen die Patrioten Damiano Chiesa, von den Österreichern am 19. Mai 1916 füsiliert, Cesare Battisti und Fabio Filzi, am 12. Juli 1916 gehenkt, ihre letzten Stunden verbrachten ...« Dazu die neuesten Prozesse, der Carabinieri-Prozeß, der Prozeß in Mailand. Es sind Prozesse von Menschen auf der Grenze. Leben und Tod; Gegenwart und Vergangenheit.

Franz Tumler hat diesen Prozeß gedichtet, von Anfang an. Das Prosastück *Volterra* ist eine denkwürdige Stufe gewesen. Dazu hat er gesagt: Schreiben sei ein Versuch, »durch Erinnerung des äußeren Ablaufs das, was wirklich geschehen war, zu bekommen«. Und *Volterra* schien hierin ein Ende zu bedeuten. Nun ist mit der *Aufschreibung aus Trient* dieses Ende als das deutlich geworden, was es ist: ein Ansatz zum Vollenden. Und die »Aufschreibung« selber ist das Zeugnis dieses Vollendens.

Aber worin ist es »modernes« Erzählen? Ich setze zur Antwort eine Stelle her, die beides sagt: worin die Modernität von Tumlers Erzählen besteht und warum die Sprache dieser *Aufschreibung* schwer zu lesen ist – oder anders: warum diese Sprache den energisch verweilenden Leser verlangt und den genießerisch drüberhinfliegenden eben fliegen läßt, unbetroffen, nicht einmal angerührt. Die Stelle heißt:

> »... drinnen im Warenhaus hörte auch diese Folge aus Augenblicken und eigenen Schritten auf, und statt ihrer kam ein Hin- und Hergehen und Kreisen zwischen immer denselben Orten, an denen sich nichts veränderte ... und hier innen hörte ich zum zweitenmal ihre Stimme und sah den Weg ihrer Augen wie beim Hinaufgehen in der Kirche, und verstand: es war ein ähnlicher Ort, ohne die Zeit außen ...«

Ein Hin- und Hergehen und Kreisen zwischen immer denselben Orten – ohne die Zeit außen. Das ist's. Mit Wörtern die Dauer suchen und ihr in der Sprache den Raum lassen, der zu ihr gehört: den überallhin offenen Raum. Wer Franz Tumlers *Aufschreibung aus Trient* erarbeitet, der wird nicht nur erfahren, was das hier heißt, sondern er wird erleben, was es für die Einsicht ins Weben des eigenen Bewußtseins bedeutet.

EBERHARD HORST

Aufschreibung über Südtirol

Zu »Das Land Südtirol«

Nur wenige Bücher verdanken ihr Entstehen einer Notwendigkeit, die aus der Lebensgeschichte und dem Werkzusammenhang des Autors so eindeutig resultiert – wie das für Franz Tumlers Südtirol-Buch gilt. Es war zu erwarten, daß Tumler sein Südtirol-Buch schreiben würde. Von der frühen Erzählung *Das Tal von Lausa und Duron* (1935) über den Roman *Aufschreibung aus Trient* (1965) führt ein direkter Weg zu *Das Land Südtirol.*

Tumler wurde 1912 in Bozen-Gries geboren. Er war anderthalb Jahre alt, als der Vater, ein Südtiroler Gymnasiallehrer, starb und die Mutter mit den Kindern nach Linz zog. Tumler betont, daß ihm Südtirol nicht durch »Einheimischsein« vertraut sei, sondern durch Besuch und Aufenthalt. Aber die Auseinandersetzung mit dem Land, das er ungeniert Heimat nennt, bekommt für ihn »Bedeutung wie eine mir eigene Sache«.

Schon im Roman *Aufschreibung aus Trient,* den man vereinfacht Bericht einer Heimkehr nennen könnte und dessen Substrat unverkennbar autobiographisch ist, läßt Tumler seinen Ich-Erzähler notieren, er »hoffe, auf einen reellen Punkt zu kommen in den Ansichten über meine Heimat«. Genau dies realisiert der Autor in *Das Land Südtirol,* jetzt unverschlüsselt und direkt, indem er versucht, »beides zu geben: die Gegenstände nach ihrer Ordnung, und dazu ein Bild meiner Erinnerungen und Erfahrungen, und in ihnen aufspüren, was zu dem genauen und wirklichen Bilde gehört«.

Das eine entspricht dem, was der Leser von einem Sachbuch erwartet, worauf der Untertitel »Menschen, Landschaft, Geschichte« hindeutet. Die Gegenstände oder Sachen sind reichlich eingebracht, wenn auch nicht leicht überschaubar. Immerhin, wer Lesegeduld mitbringt, wer in Kauf nimmt, daß hier in der Reihenfolge erzählt wird, »wie mir die Dinge begegnen«, wird über Südtirol rundum informiert: über die geologische Struktur, Erdschichten, Bewässerung, Klima, Besiedlung und Lebensgewohnheiten der Einheimischen, Obst- und Weinernte, Sprache und Literatur, Geschichte und politische Konflikte bis in die Gegenwart.

Der Leser wird sogar, was die reine Sachinformation anbetrifft, mehr erfahren, als die üblichen Südtirol-Bücher zu geben imstande sind. Tumler kennt, wovon er schreibt. Er hat die eigene Kenntnis und Anschauung durch Studium erhärtet. Er kennt die Literatur über Südtirol, zitiert gern und vortrefflich kaum bekannte Autoren. So findet er den unbekannten Text eines anonymen Verfassers, der Charakterbilder aus dem Kreis um Andreas Hofer vorstellt, und schreibt nach der Zitierung: »Ich wünschte, mir gelängen ähnlich knappe Charakterisierungen.« Die besten Kapitel des Buches sind jene, in denen Tumler selbst die Lebensbilder und Lebensumstände von bekannten Südtirolern schildert. Es gibt wohl kaum eine Schilderung Andreas Hofers, die über das Legendäre hinaus so konkret, eindringlich, auch desillusionierend den Wirt aus dem Passeiertal, seine Person und die verzweifelten Umstände des Tiroler Aufstandes, vorstellt. Nicht weniger eindringlich gibt Tumler ein Bild des Bauernführers Michael Gaismair und seiner Landesordnung von 1526, einer sozialrevolutionären Utopie für Tirol »mit allgemeinem Eigentum an Boden und Produktionsmitteln«. Andere Lebensbilder gelten dem Bischof Arbeo, der den »Abrogans« schrieb, oder Heinrich von Burgeis, dem Verfasser von »der sele rat«, gelten dem Historiker Fallmerayer oder dem Bergsteiger Julius Payer.

Tumler gibt etwas hinzu, das solche und ähnliche Lebensgeschichten lesbar und durchaus spannend macht. Er erzählt nicht historisierend, sondern reflektiert auf die Gegenwart. Er durchsetzt das Historische mit eigener Anschauung oder stellt es in Frage und läßt den Leser an diesem Fragespiel teilhaben, was besonders schlüssig am Beispiel des Oswald von Wolkenstein ausgeführt wird. Wie Tumler exemplifiziert, daß uns die Zeitgeschichte um den Ritter Oswald von Wolkenstein nur darum etwas angeht, weil der Ritter seine Gedichte schrieb, wie Tumler in den Gedichten das Persönliche, Wirklichkeitsnahe, das »direkt tirolisch Erblickte« freisetzt (durch Vergleich mit Walther von der Vogelweide), das ist ein Kabinettstück für sich.

Hier wird aber auch das Unzureichende des Begriffs »Sachbuch« deutlich, und ebenso erweist sich »erzählendes Sachbuch« als Hilfsbegriff. Nicht die Sachen haben Vorrang, sondern der Prozeß, der die Sachen durchdringt, der freisetzen soll, »was zu dem genauen und wirklichen Bilde gehört«. Dieser persönliche Prozeß des Autors Tumler hält das Buch zusammen. Er gibt dem Buch über weite Strecken eine faszinierende Insistenz, kann aber auch zur Manier werden, zu einer eigensinnig bohrenden, störrischen, mitunter pedantischen Sprachbewegung, die dem Leser das Mithalten erschwert.

Andererseits läßt Tumler den Leser unmittelbar teilhaben an den realen »Erfahrungsstationen«, an der Methode des Erzählprozesses, auch an seinen Unsicherheiten. Er schreibt, warum er eine Sache so und nicht anders darstellt. Er gibt im Erzählvorgang Rechenschaft in einer Weise, die den Leser zum Mitdenkenden und Mitfragenden macht. An einer Stelle schreibt Tumler, »bei fortschreitendem Erzählen« habe er bemerkt, »daß mich da etwas einholte, von dem ich nichts wissen wollte«. Wieder, wie schon in der *Aufschreibung aus Trient,* wo Tumler ausdrücklich »gegen die festen Sätze« schreibt, richtet sich sein Erzählen »gegen die Verfestigung des Denkens«. Doch intensiver, beweiskräftiger als in der *Aufschreibung* läßt der Autor im Südtirol-Buch das Prozeßhafte des Schreibens wirksam werden. Der Leser hat diesen abenteuerlichen Vorgang unmittelbar vor Augen.

Aus dieser Haltung resultiert, daß Tumler auch das »Verfestigte« der Geschichtsbilder in Frage stellt. Er sieht die Geschichte Südtirols nicht als etwas Statisches, Abgeschlossenes, was schon in einzelnen Kapitelüberschriften zum Ausdruck kommt: »Wie entsteht ein Aufstand«, »Wie der Krieg zu Ende geht«, »Wodurch ein Volk zum Volk wird«. Er schreibt:

> »Ich frage mich nach dem für mich wirklichen Gesichtspunkt der einfachen Leute damals und heute, nicht adelig,

nicht bürgerlich, nicht mit einem Grund versehen.« Oder: »Was ich außer Kraft setzen will, ist nicht nur die Geschichte, auch die von ihr erzeugte Geographie. Was ich in Kraft setzen will, ist das vom Hofer richtig ›Diroll‹ geschriebene Land, Sprachwurzel ›tiralli‹, ununterbrochen Sprache auf hochliegendem Platz: Haus, Stall, Vieh; jemand, der es melkt, auch 1809, und betroffen ist von Krieg.«

Tumler realisiert das, unerschrocken gegen Legendenbilder und eine stupide Geschichtsgläubigkeit, im zentralen Kapitel um den Tiroler Freiheitskampf des Jahres 1809, wobei ohne jeden hämischen Unterton herauskommt, daß die »einfachen Leute« von den Herrschenden schlichtweg hintergangen und alleingelassen wurden. Ebenso unerschrocken verhält sich Tumler in der Frage, die Südtirol seit 1918, als das Land zu Italien geschlagen wurde, bis in die Gegenwart bewegt. Auch in dieser Frage ist der geborene Südtiroler »betroffen« und engagiert, wenn auch nicht im Sinne Südtiroler Radikalisten. Auch hier gilt, was dem ganzen Buch zugrundeliegt: »Nüchternheit und eine unaufdringliche Ordnung der Eindrücke, und eine Ergriffenheit über den Augenblick hinaus.«

Tumler hat ein mutiges und sehr persönliches Buch geschrieben, nicht anders, wie er von Heinrich von Burgeis sagt, der Mann aus Burgeis sei zum Autor geworden, weil er »aus vorgegebenem Stoff etwas Eigenes, Persönliches geschaffen« habe. Tumler lobt bei Heinrich von Burgeis die »Darstellungskraft«, »die Erzählung von Wirklichkeit an Stelle der Allegorie«, wodurch ein »poetisches Stück« entstanden sei, »das den Leser direkt angeht«. Ich zitiere das, weil es auf Tumler selbst zutrifft. Er will nicht »abmalen, abschreiben«, sondern »nur schreiben«, ohne den »Abstand zwischen dem gemalten und dem wirklichen Gegenstand«, ohne »Hinzufügung«, so daß sich »das Wort mit der Sache deckt«.

Aber das Persönliche darf auch ganz wörtlich genommen werden. Tumler läßt den Leser konkret teilnehmen am unmittelbar Erlebten, an Erkundungen, Begegnungen, Gesprächen mit Einheimischen, an seinen Aufenthalten in den Tälern und Gasthöfen oder bei den Verwandten väterlicherseits. Er vergegenwärtigt, wie am Ort, im Gespräch ein Eindruck entsteht oder berichtigt wird. In der Notierung wird zugleich der Prozeß des Niederschreibens deutlich. Dieses sehr anschaulich mitgeteilte Persönliche entspannt die doch etwas spröde Materie des Buches und erleichtert das Lesen. Das gilt vor allem dort, wo der Nicht-Einheimische seine Verwandten befragt oder schildert, Neffen, die schon in der *Aufschreibung aus Trient* erwähnt werden, ein Bürgermeister, ein Teilnehmer des Südtiroler »Befreiungs-Ausschusses«, dazu Bäuerinnen und Lehrer.

Ein Beispiel, wie ein solcher konkreter Anlaß mit Witz, Beobachtungsschärfe, Genauigkeit der Mitteilung zum Allgemeinen führt, gibt das Kapitel »Beim Birnenpflücken«. Dieses Kapitel wie der Exkurs über die ladinische Sprache hält auch die Erinnerung an den früh verstorbenen Vater wach, der sich forschend mit dem Ladinischen beschäftigt hatte. Aus einem hinterlassenen Manuskript zitiert Tumler und schreibt, wie ihm aus den Papieren des Vaters ein Bild von der Welt der Ladiner vermittelt wurde, woraus dann die erste Erzählung *Das Tal von Lausa und Duron* entstand. So schließt sich der Kreis dieses ungewöhnlichen, eigenwilligen und gewiß schwierigen Südtirol-Buches im Persönlichen, doch in einer Art des Persönlichen, die den Mann Tumler zum Autor macht.

HANS DIETER ZIMMERMANN

Unterwegs

Zu Franz Tumlers »Pia Faller«

Pia Faller erschien 1973; es ist die bisher letzte große Prosaarbeit Franz Tumlers und sicher eine seiner bedeutendsten. Zu Beginn des zweiten Teils nennt der Erzähler sie »eine Erzählung«, er meint damit aber den ersten, zunächst selbständig publizierten Teil. Der zweite Teil ist denkbar unterschieden von diesem ersten, der mit Kapitel IV abschließt. Eine Fortsetzung war nicht vorgesehen, so ist die Fortsetzung auch eine langsame, zögernd und erst allmählich in Gang kommende Erzählung, die ihr eigenes Tempo und ihre eigene Konstruktion hat. Es ist höchst erstaunlich: doch nach der Veröffentlichung der ursprünglichen Erzählung *Pia Faller*, also des jetzigen ersten Teils, meldete sich eben diese Pia Faller mit einem Brief beim Autor:

> »Ich öffne den Brief nicht, ich weise es zurück, daß sich der wirkliche Name zu dem Namen, der meiner Geschichte gehört, einmischt, obwohl ich mir sagen muß, daß ich ihn doch so oft beschworen habe als das einzige Wirkliche in der sonst erfundenen Geschichte.«

War Pia Faller, der Name, die Person, die der Name meint, das einzige Wirkliche? War alles andere erfunden? War dieses einzige Wirkliche nicht viel mehr auch eine Erfindung, weil die tatsächliche Pia Faller eine andere als die beschworene ist? Was ist wirklich, wenn nicht das, was wir mit Worten festhalten können?

Die zentrale Frage des Buches, fernab von jeder Spielerei zwischen Fiktion und Fakten, ist eine grundlegende Frage der modernen Literatur und Philosophie: die nach dem Verhältnis von

Wort und Wirklichkeit. Tumler hat sie hier nicht gesucht, sie hat ihn gesucht, könnte man sagen, in dem Brief der Pia Faller nämlich, dem er sich stellen muß, der tatsächlichen Person also, der er sich zögernd zwar, doch dann tatsächlich stellt. Doch ist diese Frage auch im ersten, furiosen, im Tempo schnelleren Teil erhalten, ausdrücklich, aber nicht ausschließlich. Für die zwei Teile der Erzählung bietet sich wegen des Unterschieds der Tempi der Vergleich mit zwei Sätzen eines Musikstückes an.

Der erste Teil berichtet von zwei jungen Frauen, Nani und Ditha, d. h. von dem, was der Ich-Erzähler von ihnen weiß, von seiner Sympathie zu ihnen, von der Annäherung, die aber nie zum unmittelbaren Kontakt führt. Ditha ist er am nächsten, nachdem er sie bei ihrem Vater abgeliefert hat, also allein ist und im Auto die Nacht hindurch über die Autobahn fährt. Der Aufbruch zur Reise ist der Beginn. Abschied von Nani in Berlin, die von ihrem ägyptischen Mann geschieden, bei einem anderen Mann lebt, von dem sie sich auch trennt. Aufbruch mit Ditha, einer Bekannten Nanis, die für einige Zeit zu ihren Eltern nach Kassel will, ebenfalls von ihrem Mann getrennt, wegen Drogengebrauchs in die Klinik eingeliefert, dann entlaufen; nun der Wohnung, in der sie mit ihrem Manne lebte, der Stadt entlaufend. Der Ich-Erzähler, der wegfahren will, nimmt sie mit.

Eine »Ähnlichkeit« fällt auf; allen dreien ist dieses »Unterwegssein« gemeinsam: am deutlichsten ist das im Schicksal der beiden Frauen, die einen Ort suchen, aber nicht finden, und den Ort, den sie haben, nicht wollen oder verlieren. Dies ist das große Thema des ersten Teils: die Ortslosigkeit, das Nicht-zu-Hause-Sein, das Unterwegs-Sein. Die Personen stehen am Rande der Gesellschaft, die Kneipenrunde, in der sie sich treffen und kennen lernen, ist solch ein Ort außerhalb von Beruf und Familie. Die Personen, die näher in den Blick des Lesers kommen, neben Nani und Ditha, sind Leute, die hinter der Bar arbeiten oder mit Drogen zu tun haben. Es ist also eine soziale Konstellation, die eher durch das Aussparen des eigentlich Sozialen gekennzeichnet ist, d. h. durch das Fehlen fester sozialer Bindungen.

Das ist dann auch mit dem Aufbruch zur Reise verdeutlicht, einer Reise im doppelten Sinn: als Symbol, meine ich, dieses

Nirgends-zu-Hause-Sein, zum einen. Die Autobahn ist der Ort außerhalb von Raum und Zeit, wie er hier so großartig beschrieben wird, ebenso wie in dem früheren Prosastück Tumlers »Auf der Autobahn«. Es ist ein Symbol nicht nur für diese kleine Gruppe von Personen in der Erzählung, es ist unser aller Ort: die soziale Mobilität, wie es euphemistisch heißt, des Nirgends-recht-zu-Hause-sein – wie es heißen müßte – der Menschen in der modernen Industriegesellschaft, das wird hier in der kleinen Gruppe der Außenseiter gespiegelt. Zum andern heißt »auf-die-Reise-Gehen« heute auch, Drogen nehmen. Es ist ein anderes Rauschmittel als Autofahren auf der Autobahn, ein illegales, verbotenes, während das Autofahren ein legales, fast verordnetes ist. Drogen nehmen heißt auf eine innere Reise gehen bei bewegungslosem Körper: durch Halluzinationen. Im Kapitel III ist das miteinander verbunden: das Autofahren und das »Gift« nehmen. Es ist eine großartige Beschreibung, in der beides vorhanden ist, das wache Bewußtsein des Erzählenden und die Bewußtseinssituation des damals Fahrenden. Wenn das wache Bewußtsein des Erzählenden nicht mit dargestellt würde, gäbe es Sequenzen wie in »Finnegans Wake« von Joyce. Sie sind angedeutet: die Veränderung der Sprache zeigt Veränderung des Bewußtseins. Ein Motiv zur Verschlüsselung, zur Chiffrierung, wie sie in »Finnegans Wake« bis zum Überdruß geübt wird, ist hier bei Tumler gegeben: die Sache nicht beim Namen nennen wollen oder können. Hier wohl eher nicht nennen wollen: »Nichtbrotessen« ist das Schlüsselwort für Drogen nehmen.

Was in der langen Reise zu einer Annäherung an die ferne Ditha bzw. an deren Bewußtseinszustand führte, führt in seiner Konsequenz schließlich von ihr weg und von jedem Menschen weg, wie es in Kap. IV geschildert wird: die Ortlosigkeit wird zur Zeitlosigkeit im Rausch von Droge und Alkohol. Ein Tag ist wie der andere. Ditha kommt zu Besuch nach Berlin, geht ihre eigenen Wege, der Ich-Erzähler in seinem Rausch bemerkt kaum, ob sie da ist oder nicht.

»Ich schreibe das hier auf mit den Wörtern von damals, alles vollständig, nichts von Gedanken; ich habe keine Gedanken von damals.«

Die Wörter von damals, doch nicht die dazugehörigen Gedanken. Wort – Gedanke – Figur oder Person oder Ding: Pia Faller in diesem ersten Teil der Erzählung ist die Verkörperung dieser – man könnte sagen – »linguistischen Beziehung«, der Fragwürdigkeit dieser gewöhnlich fraglos akzeptierten Beziehung. Es ist die Bezeichnung einer Person, die zur Allegorie dieser Beziehung wird. Durch Nani, die Klavier spielt, wird der Name Pia Faller hervorgerufen, durch das Klavierspielen. Faller hieß die Klavierlehrerin des Ich-Erzählers, Pia war ihre mit ihm etwa gleichaltrige kleine Tochter.

> »Der Name Faller. Er fiel mir übrigens nicht ein wie etwas, das ich vergessen hatte, er war mir stets im Gedächtnis gewesen, ich hatte ihn nur nie gebraucht.«

Die Beziehung Wort-Gedanke-Wirklichkeit ist um die der Erinnerung erweitert, um das Gedächtnis, das Erlebtes festhält, für das wir dann Worte suchen oder das vielmehr Worte festhält – wie Pia Faller –, für die wir dann Erlebtes aus der Erinnerung zusammensuchen. Das versucht der Erzähler in diesem ersten Teil: die Klavierstunden, das Haus, in dem sie damals lebten, die Wohnung der Mutter, die darüber in demselben Haus gelegene Wohnung der Klavierlehrerin. Also Rückkehr in die Kindheit? Ja und nein. »Die Suche nach der verlorenen Zeit« von Marcel Proust stellt als Zitat hier schnell sich ein. Es ist jedoch bei Tumler keine Nostalgie, das ist wichtig, keine Sehnsucht zurück, kein emphatisches Empfinden, und es ist schließlich – das wird sich im zweiten Teil zeigen – kein Finden der verlorenen Zeit. Die »wiedergefundene Zeit« gibt es hier nicht, obwohl der Erzähler die Figur der Pia Faller tatsächlich findet; gerade weil er sie findet, kommt das wenige, was er von früher erinnert, nicht zu einem geschlossenen Bild zusammen. Es bleibt Bruchstück und wird durch die Konfrontation mit dem Ort der Kindheit mindestens so viel gestört wie befördert. Vor allem aber durch die Konfrontation mit der heute 60jährigen Pia Faller.

Deshalb das Zögern des Erzählers zu Beginn des zweiten Teils im Kap. V. Ein Zögern, das die, denen er vom Brief der Pia Faller erzählt, nicht verstehen können, die meinen: »ich könne doch von Pia Faller etwas über ihre Mutter erfahren, das sei doch mein Bestreben in der Geschichte. Ich konnte ihnen nicht erklären, daß dies mein Bestreben nicht mehr war, seit ich die Geschichte geschrieben hatte.« Die Geschichte ist abgeschlossen, damit ist alles, was damit zu tun hat, für den Erzähler abgeschlossen. Den Brief Pia Fallers zu lesen, heißt weitermachen, also eine neue Geschichte schreiben. Und nun die merkwürdige Formulierung:

> »Wer auf meinem Punkt erzählt, ist ein Feind (d. h. ohne ›Liebe‹, weil er erzählt, d. h. außerhalb der Gesellschaft ist, die nicht erzählt, d. h. nicht ohne Absichten auf ihre inneren, ihr zugehörigen Punkte Wertschätzung erzählt, daher sie mit der Erfindung ›Liebe‹ begütigen kann), sein Punkt ist unten, in der Arena.«

Das ist nicht einfach zu verstehen. Es ist eine literatursoziologische Bemerkung, die die obige soziologische Anmerkung ergänzt: der Schriftsteller steht gewissermaßen außerhalb der Gesellschaft, daher seine Sympathie für Außenseiter, wenn er auch nicht selbst ein Außenseiter ist oder sein muß, weil sein Tun sozial lizensiert ist und in einen Nutzen für die Gesellschaft umgewandelt wird. Doch »außerhalb der Gesellschaft« heißt hier eine Art des Erzählens, die eben von der in der Gesellschaft üblichen abweicht.

Die übliche ist die auf die Erklärungen der Gesellschaft abzielende Erzählung, welche die von der Gesellschaft geschätzten Werte bestätigt, d. h. »Liebe«, also Bestätigung, Beruhigung, Abschluß. Der Schriftsteller erzählt *nicht* mit diesem Ziel, wenigstens der moderne, dem Tumler sich mit Recht zurechnet: die Darstellung selbst ist sein Ziel, nicht ein ihr übergeordneter Wert. »Sein Punkt ist unten, in der Arena«. Das ist sein Ethos des Schreibens, das der Wahrhaftigkeit des Wortes verpflichtet ist und nicht irgendeiner Ideologie.

In ihrer Frankfurter Poetik-Vorlesung spricht Ingeborg Bachmann ausdrücklich vom moralischen Antrieb, in dem sie das Movens der modernen Literatur sieht:

> »Religiöse und metaphysische Konflikte sind abgelöst worden durch soziale, mitmenschliche und politische. Und sie alle münden für den Schriftsteller in den Konflikt mit der Sprache. Denn die wirklich großen Leistungen dieser letzten fünfzig Jahre, die eine neue Literatur sichtbar gemacht haben, sind nicht entstanden, weil Stile durchexperimentiert werden wollten, weil man sich bald so, bald so auszudrücken versuchte, weil man modern sein wollte, sondern immer dort, wo vor jeder Erkenntnis ein neues Denken wie ein Sprengstoff den Anstoß gab – wo, *vor* jeder formulierbaren Moral, ein moralischer Trieb groß genug war, eine neue sittliche Möglichkeit zu begreifen und zu entwerfen.«

Moral *vor* der Erkenntnis, also Ablehnung *jeglicher* Ideologie, die immer schon alles weiß, alles zu wissen behauptet, bevor sie überhaupt sieht. Moral *vor* der Erkenntnis als Antrieb *zur* Erkenntnis, um zu sehen: wie es ist und wie wir, was ist, im Wort erfassen können.

Es ist eine Haltung, die – meine ich – nirgends so stark und so deutlich in der zeitgenössischen Philosophie und Literatur hervorgetreten ist wie in Österreich: in der Sprachphilosophie Ludwig Wittgensteins und der Wiener Schule, in der Literatur von Fritz Mauthner und Karl Kraus über Hofmannsthal und Musil bis zur Wiener Gruppe um H. C. Artmann und zu der Grazer Gruppe um die »manuskripte«. Und sie mag etwas mit jenem »Zusammenbruch« Österreichs zu tun haben, den Tumler im zweiten Teil der *Pia Faller* ansatzweise erfaßt: dem Zusammenbruch von 1918. Denn dieser zweite Teil der *Pia Faller* ist die Rückkehr: die Rückkehr an den Ort der Kindheit, offensichtlich Linz, Konfrontation der Erinnerung des Erzählers mit der von Pia Faller, die der Erzähler nun doch besucht, was aber nicht zur Rekonstruktion einer privaten Geschichte führt, sondern zur Rekonstruktion der allgemeinen Geschichte: als die Fallers ausziehen mußten, war die Zeit des »Zusammenbruchs«. Und so fügt sich alles zusammen und doch nicht: die Ortlosigkeit des ersten Teils führt zu einem Ort, Linz, aber es ist ein Ort, an dem der Erzähler nicht mehr zu Hause ist. Die

Zeitlosigkeit führt zur vorübergehenden, schwer festzuhaltenden Zeit, zum Ablauf der Zeit, in der anscheinend nur eines fest ist: die immer fließende Donau, paradox genug, die im Hochwasser ihr altes Flußbett wieder gräbt. Der Fluß, der den Fluß der Zeit, den Strom des Lebens wohl auch bedeutet, ist auch in Tumlers großem Gedichtzyklus *Sätze von der Donau* der Held. Die Donau ist ihm das Liebste und sie ist das Beständigste in Linz. Also keine Rückkehr, kein Zu-Hause-Sein, keine »wiedergefundene Zeit«, auch nicht »verlorene Zeit«, sondern vorübergehende Zeit.

Pia Faller ist die Gegenfigur zum Erzähler: sie ist zurückgekehrt nach Linz, sie wohnt im alten Viertel, sie ist Lehrerin an derselben Schule; also Rückzug? Sie ist die Gegenfigur auch zu den Frauen des ersten Teils; doch bei genauerem Betrachten: ihr Mann fiel im Krieg, ihr Sohn ist verheiratet, sie lebt allein, sie ist einsam. Mühsam hat sie sich eine Ordnung gebaut, die sie hält. *Kein* Verdikt über sie, trotz der Antipathie des Erzählers am Anfang, da sie mit dem Bild, das er sich vorstellte, sich wünschte, nicht übereinstimmt. Eben jene Moral des Schreibens läßt ihr Gerechtigkeit widerfahren: Unterschiede sind da, doch sie begründen kein abschließendes Urteil, geschweige denn ein Vorurteil. Der einzige Kontakt, der dem Erzähler in der Stadt blieb, ist »der Freund vom Zollausschlußgebiet«, so heißt er bezeichnenderweise. Er lebt in einem von der Stadt abgetrennten Bezirk. Er ist in Linz zu Hause, doch hat er sich »frei gemacht«, wie es heißt. »Freiheit«, d. h. außerhalb der Gesellschaft leben, d. h. also Ortlosigkeit; Freiheit wird mit Ortlosigkeit bezahlt. Ein anderer Freund, der durch seine Homosexualität zum Außenseiter wurde, ist gestorben. Die normalen Bürger werden wenig schmeichelhaft vom »Freund aus dem Zollausschlußgebiet« gekennzeichnet: als verstockt, beschränkt, unbeweglich. Nicht aber vom Erzähler! Bei der Rekonstruktion der Zeit um 1918 ist er immer bestrebt, Vorurteile zu durchstoßen, auch ungerechte Personen wie die Hausbesitzerin werden nicht verurteilt. Vor dem sozialen Hintergrund wird ihr Verhalten erklärlich: sie handelte eben wie alle Hausbesitzer.

Die gebräuchlichen Worte »Umsturz«, »Zusammenbruch« werden nur in Anführungszeichen benutzt. Der Zusammenhang zwischen dem »Zusammenbruch« und dem Nachdenken über diesen Zusammenbruch wird reflektiert, es ist das Nachdenken, das zur Sprachskepsis und zum Sprachzweifel führte:

> »Die Last, die jeden drückte bei dafür unzureichenden Wörtern ›Umsturz‹, ›Zusammenbruch‹ war hier nicht mitgerechnet: jemand konnte nur noch mit dem Stock gehen, weil Österreich kaputt ging, das legte sich wieder; jemand verzichtete auf Gehen und begnügte sich mit Nachdenken (auch das etwas, das ich mir erst später klarmachen konnte und damals, bei meinem Besuch in der Stadt, nur aus einem Gespräch mit meinem Freund aus dem Zollausschlußgebiet wahrnahm, und auch da nur als Verstummen: ein zu Ende Reden über eine verlorene Sache, man wird damit nicht fertig, das ändert nichts, alles Reden daher schon Verstummen – aber er meinte es anders, er sagte es so): Nachdenken bis zu dem Punkt, daß es Österreich niemals gegeben habe, in keinem Stoff Natur von Sprache und Volk und dergleichen, sondern nur aus einem Nichtstoff Einbildung, Fiktion, hergestellt, um das Bild einer vollständigen Welt zu haben wegen Ungenügens an der wirklichen, immer unvollständigen Welt; und daher Vernachlässigung dieser unvollständigen Natur und sogar ihre Herabsetzung zu Nichtexistenz; und Verabredung, das eingebildete vollständige Bild für wirklich zu halten; und dieses Ungenügen war Stolz, aufs Äußerste zu gehen mit nicht genug!«

»Nachdenken bis zu dem Punkt, daß es Österreich niemals gegeben habe«: ein Wort steht für etwas, von dem man glaubt, daß es das gibt, weil man es doch beim Wort nennen kann: z. B. Österreich. Der Zweifel am Wort entsteht, weil es auf einmal nach dem »Zusammenbruch« das nicht mehr gibt, wofür man doch ein Wort hatte; Zweifel entstehen dann, ob es das überhaupt jemals gegeben habe, und Zweifel schließlich daran, ob es das andere gibt, wofür wir Worte haben: ein Zweifel, ob nicht alles Reden schon Verstummen sei. Es ist der Zweifel, der zur Verzweiflung führen kann.

Aber hier wird die Anstrengung durchgehalten: Zweifel ja,

aber nicht Verzweiflung, Zögern ja, aber nicht Verstummen, Erzählen ja, aber nicht Erklären. »Wenn etwas aufgeschrieben wird, kommt es zu Bedeutung und: eine Bedingung vollständig darlegen, heißt beinahe schon die Sache verstehen, dann erscheint sie bald als gut.« Hier ist die Gefahr: die Beschreibung kann zum Verständnis und das Verständnis kann zum Gutmachen führen, so daß z. B. das ungerechte Verhalten der Hausbesitzer auf einmal als verständlich, also als »gut« erscheint. Und das »Gutmachen« ist ein »Schönmachen« und bringt um die Wahrheit. Der Prozeß des Nachdenkens sollte nicht zu Ende kommen, denn Stillstand der Beschreibung und Reflektion tendiert zur Lüge. Erklärung entfernt von der Wahrheit.

Ein Zitat noch aus Ingeborg Bachmanns Poetik-Vorlesung, das diesen gewissermaßen »österreichischen« Sachverhalt in seinen »europäischen« Kontext stellt. Ingeborg Bachmann spricht von dem italienischen Autor Italo Svevo, dessen Roman »La coscienza di Zeno«, (in der deutschen Übersetzung »Zeno Cosini«) das Problem am Beispiel der Psychoanalyse von Sigmund Freud vor Augen führt. Der Arzt bringt den Patienten dazu, seine Geschichte zu erzählen, damit im Erzählen die Wahrheit erfahren werden kann. Cosini dazu:

> »Ein geschriebenes Bekenntnis ist immer verlogen. Mit jedem sprachlich reinen Wort lügen wir! Wenn er (gemeint ist der Psychoanalytiker), wenn er wüßte, wie wir nur jene Dinge gerne erzählen, für die uns das Wort bereitsteht; wie wir fast alle andern auslassen, die uns zwingen würden, das Wörterbuch zu benützen. Auf diese Weise wählen wir aus unserem Leben die Episoden, die wir erzählen. Es ist ganz klar, daß zum Beispiel mein Leben ganz anders aussehen würde, wenn ich es in meinem Dialekt (gemeint ist der triestinische) hätte erzählen dürfen.«

Das Erzählen ist ein Auswählen, das Auswählen wiederum ist ein Bewerten, und das Bewerten ein Erklären, auf das die Psychoanalyse allzu rasch zusteuert. Ihre Erklärung, ein eindrucksvolles bilderreiches Modell, das eine mythologische Faszination weltweit ausübt, ist eher Ideologie als Erkenntnis im hier reflektierten Sinne.

Bei Svevo ist der Patient sich über sich selbst im unklaren und dadurch klüger als der Analytiker, weil er weniger weiß, d. h. weil er weiß, daß er wenig weiß; er ist sich seiner »Eigenschaften« nicht sicher wie bei Robert Musil »Der Mann ohne Eigenschaften«.

Italo Svevos Freund und Bewunderer James Joyce lobte an dem Roman »La coscienza di Zeno« die Behandlung der Zeit. Dazu Svevo:

> »Die Vergangenheit ist immer neu: Sie verändert sich dauernd, wie das Leben fortschreitet. Teile von ihr, die in Vergessenheit gesunken schienen, tauchen wieder auf, andere wiederum versinken, weil sie weniger wichtig sind. Die Gegenwart dirigiert die Vergangenheit wie die Mitglieder eines Orchesters. Sie benötigt gerade diese Töne und keine anderen. So erscheint die Vergangenheit bald lang, bald kurz. Bald klingt sie auf, bald verstummt sie. In die Gegenwart wirkt nur jener Teil des Vergangenen hinein, der dazu bestimmt ist, sie zu erhellen oder zu verdunkeln.«

Dies könnte auch als Motto für Tumlers Erzählung *Pia Faller* gelten, denn alle Motive in *Pia Faller* ordnen sich zu einem Komplex: Ort und Zeit, Erfassen des Ortes, Festhalten der Zeit im Wort. So wird »Heimatlosigkeit« in einem viel weitergehenden Maße ersichtlich als sie das mißbrauchte Wort »Heimat« deutlich machen kann. Und »Schicksalhaftigkeit« in einem weitergehenden Maße als sie das Wort »Schicksal« noch bedeuten kann. Tumler am Ende der *Pia Faller*: »Schicksal«, das heißt: eine Zeitlang ist man auf der Welt, dann nicht mehr.

ROBERT W. F. BAUER

»Das weiße Blatt mit den Schriftzeichen«

Zum Sprachproblem in Franz Tumlers »Pia Faller«

Der moderne Roman stellt Wirklichkeit nicht mehr einfach dar, spiegelt sie nicht wider, sondern – verhält sich zu ihr.

Uwe Johnsons Bestimmung des modernen Romans als »ein Angebot«, »eine Version der Wirklichkeit« ist exemplarisch.[1] »Jede Einzelheit des Alltags spiegelt dessen Ordnung oder gehört zu einem System und ist Funktion. Das Banalste enthält das Wesentliche und das Übliche verweist auf das Ewige. Hierarchien werden durch Netze von Bezügen ersetzt.«[2] »Semiosis« ersetzt so die traditionelle »Mimesis« – Sprache wird selbst Thema. Tumlers späte meisterhafte Prosa *Pia Faller* gehört in diesen Kontext.

Tumlers prägnante Aussage »Was in der Welt geschieht, hängt in sich nicht zusammen«[3], reflektiert diese Problematik. Dem Protest des Alltagsverstandes (»Aber wir erleben es doch als kohärent«) setzt Tumler entgegen: »Immer geschieht etwas anderes, als das, was geschieht [...] Was geschieht, läßt sich nicht herunterdrehen auf eine Geschichte.«[4]

Seine Wahrheit hat Tumlers Satz darin, daß zwar die Vorgänge in der Wirklichkeit nicht in sich zusammenhängen, wir sie aber gewöhnlich so wahrnehmen und auffassen, als ob es so wäre!

Bereits die Gestaltpsychologie konnte zeigen, daß Wahrnehmung, Erinnerung und Denken unbewußten, automatisierten Schemata folgen, etwa den Gesetzen der guten Gestalt, der Geschlossenheit, der Nähe und der Figur-Grund-Beziehung.

Für Tumler bedeutet dies, daß die Realität nicht als solche erlebt werden kann, sondern nur als »Darstellung«; er spricht auch von »Figuren« und »Formeln«, die sich in Sprache sichtbar machen lassen. Menschliche Wirklichkeit, das hat Tumler früh erkannt, wird wesentlich in Form von »Geschichten« realisiert.

Da auch diese Mustern und Schablonen folgen, muß der Erzähler erstens diese nur scheinbaren Zusammenhänge als »passend erfunden« (*Pia Faller* 150) entlarven und zweitens seine eigene Darstellung als »wahr« durchsetzen. Er tut das nicht durch Glaubwürdigkeitsgesten, sondern kraft künstlerischer Gestaltung. Erzählen heißt ja allemal: Darstellen, und zwar nicht von bereits Vorgegebenem, sondern eines »semantischen Universums«. In Tumlers eindringlichen Worten: er »erfinde« sich »noch einmal die Welt«[5] – Wiederholung der Wirklichkeit durch eine eigene Version vor der erkennbaren (!) Folie kollektiver Vorstellungen.

Fiktion und Realität entgegenzusetzen ist indes unsinnig, weil Fantasie und Auffassen des Wirklichen keine separaten Bewußtseinsvorgänge sind. Relevant ist vielmehr der Gegensatz zwischen Fiktion und Erkenntnis. Der Gegenstand an sich bleibt unerreichbar (»aus unerzählbarem Stoff«), geht aber als »Stoff« in die Erzählung ein.

Ein epistemisches Theorem der Gestaltpsychologie besagt, daß die Phänomene mit ihrer Struktur unseren Auffassungsmustern entsprechen. Diese Zirkularität vermeidet Tumler durch den Gestus autobiografischen Erzählens.

Tumler betont die »Unmöglichkeit, ein ganzes Bild zu erkennen«, die unser Bedürfnis nach einem »vollständigen Bild« der Wirklichkeit zu solchen Schemabildungen (Tumler: »Verabredung«) zwingt.[6] Tumler will nicht eine Variante liefern, sondern eine authentische Version: »Wahrheit«. Die Eigengesetzlichkeit der künstlerischen Form steht bei Tumler quer zur wirklichkeitsbildenden Unterschwelligkeit unserer Erfahrungs- und Erlebnismuster. Alltagssprache zwingt »in ihre vorgeprägten Muster«, aber bereits der Zugang zur Welt ist »vorarrangiert nach Mustern«[7], die unsere Anschauung in »Geschichten« transformieren.

Tumler arbeitet dagegen den Doppelcharakter von Sprache heraus: einerseits Instrument, Organon zu sein, andererseits ein Gegenstandsbereich eigener Art.

Schreiben ist für Tumler nicht Realisation irgendwelcher Modelle, sondern »Umsetzung« von »Stoff« in Sprache, in Form. Nicht Nachahmung oder Fiktion von Wirklichkeit also, sondern von wirklichkeitsbezogener Rede. Dazu tritt noch das essentielle Moment der »Komposition«:

> »... das Gerüst, das ich für meine Nachbildung brauche, ist nicht in der abgelegten Natur enthalten [...] in dem Augenblick, in dem ich einen Eindruck auch nur erfassen, ein Bild bloß spiegeln will, bin ich schon auf eine Welt eigensinniger Gesetze angewiesen, für die ich in der Natur kein Vorbild habe ...«[8]

Wie aber vermeidet der Erzähler die unbewußten Automatismen von Wahrnehmung, Denken und – vor allem! – Sprache, wenn Bewußtsein, Sprache und Stoff interferieren? – Nun, er vermeidet sie nicht, er sucht sie geradezu auf! Aber – er erfüllt diese Schemata nicht mehr, er benutzt sie nur noch als Zeichen ihrer selbst, die nicht mehr auf etwas Wahres referieren. Prägnantes Beispiel ist der »Zeitgang Rast« (*Pia Faller* 49), der ein reines Vollzugs-, bzw. Erinnerungsschema ist (alle Rasten sind gleich). In der Differenz zur schablonisierten Routine kann so, auch durch Meta-Sprache, etwas sichtbar werden von dem, was in der Kinderzeit und in der Gegenwart wirklich geschah; verschiedene »Stimmen«[9], sprachlich vorstrukturierte Perspektiven, bieten verschiedene »Versionen« des Gleichen, so daß die Konturen der Wahrheit erscheinen.

Alltagssprache will benennen und abbilden, mit der Konsequenz, daß »ein enorm großer Teil der natürlichen Sprache formelhaft ist, automatisiert und auswendig gelernt eher als propositional, kreativ oder frei generiert«.[10]

Namen und »Stehsätze« (*Pia Faller* 131) täuschen Permanenz und Invarianz der wirklichen Verhältnisse nur vor; Tumler unterzieht sich der Anstrengung zur Genauigkeit: Vorgänge werden in Schritte zerlegt, Orte in Beziehung gesetzt zu einander. Tumlers Sprache intendiert Darstellung und Gestaltung; sie konstituiert Wirklichkeit allererst: Realität wird als Prozeß begriffen. Der Verzicht auf eine nacherzählbare Fabel muß nicht mit dem Verlust historischer und topografischer Wirklichkeitsbezüge abgegolten werden. Aber diese fungieren nur mehr als »Merkpunkte« (*Pia Faller* 111), gleichsam Orientierungshilfen (Günter Eichs »trigonometrische Punkte«).

Tumlers Sprachgebrauch behandelt Worte und sogar Sätze selbst wie Substanz, weil es Sachverhalte vor ihnen nicht gibt. Diese epistemische Position steht z. B. auch hinter dem extensiven Gebrauch der Partikel »bei«, die einen Sachverhalt mit dem ihm zugehörigen Kontext verbindet; auch zahlreiche Vergleiche haben die gleiche Funktion (Worte vergleichen heißt, sie quasi als Dinge, Substanzen zu behandeln).

Es bedarf immerzu solcher Einschränkungen, Verdeutlichungen, Vergleiche, Hintergrundlegungen, was indiziert, daß für Tumler die Bezeichnungsfunktion von Sprache problematisch ist. Die »Unschuld«[11] der Sprache kann durch affirmativen Gebrauch der ideologischen Verschleierung (z. B. von Unmenschlichkeit) mißbraucht werden. Tumler ist sensibel für »gebrauchsfertige« Wörter, die »keine Deckung in der Wirklichkeit« (*Pia Faller* 122) haben. Der Text legt ein eigenes »Netz« über die Wirklichkeit, die er selbst erst erzeugt mit den Mitteln der Sprache. Entpragmatisierung von Zeichen ist immer Indiz für ihre Substantiierung. Tumlers Erzählen ist weder Wiederholung der Wirklichkeit noch primär Umdeutung, sondern Manifestation einer Position ihr gegenüber. Das läßt sich als diametrale Arten, Sprache zu verwenden, auf »Formeln« bringen:
1. Normalsprache will identifizieren (»Benennen«) – Verschiedenes als Identisches »beim Namen« nennen;
2. Literarische Sprachverwendung geht aus auf »Totalität«, weil sie ihre Gegenstände erst erschafft, auch bei Mangel an empirischen Daten – Tumler betont, ein Satz könne anschaulich und sachlich »falsch« sein, aber in der Sprache »stimmen«.[12] Jedes So-war-es ist eine vereindeutigende »tote Festlegung« (*Pia Faller* 173). Gegen solche bloße Denotation setzt Literatur ihre spezifische »Offenheit«. Der Tendenz des Alltagslebens zum Ende aller Kontingenz (»Es ist, wie es ist«) begegnet Tumler mit einer Anstrengung zur Genauigkeit, indem er zugleich die Bezugsmuster erkennbar macht und deren Nichterfüllbarkeit – etwa indem er nach zwei analogen Gliedern einer Aufreihung ein drittes asymmetrisches folgen läßt.

Jede subjektive und objektive Krise kann zu einer veränderten Auffassung der Realität führen, die sich vor allem in der

Sprache zeigt: nicht dies und das ist dann anders, das Modell ist zerbrochen!

In Wörtern und Sätzen haben wir immer eine Kontraktion komplexer Sachverhalte zu Chiffren. Aber diese funktionieren nur, soweit sie eindeutig sind. Will man also die »Wörter« zurückübersetzen, müssen sich Vorstellungen und Relationen einstellen, vorzugsweise Beispielhaftes oder Typisches, denn den gemeinten Sachverhalt gibt es ja nicht.

Ohne situativen und sprachlichen Kontext ist das jedoch unmöglich. Im Alltag affiziert die Chiffre andere Sätze (cf. *Pia Faller* 122 das Beispiel des angeblichen »Kriegsgewinnlers«, wo äußere Merkmale, wie z. B. Auto und Wohlstand den Benennungsautomatismus initiieren); in literarischer Sprache ist das gerade umgekehrt: der Kontext erst bestimmt die spezifische Bedeutung des Wortes, und Kontext ist hier – der ganze Text! Der Kontext, in dem eine Botschaft vermittelt wird, sagt meist mehr aus über die Bedeutung als die Botschaft selbst. Der Kontext strukturiert die Erwartungen des Rezipienten über die Bedeutung der Botschaft, dechiffriert deren eigentlichen Sinngehalt und markiert die Intentionen des Sprechers. Der Kontext führt zu spezifischen Darstellungsformen; in der Malerei wird die Darstellung, die das Dargestellte nicht als authentische Dokumentation verstanden wissen will, sondern als Beispiel für einen Kontext, Genremalerei genannt.

Tumlers Neigung zu Abschweifungen ins scheinbar Nebensächliche (etwa die Kleinstgeschichten) und zu Explikationen – all dies hintertreibt Vereindeutigungs- und Identifizierungsmechanismen.

Realität kann unter unendlich vielen Aspekten betrachtet werden. Sprache jedoch muß immer verkürzen und »darstellen«. Tumler kehrt das um: Abkürzen und Darstellen nicht mehr als defizitären Mangel, sondern als Prinzip und bewußtes Verfahren. Der implizite Autor realisiert die Textur, indem er die Verkürzung, sein dominantes Stilmittel neben der Wiederholung, exponiert: Verschachtelung, Elision, Kontraktion – Darstellung wird so als Verfahren transparent: durch Reflexion, Wiederholung mit Variation, asymmetrische Reihungen, Vergleiche (die wie die Interpunktion ein Innehalten im Übergang vom Besonderen zum Allgemeinen signalisieren). Übergänge werden betont. Tumler bedient sich einer mehrwertigen Aussagelogik, die zwischen Ja und Nein vielfache Zwischenschritte kennt. Anders als Alltagsrede, die etwas als wirklich und wahr setzt, sucht Tumler, alles in Relationen zu übersetzen; diese sind nur wirklich und wahr im Bezug auf das Aussagesubjekt.

Die »Unmöglichkeit, mit der Masse des Lebensstoffes, wenn er nicht geschrieben wird, etwas anzufangen«[13] läßt Tumler, ähnlich kartographischer Methode, Orientierungspunkte fixieren: »Merkpunkte«[14] nennt er das, etwa wenn er anhand bestimmter erinnerungsbehafteter Örtlichkeiten der Linzer Altstadt Beziehungen von Menschen rekonstruiert oder den unregulierten Donaulauf anhand alter Karten wiederherstellt. Pointiert: je »wirklicher« die Gegenstände scheinen, um so fraglicher ihre Realität – gerade die plastischsten Passagen weisen sich als »erfunden« aus – weil die Fantasie hier mehr gefordert ist. Sprache selbst also ist referenzneutral.

Die erzählerische Geste des impliziten Autors ist die Integrationsinstanz des Textes, während der Erzähler ja syntagmatisch gebunden ist. Tumler kann Dauer im Nu aufzeigen, den langsamen Vorgang des Da-Seins und die Verwicklung aller Dinge darin. Ihm geht es um allmähliche Veränderungen, die er im Kontrast von altem Haus (»Jahrgang 1912«) und Neubauviertel sichtbar macht. Dem Erzähler dagegen ist primär der explizite Vergleich gegeben, z. B. von »oben« und »unten« (*Pia Faller* 62): oben die feinen Gäste, unten der Müllcontainer.

Leistet der Erzähler eine Verbindung nur durch kausale, temporale, lokale, kurz: rationale Verknüpfung, so macht der implizite Autor Veränderung und Relationen als solche sichtbar, etwa in quasisimultanen Bildern, in denen Erinnerung, Vorstellung und Anschauung interferieren. Der Erzähler kann aber nicht zugleich einen Vorgang oder eine Ansicht und die Anwesenheit des Bewußtseins dabei gleich intensiv darstellen. Er muß »seine Gegenstände von innen und außen haben«[15] (Rolle): seine Disposition sucht äußere Entsprechungen!

Reduziert jede Relation ihre Relate auf bestimmte Qualitäten (Musterfall: Statistik) bzw. exponiert bestimmte Momente, so ist Tumler aus auf »Vollständigkeit«: »vollständige(r) Geschichte« (*Pia Faller* 8), »ganze(r) Bewegung« (*Pia Faller* 88), das »Bild einer vollständigen Welt« (*Pia Faller* 135), eben jenen »ganzen Zusammenhang der Personen und Verhältnisse« (*Pia Faller* 120). Vom »Zollausschlußgebiet«, einem Ort mit offenen Strukturen, heißt es: »Das war seine jetzt ganze Figur. Oder ganz nur, weil deutlich gesprochen; etwas davon war nicht außen zu sehen« (*Pia Faller* 97).

Diese »Vollständigkeit«, die nicht die des »Gesamtbildes« sein kann, wäre auf zwei Wegen möglich:

1. Rekonstruktion eines Zusammenhanges durch das Erzählen abgeschlossener Vorgänge oder (antithetische) Komplementierung der »abgegrenzten Stücke«, die als »Sachen für sich« (*Pia Faller* 119) durch die komplementären Grundfiguren innen/außen, Wirklichkeit/Sprache, Stoff/Werk, privat/öffentlich, erleben/schreiben vervollständigt werden müssen. Die Totalität ist dann eine syntagmatische (z. B. vorher-nachher, Grund-Wirkung).
2. Einordnen der Momente in ein Netz von Beziehungen innerhalb eines Modells durch Komposition. Der Versuch, Vergangenes zu rekonstruieren, führt zur Erfahrung, daß dies isoliert nicht möglich ist und zugleich zur Notwendigkeit, die Rekonstruktion ihrerseits zu rekonstruieren. Es ergibt sich ein »Nunc stans«, eine Art »Epiphanie« als diachrone Ordnung um einen »magnetischen Kern«.[16]

»Deutlich gesprochen« im Zitat oben bedeutet: allein Sprache leistet solche »Vollständigkeit«, im Sinne Tumlers »Wahrheit«: es gibt keine privilegierten Gegenstände (etwa nur »das Besondere und Schöne«[17]). Epiphanie ist erlebbar (Donauufer, Reise bei Würzburg) und darstellbar (z. B. die plötzliche Vergegenwärtigung der wahren Umstände des Auszuges der Frau Faller bei dem Wort »Kellerluft«, *Pia Faller* 140–45). Die Bilder (der Erinnerung) indes verlieren ständig an Aussagekraft, während die Sprache ja gerade darauf angelegt ist, sich anzureichern mit Konnotation/Erfahrung, d. h. Sprache kann das, was die Bilder mählich verlieren, festhalten: »... das weiße Blatt mit den Schriftzeichen drauf enthielt mehr als die schon in Vergangenheit sinkenden Bilder« (*Pia Faller* 176).

ANMERKUNGEN

1 Uwe Johnson, Vorschläge zur Prüfung eines Romans, in: Romantheorie. Dokumentation ihrer Geschichte in Deutschland seit 1880, hrsg. von E. Lämmert, Köln 1975, S. 402
2 Robert Weber, Der moderne Roman: Proust, Joyce, Belyj, Woolf und Faulkner, Bonn 1981, S. 39
3 Franz Tumler, Bausteine zu einer Stilbetrachtung, in: »Arunda« 1982, hrsg. von H. Wielander, Schlanders 1982, S. 31
4 Franz Tumler, Der Schritt hinüber, Frankfurt 1956, S. 87
5 Franz Tumler, Bausteine ..., S. 31
6 Franz Tumler, Volterra. Wie entsteht Prosa, Frankfurt ^{2}1965, S. 65
7 Peter Berger/Thomas Luckmann, Die gesellschaftliche Konstruktion der Wirklichkeit, Frankfurt ^{2}1982, S. 40 und S. 24
8 Franz Tumler, Bausteine ..., S. 31
9 Franz Tumler, Volterra. Wie entsteht ..., S. 66; cf. auch Peter Demetz, Werkstattgespräch mit Franz Tumler, in diesem Band, S. 97–116, bes. S. 114
10 Hans Hörmann, Einführung in die Psycholinguistik, Darmstadt 1981, S. 118
11 Cf. Pia Faller, München 1973, S. 54
12 Franz Tumler, Volterra. Wie entsteht ..., S. 55
13 Franz Tumler, Volterrra. Wie entsteht ..., S. 50
14 Ebenda, S. 55
15 Ebenda, S. 47
16 Ebenda, S. 59
17 Ebenda, S. 45

Bibliographie der Werke Franz Tumlers

1. Ausgaben der Werke Tumlers in Buchform

1935 *Das Tal von Lausa und Duron.* Erzählung, München: A. Langen-G. Müller Verlag (= Sturm und Sammlung), (85 S.). Enthält am Anfang das Gedicht: *»Sieh, dem tieferen Dunkel«.*
– Granz: Stiasny (Lizenzausgabe), 1952
– Frankfurt a. M.: Insel Verlag, 1966 (98 S.). Enthält das Gedicht und ein Nachwort des Autors.
– München/Zürich: Piper Verlag (= Präsent), 1977, (120 S.). Enthält das Gedicht am Anfang und das Nachwort des Autors.

1937 *Der Ausführende.* Roman, München: A. Langen-G. Müller Verlag, (295 S.)

1937 *Die Wanderung zum Strom.* Erzählung und Gedichte, München: A. Langen-G. Müller Verlag (= Die kleine Bücherei, Nr. 87), (74 S.)

1939 *Der Soldateneid.* Eine Erzählung, München: A. Langen-G. Müller Verlag, (182 S.)

1939 *Im Jahre 38.* Erzählungen, München: A. Langen-G. Müller Verlag (= Die kleine Bücherei, Nr. 105), (75 S.)

1940 *Österreich ist ein Land des Deutschen Reiches.* Berlin: Eher Verlag (= Schriftenreihe der NSDAP, Gr. 3, Bd. 10), (32 S.)

1940 *Der erste Tag.* Erzählung, München: A. Langen-G. Müller Verlag, (97 S.)
– München: C. Hanser Verlag, 1951 (89 S.) Neue Fassung

1941 *Anruf.* Gedichte, München: A. Langen-G. Müller Verlag, (81 S.)

1943 *Auf der Flucht.* Eine Erzählung, Wien/Berlin/Leipzig: K. H. Bischoff Verlag, (85 S.)

1944 *Ländliche Erzählungen.* Graz: Leykam (= Salzburger Hefte, Nr. 6), (50 S.)

1947 *Einmal war etwas Gutes geschehen.* Hameln: Bücherstube Seifert (= Hamelner Drucke des Verlages der Bücherstube Seifert, Nr. 9), (8 S.)

1947 *Liebeslobpreisung.* Ein Gedichtzyklus, Hameln: Bücherstube Seifert, (36 S.)

1947 *An der Waage.* Aufzeichnungen aus dem Lagerhaus, Hameln: Bücherstube Seifert (70 S.)
– Linz: Wimmer Druck- u. Verlagsgesellschaft (= Die Linzer Bücherei, Bd. 3, hrsg. vom Kulturamt der Stadt Linz), 1959 (59 S.)

1948 *Landschaften des Heimgekehrten.* Wien/Linz/Zürich: Pilgram Verlag, (99 S.)

1949 *Neuer Blick auf die Erde.* Zehn Landschaften, Hameln: Bücherstube Seifert, (65 S.)

1949 *Der alte Herr Lorenz.* Roman, Salzburg: O. Müller Verlag, (261 S. mit Abbildungen)

1950 *Heimatfahrt.* Salzburg: Pilgram Verlag (712 S.)

1953 *Ein Schloß in Österreich.* Roman, München: C. Hanser Verlag, (609 S.)
– München/Zürich: Piper Verlag, 1975, (542 S.)

1953 *Das Hochzeitsbild.* Erzählung, Salzburg: Pilgram Verlag, (84 S.)

1953 *Berlin, Geist und Gesicht.* München/Stuttgart: Constantin Verlag, (92 S. mit Abbildungen)

1956 *Der Schritt hinüber.* Roman, Frankfurt a. M.: Suhrkamp Verlag (250 S.), Frankfurt a. M.: Suhrkamp Verlag, (156 S.)
– München/Zürich: Knaur, 1965

1958 *Der Gardasee.* München/Ahrbeck: Knorr & Hirth (= Das kleine Kunstbuch), (15 S. Text, 1 Karte und 32 S. Abbildungen)

1959 *Der Mantel.* Erzählung, Frankfurt a. M.: Suhrkamp Verlag, (236 S.)

1961 *Nachprüfung eines Abschieds.* Erzählung, Zürich: Kurt Bösch-Presse (Druck Nr. 5) – Frankfurt a. M.: Suhrkamp Verlag (= edition, suhrkamp, Nr. 57), 1964, (91 S.)

1962 *Volterra. Wie entsteht Prosa.* Frankfurt a. M.: Suhrkamp Verlag (= edition suhrkamp, Nr. 108), (89 S.). Mit einem Nachwort von Rudolf Hartung.

1965 *Aufschreibung aus Trient.* Roman, Frankfurt a. M.: Suhrkamp Verlag (339S.)
– Frankfurt a. M.: S. Fischer Verlag 1982 (Fischer-Taschenbuch 5753)

1970 *Welche Sprache ich lernte.* Berlin: Literarisches Colloquium

1971 *Über die Akademie der Künste.* Berlin: Kupijai & Prochnow (= Berliner Forum, 4/71), hrsg. von Presse- und Informationsamt des Landes Berlin), (81 S.)

1971 *Das Land Südtirol.* Menschen, Landschaft, Geschichte, München: Piper Verlag (= Panoramen der Welt), (485 S.)
– München: Piper Verlag 1984 (Serie Piper 352)

1972 *Sätze von der Donau.* München: Piper Verlag, (79 S.)

1972 *Ein Landarzt.* Zürich: Kurt Bösch Presse (Druck Nr. 8), (45 S.), 275 numerierte Exemplare

1973 *Pia Faller.* München: Piper Verlag, (183 S.)

1974 *Landschaften und Erzählungen.* München: Piper Verlag, (386 S.). Darin sind enthalten: Das Tal von Lausa und Duron, Der Schritt hinüber, Nachprüfung eines Abschieds, Volterra, Auf der Autobahn, Österreichische Landschaft, Der Gardasee, Beispiele von Verwechslung, Chinesische Briefzensur, Die gewonnene Zeit, Gründe für Abwesenheit, Lebhafte Begrüßung, Die Straße mit dem Autosalon, Das Lieblingswort des Herrn Lerici, Das Arsenal in Wien, Wie entsteht Prosa und ein bibliographischer Hinweis

2. Werke Tumlers in deutschsprachigen Zeitschriften und Zeitungen

1934 *Anruf, Drei Lieder des Aufbruchs, Der frühe Sommer, Drei Tage, Die Nacht* (Gedichte), *Das Stift* (Skizze), in: »Das innere Reich«, I. Jg. (I. Halbjahresband), S. 145, 241–244
Melodie des Guraut Riquier Troubadour, Zu den Übenden (Gedichte), in: »Das Innere Reich«, I. Jg. (II. Halbjahresband), S. 916–917

1935 *Das Tal von Lausa und Duron* (Erzählung), in: »Das Innere Reich«, II. Jg. (I. Halbjahresband), S. 660–707
Totennacht (3 Gedichte), *Die Landschaft Oberösterreich*, in: »Das Innere Reich«, II. Jg. (II. Halbjahresband), S. 932–933 und 1531–1541

1936 *Geschichte aus Südtirol* (Erzählung), in: »Das Innere Reich«, III. Jg. (I. Halbjahresband), S. 821–823

1937 *Vier Gedichte*, in: »Das Innere Reich«, IV. Jg. (I. Halbjahresband), S. 22–24
Drei Gedichte: Grüne Zeit will gern sich übereilen, Zeichen des Fisches, Vergeblichkeit, in: »Das Innere Reich«, IV. Jg. (II. Halbjahresband), S. 812–813
Anruf, Uns ist zerbrochen, Der ich finden wollte, Ebd., S. 1284–1285
Gedenken am Tag der Gefallenen, Ebd., S. 1377

1938 *Fahrt an die Grenze, Ein Tagebuchblatt Bruno Brehm gewidmet, Nach dem 11. Juli* (Gedicht), in: »Das Innere Reich«, V. Jg. (I. Halbjahresband), S. 126–137 und 225

1938 *Nicht die Schönheit* (2 Gedichte), *Die Erkundung* (Bericht).
Drei Erzählungen: Der Tote, Einzug in Wallern, Drüben, in: »Das Innere Reich«, V. Jg. (II. Halbjahresband), S. 748–749, 979–1006, 1161–1178

1939 *Ein Bauernkind und sein Lehrer* (Erzählung), in: »Das Innere Reich«, VI. Jg. (I. Halbjahresband), S. 525–549 und 696–726
Dem gefallenen Verwandten, Andenken (Gedichte), in: »Das Innere Reich«, VI. Jg. (II. Halbjahresband), S. 763 und 1005

1941 *Das Ältere – Abschied und Tod*, in: »Das Innere Reich«, VIII. Jg. (I. Halbjahresband), S. 128–137 und 192–200
Rekrut. Aus einem Tagebuch, in: »Das Innere Reich«, VIII. Jg. (II. Halbjahresband), S. 620–631

1942 *Anruf, Auf Wache, Ebenbild der Göttin, Der Gleichen, Zu mir selber, Sprüche*, in: »Das Innere Reich«, IX. Jg. (I. Halbjahresband), S. 57–62
Im Kleid des Soldaten, Aufzeichnung, Ebd., S. 332–333

1946 *Chinesische Briefzensur* (Kurzgeschichte), in: »Oberösterreichische Nachrichten«, Neudruck in: *Landschaften und Erzählungen*, cit., S. 329–332

1957 *Figur und Erscheinung*. Aufzeichnung aus Italien, in: »Merkur«, Jan.
Der unausdeutbare Raum. Vor Bildern der Münchner Pinakothek, in: »Merkur«, 11. Jg., H. 10, S. 939–943
Der Schritt hinüber. Ein Selbstporträt, in: »Welt und Worte«, 12. Jg., S. 79–80.

Rosenkavalier und Arabella, Essay, in: »Neue Deutsche Hefte«, 4. Jg., September, S. 106–107

1958 *Notizen über zwei Figuren von Bertolt Brecht*. Essay, in: »Neue Deutsche Hefte«, März

Der Gardasee. Ein Landschaftsbild, in: »Neue Deutsche Hefte«, H. 46, Mai. Ebenfalls abgedruckt in: *Landschaften u. Erzählungen*, S. 319–328

1959 *Das andere Ufer*. Notizen zu einer österreichischen Landschaft, in: »Merkur«, H. 132, 13. Jg., S. 124–130

Besuch in der alten Heimat. Erzählung, in: »Neue Deutsche Hefte«, November

1960 *Die Straße mit dem Autosalon*, in: »Süddeutsche Zeitung« vom 5.11., ebenfalls abgedruckt in: *Landschaften u. Erzählungen, cit.*, S. 342–345

1961 *Besuch in der alten Heimat*. Erzählung, in: »Skolast«, Zeitschrift der Südtiroler Hochschülerschaft, 6. Jg., Nr. 1, S. 4–7

1961 *Österreichische Landschaft* (2. Fassung von: *Das andere Ufer*), in: »Wort und Wahrheit«, 16. Jg., H. 12. Ebenfalls abgedruckt in: *Landschaften und Erzählungen*, cit., S. 308–318

Auf der Autobahn. Aufzeichnungen, in: »Merkur«, 15. Jg., H. 155, S. 27–43

Nebel und Verspätung. Erzählung, in: »Merkur«, 15. Jg., H. 161, S. 638–649

Über die Ladiner. Essay, in: »Akzente«, 8. Jg., H. 4, S. 297–305

1962 *Das Haus gegenüber*. Erzähler. Verschiedene Stimmen, in: »Akzente«, 9. Jg., H. 5, S. 386–391

1963 *Ein Punkt heute*, in: »Der Tagesspiegel« vom 24.11. Ebenfalls abgedruckt unter dem Titel *»Das Lieblingswort des Herrn Lerici«*, in: *Landschaften u. Erzählungen*, cit., S. 345–349

Szenen in Kalliopes Bar. Szenisches Fragment, in: »Akzente«, 10. Jg., H. 1, S. 182–185

1964 *Sätze von der Donau*. Ein Gedicht in vier Teilen, in: »Wort und Wahrheit«, Mai

1966 *Die gewonnene Zeit*, in: »Die Diagonale«, 1. Jg., H. 1. Ebenfalls abgedruckt in: *»Landschaften und Erzählungen«*, cit., S. 332–327

Welche Sprache, in: »Akzente«, 13. Jg., H. 6, S. 575–577

1968 *Franz Tumler* (*Das Tiroler Porträt*), in: »Das Fenster«, Heft Nr. 3, Tiroler Kulturzeitschrift, S. 177–186

1975 *Berliner Tagebuch*, in: »Die Rampe«, Hefte für Literatur, 1. Jg., H. 1/75, S. 7–26

Die Bäume von Bolgheri. Gedicht, in: »Die Presse« vom 20./21.12.

1977 *Das Denkmal im Schuppen*. Erzählung, in: »Die Presse« vom 15.1.

1977/78 *Lagár* (Geschichten aus dem Vintschgau), in: »Arunda«, Südtiroler Kulturzeitschrift, Nr. 5, Nostalgie, S. 56–57

1977 *Bekenntnis zum Schlern* (Besprechung). Festschrift für Hubert Mumelter, in: »Der Schlern«, 45. Jg., S. 330–331

1978 *Elegie*. Gedicht, in: »Nürnberger Blätter für Literatur«, H. 4. Ebenfalls abgedruckt in: »Das Fenster«, H. 25 1979/80

1979 *Gedichte* (Griechenland, Churburg, Epizikel, Bild), in: »Literatur und Kritik«, H. 133, S. 152–153

1980 *Urbino.* Gedicht, in: »Litfass«, H. 17
Delos. Gedichte, in: »Die Presse« vom 13./14.12.

1981 *Ein Landarzt.* Notizen einer Überlieferung, in: »Die Rampe«, Hefte für Literatur, H. 2/81 (Sonderdruck zum 70. Geburtstag)
Tivoli. Gedicht, in: »Die Presse« vom 15./16.9.

1982 *Nach Süden.* Gedicht, in: »Die Presse« vom 16.1.
Orte, Gemaltes Bild, Rückseite, Veränderung, Ortsbestimmung, Ungleiches. Gedichte, in: »Akzente«, 29. Jg., H. 1
Haut, Jahre, Der Aufmerksame, Jahreswechsel, Bild, Elegie auf Tuscania. Gedichte, in: »Freibeuter«, H. 11
Bei Grün über die Kreuzung. Notiz für Walter Höllerer, in: »Sprache im technischen Zeitalter«, H. 84, (Dezember)

1983 *Ortsbestimmung, Veränderung, Straße in Palermo, Überfahrt 1–2, Palermo, Sizilien, Pio La Torre, Verheißung – die neue Welt, Stadt und Land, Rückseite.* Gedichte, in: »Arunda 13«, Literatur in Südtirol
Die Schüsse auf Dutschke (mit Zeichnungen). Tagebuchblatt, in: »Arunda 13«, Literatur in Südtirol; Erstdruck in: »Welt aus Sprache«, Katalog der Ausstellung in der Akademie der Künste Berlin vom 22.9. bis 22.10.1972, weiterer Druck in: »Sprache im technischen Zeitalter«, H. 81, (März 1982) (mit Zeichnungen)

1984 *Experiment Geografie, Fuori le mura, Vorgefühl, Rückverwandlung der Paläste.* Gedichte, in: »Literatur und Kritik«, H. 181/182
Menschengleich, Erweiterung, Palermo, Zeilen, Palazzo Attems Görz, Berliner Fenster, Anhaltspunkte Syrakus. Gedichte, in: »Salz«, H. 35

1985 *Mit dem Bus, Das Himmelstor, Rom Villa Giulia, Tandaradei oder Ein streunender Hund, Chiesa di S. Stefano Rotondo, Rom, Rom abgemagert,* aus: *Neue Gedichte aus Rom,* in: »Die Presse« vom 2./3. März; ebenso in: »Sprache im technischen Zeitalter«, H. 97, (März 1986)
Pia La Torre, Veränderung, Ortsbestimmung. Gedichte, in: »Wespennest«, Nr. 58
14 Gedichte aus Rom und Olevano Romano. Darunter erstmals: *Umkehr,* in: »Sturzflüge«, Nr. 13

3. Werke Tumlers in deutschsprachigen Anthologien und Jahrbüchern

1944 *In Aichet.* Aus einem angefangenen Roman, in: »Stillere Heimat«, Literarisches Jahrbuch der Stadt Linz, S. 36–103

1955 *Die Kinder in Berlin,* in: G. Wolter (Hrsg.), Das kleine Mädchen Hoffnung. Eine Prosa-Anthologie, Hamburg, Agentur des Rauhen Hauses, S. 172–174

1958 *Bausteine zu einer Stilbetrachtung,* in: »Jahresring« 58/59, Stuttgart, Deutsche Verlags-Anstalt, S. 91–95. Darin sind enthalten: Bei den Tabakblättern, Der Gast aus dem Dickicht und Ein gewöhnlicher Ort

1959 *Die beiden Häuser* (Erstdruck 1947 unter dem Titel: *Einmal war etwas Gutes geschehen*), in: Willi Fehse (Hrsg.), Deutsche Erzähler der Gegenwart. Stuttgart: Reclam, S. 335–342

An der Waage. Aufzeichnungen aus dem Lagerhaus. Erzählung, in: »Jahrbuch der Stadt Linz«, Linz: Verlag des Kulturamtes der Stadt Linz

Die Dinge allein. Berliner Aufzeichnungen, in: »Jahresring« 59/60, Stuttgart: Deutsche Verlags-Anstalt

1961 *Der Engel geht durch den Stein* (Erste Fassung von *Volterra*), in: »Jahresring« 64/65, Stuttgart: Deutsche Verlags-Anstalt

1962 *Wie entsteht Prosa,* in: »Poetik«, VII. Folge des Jahrbuchs »Gestalt und Gedanke« (hrsg. von der Bayerischen Akademie der Schönen Künste), München: R. Oldenbourg. Außerdem enthalten in der Buchausgabe von *Volterra* und in: *Landschaften und Erzählungen,* cit., S. 363–385

Mit geschlossenen Augen. Prosa für Stimmen, in: »Jahresring« 62/63, Stuttgart, Deutsche Verlags-Anstalt

1964 *Lebhafte Begrüßung,* in: »Jahresring« 64/65, Stuttgart, Deutsche Verlags-Anstalt

1965 *Bild der Heimat,* in: »Der Obere Weg«, Jahrbuch des Südtiroler Kulturinstitutes, (Hrsg.) 1965/66/67, Bd. V, VI, VII, S. 246–250

1966 *Tradition – Nähe und Abstand,* in: »Jahresring« 66/67, Stuttgart: Deutsche Verlags-Anstalt, S. 211–222

1967 *Warum ich nicht wie Adalbert Stifter schreibe.* Franz Tumler über sein literarisches Vorbild, in: Uwe Schultz (Hrsg.): Fünfzehn Autoren suchen sich selbst, München: List Verlag, S. 140–155. Etwas längere Fassung vom vorhergehenden Aufsatz »Tradition« (siehe oben).

Beitrag von Franz Tumler, in: »Anthologie der Tagungen: Die Dichtung und die Erzählung heute« (Akte der gleichnamigen Kongresse, die vom 19./22.5.1966 und vom 9./13.9.1967 in Görz gehalten wurden), S. 203–213

Jahrgang 1912, in: Joachim Karsten (Hrsg.), Jahr u. Jahrgang 1912, Hamburg: Hoffmann und Campe, S. 113–154

1969 *Einspruch von Franz Tumler,* in: »Mito e realta della Mitteleuropa« (Akte des gleichnamigen Kongresses vom 15./18.11.1969), Görz, S. 103–108. Ebenso in: »Literatur und Kritik«, 5. Jg., (1970), H. 47–48, S. 467–472

1972 *Das Arsenal in Wien* (Prosateil), in: »Facetten« 72, Literarisches Jahrbuch (hrsg. vom Kulturamt der Stadt Linz), Wien-München: Jugend und Volk Verlagsgesellschaft, S. 5–10

1973 *Variationen über das Wiener Arsenal* (vollständiger Text) in: »Ensemble« 4, Internationales Jahrbuch für Literatur (hrsg. von Clemens Podewils und Heinz Piontek im Auftrag der Bayerischen Akademie der Schönen Künste), München: Langen-Müller Verlag, S. 279–292

Neudruck des vollständigen Textes unter dem Titel »Das Arsenal in Wien« mit dem Gedicht am Anfang in: *Landschaften und Erzählungen*, cit., S. 350–362

1975 *Die Bäume von Bolgheri.* Gedicht, in: »Jahresring« 75/76, Stuttgart: Deutsche Verlags-Anstalt

1976 *Tag für Tag.* Aus einem Kriegstagebuch, in: »Jahresring« 76/77, Stuttgart: Deutsche Verlags-Anstalt, S. 110–117

1977 *Berliner Fenster.* Gedichte, in: »Facetten« 77, Literarisches Jahrbuch (hrsg. vom Kulturamt der Stadt Linz), Wien-München: Jugend und Volk Verlagsgesellschaft

1978 *Notizen für ein Symposium über Adalbert Stifter,* in: »Jahresring« 78/79, Stuttgart: Deutsche Verlags-Anstalt, S. 304–308

1980 *Delos.* Gedichte, in: »Facetten« 80, Literarisches Jahrbuch (hrsg. vom Kulturamt der Stadt Linz), Wien-München: Jugend und Volk Verlagsgesellschaft

Delios II, in: »Lyrik Jahrbuch« 2/1980, Düsseldorf: Claassen Verlag

1981 *Urbino.* Gedicht, in: »Ensemble« 12, Internationales Jahrbuch für Literatur (hrsg. von der Bayerischen Akademie der Schönen Künste), München: Deutscher Taschenbuch Verlag

Veränderung, Ansichtskarte einer Stadt am Meer, Die Töll bei Meran. Gedichte, in: »Lyrik Jahrbuch« 3/1981, Düsseldorf: Claassen Verlag

Nach Süden auf Delos, Marmorstück. Gedichte, in: »Jahresring« 81/82, Stuttgart: Deutsche Verlags-Anstalt

1984 *Vorgefühl.* Gedicht, in: »Jahrbuch der Lyrik 1984«, Darmstadt und Neuwied: Luchterhand Verlag (Sammlung Luchterhand)

1985 *Verhältnisse VII, Intervall, Dämmersprung, Überfahrt I.* Gedichte, in: »Sprachbilder«, 1985, Oberösterreichischer Landesverlag Linz

Ziffer, Olevano Quelle. Gedichte, in: »Facetten« 85, Literarisches Jahrbuch der Stadt Linz (hrsg. vom Kulturamt der Stadt Linz), Wien-München: Jugend und Volk Verlagsgesellschaft

Tandaradei, Rom Villa Giulia, Rom abgemagert, Olevano Dezember, Froh mühsam, Ponte Milvio. Gedichte, in: »Jahresring« 85/86, Stuttgart: Deutsche Verlagsanstalt

Ausgezehrte Dimension, Überfahrt I. Gedichte, in: »Jahrbuch der Lyrik 1985«, Darmstadt und Neuwied: Luchterhand Verlag (Sammlung Luchterhand)

4. Artikel Tumlers in Zeitschriften und Zeitungen

1937 *Brief über einen Komponisten* (über Johann Nepomuk David), in: »Das Innere Reich«, IV. Jg. (I. Halbjahresband), S. 635–637

1939 *Über Eigenart, Vorrecht und Möglichkeit der deutschen Sprache,* in: »Das Innere Reich«, VI. Jg. (I. Halbjahresband), S. 115–116

Die Generalprobe, ebd., S. 116–118

Steinborns Bastian, in: »Das Innere Reich«, VI. Jg. (II. Halbjahresband), S. 849–851

Briefe des Malers Philipp Otto Runge, ebd. S. 911–914

Erinnerung des Gegenwärtigen, ebd. S. 1026–1028

1940 *Gruß an Hanns Johst zu seinem fünfzigsten Geburtstage,* in: »Das Innere Reich«, VII. Jg. (I. Halbjahresband), S. 179–181
Oberdonau, die Heimat des Führers. Ein Buch aus dem Verlag Bruckmann, ebd., S. 283–284
Die holländischen Kinder in Oberösterreich, ebd., S. 287–293

1940 *Von der inneren Zeit,* in: »Das Innere Reich«, VII. Jg. (II. Halbjahresband), S. 383–384

1942 *Brüderliches Andenken an Ernst Egermann,* in: »Das Innere Reich«, IX. Jg., (II. Halbjahresband), S. 493

5. Tumler als Herausgeber

1939 *Ein kleines Stifter-Lesebuch.* München: A. Langen-G. Müller Verlag (= Die kleine Bücherei, Nr. 226), (76 S.)

1949 B. Ammering: *Gedichte.* Aus dem Nachlaß ausgewählt von F. Tumler, Wels: Leitner, (62 S.)
J. W. von Goethe: Das St. Rochusfest zu Bingen (Nachwort von F. Tumler), Linz: Oberösterreichischer Landesverlag, (59 S. mit Illustrationen)

1960 N. Hesse: *Menschen in Berlin* (Vorwort von F. Tumler), Gütersloh: Mohn (120 S. und 96 Bilder)

Editorische Notiz

Die »neuen Gedichte« Franz Tumlers sind Gedichte, die in den letzten Jahren entstanden und zum Teil in Zeitungen und Zeitschriften veröffentlicht wurden; siehe dazu die Bibliographie. In der Bibliographie finden sich auch die Nachweise der Erstveröffentlichungen der hier abgedruckten Texte Tumlers zu seiner Arbeit und zu seinem Werdegang.

Das Werkstattgespräch, das Peter Demetz, Professor für deutsche Literatur und Chairman an der Yale University, 1976 mit Franz Tumler in Berlin führte, ergänzt diese Äußerungen Tumlers zu seinem Werk wesentlich und führt zugleich zu den Orten Tumlers hinüber. Das Werkstattgespräch wurde zusammen mit der »Linzer Collage« bereits in dem Band »Arsenal. Beiträge zu Franz Tumler« publiziert, den Peter Demetz und Hans Dieter Zimmermann zum 65. Geburtstag Tumlers 1977 im Piper-Verlag herausgaben. Dort wurden auch die Texte der Schriftstellerkollegen Wolfgang Koeppen, Peter Huchel, Walter Höllerer, Peter Härtling, Hermann Peter Piwitt, Herbert Eisenreich, Rudolf Hartung und Jean Améry zuerst veröffentlicht; Hans Bender schrieb seinen Beitrag eigens für diesen Band.

Die Laudatio zur Verleihung des Walther-von-der-Vogelweide-Preises des Südtiroler Kulturinstituts und des Kulturwerks Südtirol an Franz Tumler im Jahre 1985 wurde in der Bozener Zeitschrift »Der Schlern«, Heft 4, 1986, bereits veröffentlicht.

Wilhelm Burger hat für diesen Band Vorarbeiten seiner Dissertation über das Motiv der Heimat im Werk Franz Tumlers skizziert; Robert W. F. Bauer hat Ergebnisse seiner Frankfurter Magisterarbeit über Franz Tumlers *Pia Faller* für diesen Band zusammengefaßt.

Der Beitrag von Paolo Chiarini, dem Doyen der italienischen Germanistik, ist die Erweiterung einer Hommage an Franz Tumler, die zuerst in der von Chiarini herausgegebenen Zeitschrift »Studi Germanici«, Heft 53–58, 1981–82, erschien; dort wurde auch der Beitrag von Johann Drumbl, Germanist an der Universität Florenz, zuerst gedruckt. Die Beiträge gehen auf Vorträge eines Colloquiums zurück, das im Frühjahr 1982 zu Tumlers 70. Geburtstag vom Österreichischen Kulturinstitut in Rom und vom Istituto Italiano di Studi Germanici in Rom veranstaltet wurde.

Klaus Weissenberger, Professor für deutsche Sprache und Literatur und Chairman an der Rice University in Houston/Texas, veröffentlichte seinen Aufsatz über Franz Tumler zuerst 1982 in dem Band 14 der »Amsterdamer Beiträge zur neueren Germanistik«, den Herbert Zeman herausgab: »Studien zur österreichischen Erzählliteratur der Gegenwart«.

Der Vortrag von Maria Luisa Roli über Franz Tumler und die ladinische Kultur wurde mit dem Titel »Franz Tumler e la cultura salvata« zuerst in »Mondo Ladino«, 7. Jg., Heft 1/2, 1983, publiziert.

Eine Auswahl von Briefen des 1965 verstorbenen bedeutenden italienischen Literaturkritikers Roberto Bazlen hat Klaus Wagenbach in der Zeitschrift »Freibeuter«, Heft 9, 1981, veröffentlicht, darunter auch den hier abgedruckten Brief über Tumlers *Der Mantel*; es sind Briefe, die Bazlen als Lektor deutschsprachiger Literatur für italienische Verlage schrieb. Seine Empfehlung, Tumlers *Der Mantel* in Italien zu veröffentlichen, wurde nicht befolgt. Bis heute liegt kein Werk Tumlers in italienischer Sprache vor.

Hans Dieter Zimmermanns Aufsatz über Tumlers *Pia Faller* erschien zuerst in dem Sonderheft »Franz Tumler« der Südtiroler Zeitschrift »Arunda«, 1982; erweitert um den Aufsatz »Die Wirklichkeit der Wörter. Zum Werk des österreichischen Schriftstellers Franz Tumler«, der in der »Neuen Rundschau«, Heft 4, 1982, erschien, wurde er im genannten Band der »Studi Germanici« abgedruckt.

Werner Webers Rezension über Tumlers *Aufschreibung aus Trient* erschien zuerst in der »Neuen Zürcher Zeitung« vom

20. März 1966; Eberhard Horsts Rezension über *Das Land Südtirol* erschien zuerst in der »Neuen Rundschau«, Heft 3, 1971; beide wurden bereits in dem Band »Arsenal« abgedruckt.

Die Bibliographie der Werke Franz Tumlers wurde aus dem erwähnten Sonderheft »Franz Tumler« der Zeitschrift »Arunda« übernommen und um Neuerscheinungen ergänzt.

Der bedeutende Beitrag des verstorbenen Grazer Germanisten Hellmut Himmel »Unsicherheit und Präzision. Zu Franz Tumlers Erzählung *Der Mantel*« konnte wegen seiner Länge in diesen Band nicht aufgenommen werden; er ist nachzulesen in dem von Alfred Doppler und Friedbert Aspetsberger herausgegebenen Sammelband »Erzähltechniken in der modernen österreichischen Literatur« (Schriften des Instituts für Österreichkunde 31) Wien 1976.

Verwiesen sei noch auf zwei neuere Arbeiten über Franz Tumler: Wolfgang Wiener, Erzählstrukturen im Werk Franz Tumlers. Dissertation Salzburg 1979; Maria Luisa Roli, L'intenzione narrativa. Studi su Stifter, Tumler, Handke. Istituto Universitario di Bergamo 1983.

Franz Tumler

geboren am 16. 1. 1912 in Bozen. Lebt in Linz und Berlin. Nach dem frühen Tod des südtirolischen Vaters Kindheit und Jugend bei der aus Wien stammenden Mutter in Linz an der Donau. Besuch des Bischöflichen Lehrerseminars Linz. 1930 – 1938 Volksschullehrer in Stadl-Paura bei Lambach und Buchkirchen bei Wels. 1941 Marineartillerist. Nach 1945 in Hagenberg bei Pregarten, Altmünster / Traunsee, Linz, Berlin.

1956 Charles Veillon-Preis Schweiz. 1961 Ehrengabe des Kulturkreises im Bundesverband der Deutschen Industrie.
1967 Literaturpreis der Bayerischen Akademie der Schönen Künste München.
1969 Adalbert Stifter-Medaille der Republik Österreich.
1971 Adalbert Stifter-Preis des Landes Oberösterreich. Mitglied der Akademie der Künste Berlin seit 1959. Direktor der Abteilung Literatur 1967 – 1968, stellvertretender Direktor 1968 – 1970.
1959 korrespondierendes Mitglied der Bayerischen Akademie der Schönen Künste München.
1982 Verleihung des Österreichischen Ehrenkreuzes für Wissenschaft und Kunst 1. Klasse, Gryphius-Preis Düsseldorf, Würdigungspreis des Landes Tirol, Ehrenbürgerschaft von Laas (Südtirol).
1985 Walther von der Vogelweide-Preis Bozen.

Franz Tumler

Der Mantel

Erzählung. 1986. 237 Seiten. Serie Piper 622

Mit dem »Mantel« wird in der Serie Piper eine Werkausgabe von Franz Tumler begonnen, die den großen Erzähler mit seinem weiten Schaffensspektrum vorstellen soll. Tumlers Mut, sich mit dem Titel seines Buches neben eine unsterbliche Erzählung der Weltliteratur zu stellen, kommt nicht von ungefähr:
Auch sein »Mantel« ist, wie der Gogols, eine Parabel auf den Menschen seiner Zeit, dessen Schicksal greifbar wird in seinem Verhältnis zu einem Ding – dem Mantel eben – einem Verhältnis, das freilich nicht so tragisch endet wie die Geschichte von Akakij Akakjewitsch, sondern das in einer grotesken Odyssee seinen Besitzer einen neuen Bezug zur Wirklichkeit finden läßt.

Ein Schloß in Österreich

Roman. 1986. 544 Seiten. Serie Piper 652

»Ein Schloß in Österreich«, erschienen erstmals 1953, ist ein Roman, den es neu zu entdecken gilt, ein Meisterwerk, das bisher kaum in seiner Bedeutung gewürdigt wurde. Der Roman erzählt die Geschichte eines alten Schlosses in Oberösterreich, der darin lebenden Menschen und ihrer Zeit – man schreibt das Jahr 1939, der Anschluß ans »Reich« ist soeben vollzogen. Aufbruchstimmung herrscht, ein pommerscher Adliger, der das alte Gemäuer erworben hat, will daraus etwas Neues, Mustergültiges machen. Eine junge Frau, Elise, hilft ihm dabei, ihr Mann ist viel unterwegs, und so entsteht ein sich zunehmend verwirrendes Geflecht menschlicher Beziehungen in einer verworrenen Zeit.
Wie Tumler dies schildert, in epischer Breite, kunstvoll gestaltet, mit Stifterscher Hingabe und dem Ernst des Chronisten – das ist ein Beitrag zur Innenwelt des »Dritten Reiches« geworden, wie man ihn bisher nicht zu lesen bekam.

Franz Tumler

Das Tal von Lausa und Duron

1986. 121 Seiten. Serie Piper 651

Mit der 1935 erschienenen Erzählung »Das Tal von Lausa und Duron«, seinem Erstling, machte der damals dreiundzwanzigjährige Franz Tumler mit einem Schlage von sich reden.
Es ist ein eigener, ein klassischer Ton, der hier angeschlagen wird in der Geschichte über die Bewohner eines vergessenen ladinischen Tales in den Dolomiten, im Bericht von ihrem Schicksal und dem Verlust ihrer Heimat, den sie erleiden, als der erste Weltkrieg über sie hereinbricht und sie zwischen die Fronten der Österreicher und Italiener geraten, die doch beide nicht ihr Volk sein können.
Und wie so oft in der Sage ist es ein Geschwisterpaar, an dem sich das Schicksal beispielhaft erfüllt – der Bruder, der das Tal den Italienern in die Hand spielen möchte, fällt, die Schwester, die nach der Flucht in das verlassene und verwüstete Dorf zurückkehrt, stirbt, als sie wieder aufbricht, um nach ihrem Volk zu suchen.

Vom gleichen Autor ist lieferbar:

Das Land Südtirol

Menschen, Landschaft, Geschichte.
Mit einer ausführlichen Zeittafel. 5. Aufl., 19. Tsd. 1985. 485 Seiten.
Serie Piper 352

Lust am Lesen

Literatur aus acht Jahrzehnten
Herausgegeben von Ernst Reinhard Piper.
1985. 502 Seiten. Serie Piper 450

»Lust am Lesen« ist – wie die überaus erfolgreichen Bände »Lust am Denken« und »Lust an der Musik« – ein Lesebuch aus Piper-Büchern der letzten 80 Jahre. Es bietet Literatur in ihrer ganzen Vielfalt, bringt Prosa und Lyrik bedeutender Schriftsteller, gräbt Vergessenes aus und stellt junge Autoren vor. Es macht deutlich, daß Literatur auch in heutiger Zeit ein überaus wichtiger Begleiter des Menschen ist.
Autoren dieses Lesebuchs sind u. a.: Jürg Amann, Stefan Andres, Ingeborg Bachmann, Giorgio Bassani, Tadeusz Borowski, Hilde Domin, F. M. Dostojewski, Ludwig Fels, Frederick Forsyth, Richard Friedenthal, Martin Gregor-Dellin, Albert Paris Gütersloh, Aldous Huxley und Ludwig Thoma.

Die Welt ist ein Versuch

23 Erzählungen
Ausgewählt von Ernst Reinhard Piper.
1986. 374 Seiten. Serie Piper 544

»Die Welt ist ein Versuch« – dieser Satz steht in einer Erzählung Ingeborg Bachmanns, bei Ernst Bloch findet sich eine erweiterte Fassung: »Die Welt ist ein Versuch, und der Mensch hat ihr zu leuchten.« Dieses Licht in der Dunkelheit der Welt zu finden und aufzustecken ist das Anliegen aller großen Erzählkunst, als deren Zeugen aus dem 19. Jahrhundert hier Jean Paul und Dostojewski stehen, und daneben eine illustre Reihe von Autoren unseres Jahrhunderts – schon klassische, wie Aldous Huxley, Federigo Tozzi und Albert Paris Gütersloh, und solche, deren Bedeutung gerade erst erkannt wird:
Cynthia Ozick, Ludwig Fels oder Antonio Skármeta.
Jede dieser in sich abgeschlossenen Erzählungen bietet einen literarischen Baustein für das immer noch im Bau begriffene Haus der Menschheit, ist ein Entwurf im Experiment Welt und ihrem großen Laboratorium, der Literatur.

PIPER